중국 사상사

모리 미키사부로 지음
임 병 덕 옮김

온 누 리

중국사상사

저자　모리 미키사부로
역자　임 병 덕

초판1쇄발행　1986년 6월 5일

2판1쇄발행　2011년 1월 20일

펴낸이　김용항

펴낸곳　온누리

주소 충북 청주시 수동 90-4

서울사무실 마포구 합정동 444-7

전화 02-324-4790 팩스 0505-115-6287

출판등록 1982년 12월 6일

등록번호 제아-20호

ISBN 978-89-8367-301　03810

값 20,000원

잘못된 책은 구입하신 서점에서 교환해 드립니다

머리말

이 책은 중국 사상사의 개략을 알고자 하는 일반인의 요구에 부응하기 위한 것이며, 전문연구자를 위한 것은 아니다. 전문가를 위한 훌륭한 책은 여럿 있지만 일반인이 지적 욕구를 채울 수 있는 개설서는 그렇게 흔하지 않다.

그 이유는 첫째로, 개설이라는 것이 평이해 보이지만, 실은 가장 어려운 일이라는 점이다. 둘째로, 개설서는 공평하고 편협하지 않아야 하는데, 이것은 매우 어려운 작업이다. 이 두 가지 이유로 대부분의 사람들이 개설에 손을 대지 않게 된다. 이런 의미에서 개설은 커다란 모험을 해야 하는 작업이다.

무릇 개인의 손으로 이뤄낸 개설서에는 많은 부족한 점이 뒤따른다. 그것을 피하고자 저자가 나름대로 유의했던 점이 몇 가지 있다.

첫째로 종래 중국 사상 개설서에서 큰 비중을 차지하였던 경학(經學)을 여기서는 가벼이 다루고 있다. 기원전 2세기 한무제가 유교를 국교로 정한 이래로 중국에서 경서는 절대적인 권위를 인정받아 중국인의 정신생활 속에 깊이 뿌리내리게 되었다. 따라서 경서의 연구, 즉 경학은 중국 학문의 근간이었다고 할 수 있다. 이처럼 종래의 개설서가 경학의 서술에 중점을 두었던 것에는 충분한 이유가 있었다. 그러나 오늘날에는 그 상황이 크게 달라졌다. 무엇보다 중요한 사실은 경서의 권위가 추락하여 생활을 지도하는 원리로서의 힘을 상실해 버린 점이다. 따라서 경서의 권위를 뒷받침할 수 있었던 경학의 연구도 퇴색하여 매력을 잃었다. 물론 중국 사상사의 전문연구가에게는 경학이 변함없이 중요하지만 사상이라는 넓은 시야 위에 선 일반 독자로서는 그것이 별로 중요치 않을 것이다. 오늘날의 일반 독자들에게 경서 한 글자 한 구절의 엄밀한 고증은 쓸모없는 일이 아닐까? 일반 독자를 대상으로 하는 본서가 경학을 소홀히 다룬 데에는 나름대로 이유가 있는 것이다.

둘째로 이 책은 '정치사상' 내지 '경제사상'을 비교적 가벼이 취급했다는 점이다. 중국의 지식인은 옛날부터 본질적으로 관리였고 정치가였다. 따라서 그 사상이 강하게 정치적 색채를 띠는 것은 당연한 결과였다. 이것은 인도의 지식인이 바라문이라는 사제(司祭)였기에 그 문화가 강한 종교적 색채를 띠었던 것과 매우 뚜렷한 대조를 이루고 있다. 이런 점에서 본다면 정치사상이야말로 중국 사상의 본질이었다고 할 수 있다. 따라서 여기에 중점을 두어야 한다는 생각도 성립할 수 있다. 그러나 본서에서 반드시 이 생각을 채택한 것은 아니다. 중국 역대의 정치사상이 과거 중국의 특수한 상황에서 생긴 것이 많고, 그 시대를 지나면 사상의 내용 그 자체도 퇴색하여 없어지는, 소위 일과성(一過性)인 것이 적지 않았기 때문이다. 현대인에게 의미 있는 사상이란 현재에도 여전히 어떤 의미상으로 가치를 잃지 않는 사상이고, 장래 사람들의 생활방식에 도움이 되는 것이어야 한다. 이 같은 입장에서, 지나치게 중국사의 특수한 사정에서 비롯된 정치사상은 의식적으로 묵살하였다. 그러나 그 부작용의 하나로 현재 공산주의 체제의 탄생에 대한 설명이 매우 불충분해지는 결과를 초래하였다. 이것은 분명히 본서의 약점이다. 다행히 요즘 이 방면에 대한 논저는 대단히 많고 그 중에는 훌륭한 것도 있으므로, 이러한 논저들이 본서의 결함을 보충해 줄 것이라 기대해 마지않는다.

이처럼 본서는 중국 사상 중에 있는 몇 가지 문제를 생략하였다. 그 대신 종래의 개설서에는 거의 없었던 중국 불교의 사상을 수록하였다. 종래의 중국 사상사가 불교를 무시한 이유는 첫째로 그것이 외래 사상인 점, 둘째로 중국 불교사는 전문가가 따로 있어서 별개의 연구 분야에 속한다는 인식에 기인한 것 같다. 그러나 중국 불교는 어디까지나 중국 문화 속에서 독자적인 발전을 이룬 불교였고 현저하게 중국적인 색채를 띤 불교였다. 더욱이 중국 불교는 중국의 전통사상과 서로 교류하였기 때문에 유교나 도교에도 깊은 영향을 주었다. 이 때문에 육조(六朝) 이래 천수백 년에 걸친 중국 사상의 흐름은 불교를 무시하고서는 이해할 수 없을 정도라고 할 수 있다. 따라서 중국 불교를 중국 문화와의 유기적인 관련 속에서 포착하는 것은 중국 사상사 연구의 필수적인 과제라고 해도 좋을 것이다. 본서는 이 같은 입장에 서서 힘이 미치는 한, 중국 불교 사상의 흐름을 흡수하는 데 힘을 기울였다. 그것이 어느 정도까지 성공하였는지는 오로지 독자의 판단을 기다릴 수밖에 없다.

1982년 2월

모리 미키사부로

제1장
중국 사상의 일반적 성격

1. 종교적인 색채가 적다
2. 서양적인 의미에서의 철학은 없다
3. 중국 사상을 정치적으로 만든 자

제1장 중국 사상의 일반적 성격

1. 종교적인 색채가 적다

중국 문화의 정치적 · 현세적 성격

우선 중국의 사상 내지 문화의 일반적인 특징에 대해서 살펴보자. 세계의 문화를 유형적으로 볼 경우, 그리스 문화는 철학적 내지 예술적이고, 인도 문화는 종교적이라고 일컬어진다. 그러면 중국 문화의 특징을 한마디로 표현하면 어떨까? 아마도 정치적이라고 하는 것이 적합할 것이다.

우선 인도 문화와 대비해 보자. 인도 문화는 예로부터 종교적 색채가 강했지만, 중국의 경우는 처음부터 세속적이고 현실적인 경향이 강했다. 이것은 중국 사상의 골격인 유교를 보면 잘 알 수 있다. 흔히 '유교(儒敎)의 교(敎)는 종교(宗敎)의 교(敎)가 아니고, 교육(敎育)의 교(敎)'라고 하는 것처럼, 유교는 종교가 아니라, 도덕의 가르침이고 정치의 가르침이다.

"논어(論語)"에 다음과 같은 말이 있다. 어느 날 한 제자가 공자에게 "귀신(鬼神)은 어떻게 섬기면 좋습니까"라고 질문하자, 공자는 "아직 산 사람을 섬기는 것조차도 할 수 없는데, 사자(死者)의 영(靈 : 鬼神)에 봉사할 수 있겠는가"라고 답하였다. 제자가 거듭해서 "죽은 후의 세계는 어떠한 것입니까"라고 묻자, 공자는 "이 인생조차 모르는데, 하물며 사후는 알 수 없다"라고 답하고 있다.

요컨대 공자의 관심은, 오로지 이 현실의 인생을 어떻게 바르게 살아갈 것인가 하는 것에 있고 신의 세계나 사후의 세계라는 종교적인 문제에 대해서는 매우 냉담하였던 것이다.

조상숭배와 사자숭배

그러나 이 점에 대해서, 다음과 같은 의문이 일어날 수 있다. 중국에서는 옛날부터 조상숭배가 성하였고, 유교도 이것을 강하게 지지하고 있었다. 조상숭배는 필연적으로 조상의 영을 제사하는 것과 결부되었는데, 그것은 죽은 후의 영혼이나 사후 세계의 존재를 가정하고 있는 것은 아닐까? 따라서 조상숭배를 강조하는 한, 유교 역시 종교로서의 성격을 가지고 있는 것이다라고. 물론 그렇다. 그렇지만 여기에서 조상숭배라고 하는 것이 소위 사자숭배와는 다른 것임에 주의할 필요가 있다. 이 양자의 성격 차이를 분명히 한 것은, 막스 베버의 "유교와 도교"였다.

베버는 말한다. 사자숭배라 하는 것은, 고대 이집트 등에 전형적으로 나타나 있는 것처럼 사자의 내세(來世)에 강한 관심을 둔 것이었고, 내세신앙의 성격이 강하다. 그런데 조상숭배는 이것과는 달리, 현세에 대한 관심을 중심으로 하고 있다. 요컨대 조상의 영혼이 현세의 자손을 지켜줄 것인가 하는 현세적 관심이 중심이 되었고, 조상의 영혼이 실재하는가 어떤가 혹은 사후 세계가 어떠한가 하는 문제에 대해서는 극히 냉담한 것이 보통이었다. 한마디로 말하면 사자숭배가 내세적인 반면, 조상숭배는 현세적이다. 조상숭배가 현세의 자손의 삶을 결정하는 기능을 가진 것에 반해서, 사자숭배는 그렇지 않다. 이 때문에 사자숭배가 성행하였던 이집트에서는 씨족제도가 일찍 해체되었지만, 조상숭배가 강했던 중국에서는 그것이 오랫동안 지속되었다는 것이다.

무신론자가 신을 제사하는 이유

그러나 여전히 남는 의문은 유교는 예(禮)를 중시하는 가르침이고, 예 중에는 제례(祭禮)가 있어서, 신을 제사하는 의식을 존중한다는 점이다.

이것은 유가의 한 사람인 순자(荀子)에 이르러 분명해지는데, 한마디로 말하면 경신숭조(敬神崇祖)의 뜻을 기른다고 하는 교육적 효과를 중시하였기 때문이다.

이것은 나아가서 가족이나 국가의 결속과 질서의 유지를 가져온다고 하는 정치적 효과와도 연결된 것이었다. 제례에 이와 같은 효과를 인정하였기 때문에 본심은 무신론적 입장에 있는 공자도 제례를 존중하였던 것이다.

공자의 본심은 '백성은 의에 힘쓰고, 귀신을 공경하되, 이를 멀리하라'는 "논어"의 말에 잘 나타나 있다. 그 의미는 인간으로서 마땅히 해야 할 일에 전념하고, 신을 존경하되, 이를 멀리하는 것이 지자(知者)에 적합한 태도라는 것이다. 이 구절은 소위 '경원(敬遠)'이란 말의 출전이 되는 것으로, 신을 경원(敬遠)하는 것이 지식인의 태도라고 말하고 있다. "논어"에 공자가 병이 들었을 때, 제자들이 신에게 병이 낫게 해달라고 기도하겠다고 하자, 공자는 "내가 기도한 지는 오래되었다"라면서 거절하였다.

공자의 직후에 태어난 유신론자인 묵자(墨子)는 유가의 무신론을 비평해서 '무귀(無鬼)를 고집하면서 제례(祭禮)를 행하니. 이것은 객(客)이 없는데 객례(客禮)를 배우는 것과 같고, 물고기가 없는데 그물을 만드는 것과 같다'(公孟篇)고 하였다. 무신론자가 신을 제사하는 모순을 추궁한 것이다. 그러나 무신론자가 신을 제사하였던 것은 제사가 가진 교육적 효과나 정치적 효과를 인정하였기 때문이었다.

중국 사상의 기조가 되어 있는 유가사상이 무신론적인 경향을 강하게 가진 것에서도 알 수 있듯이, 중국의 지식인들은 일반적으로 종교에 대한 관심이 적었다.

2. 서양적인 의미의 철학은 없다

논리적 구성의 철학이 모자람

중국에서는 인도와 같은 종교가 발생하지 않았으며, 그리스와 같은 철학도 존재하지 않았다.

철학이 없다고 하려면, 철학이란 무엇인가 하는 문제의 해결이 선행되어야 할 것이다. 그리스를 근원으로 하는 서양철학의 흐름 속에는, 철학도 학문인 이상 엄밀한 논리적 구성을 가져야 한다는 생각이 있다. 따라서 단순한 인생관, 세계관은 철학 이전의 것이고, 그 상태로는 철학이라 할 수 없다는 주장이 깊숙이 뿌리내리고 있다. 만약 이런 관점을 충실히 따른다면, 중국에는 철학이 없었다고 할 수 있을 것이다.

그러나 철학이라 하는 말을 조금 넓혀서 해석할 수는 없을까? 확실히 철학은 학문이므로, 엄밀한 과학적 구성을 요구한다. 그러나 근원을 따지고 보면 철학도 인생관이나 세계관의 기반에서 성장하여 온 것이므로, 그것이 학문적이 아니라는 이유로 모두 배제하는 것은, 철학의 성장에 필요한 영양의 보급원을 스스로 끊는 것이 아닐까? 세계는 넓다. 현대철학은 이질적인 세계관이나 인생관을 접함으로써, 그 내용을 보다 풍부하게 해야 할 것이다. 지금의 철학에 요구되는 것은 무엇보다도 겸허와 관용의 정신이다.

만약, 이 같은 입장에 선다면 중국에 철학이 없다는 주장은 즉시 수정할 필요가 있다. 무릇 인간인 이상, 의식하든지 하지 않든지, 자기 나름대로의 인생관이나 세계관을 가지지 않은 사람은 없을 것이다. 더구나 하나의 민족이라고 불리는 경우에는 더욱 그러하다. 중국 민족 역시 철학을 가졌다고 해야 할 것이다.

논리적인 사고의 결여

그러나 중국에 논리적 구성을 갖춘 철학이 부족했다고 하는 것은 역시 인정해야 할 사실이다. 그 이유는 무엇인가? 중국인은 논리적으로 사물을 생각하는 것, 논리적으로 사물을 표현하는 것이 서투르다는 것을 들지 않을 수 없다.

막스 베버는 "논어"를 읽고, "그 표현의 형식만으로 보면, 아메리카 인디언 추장이 말하는 형태와 꼭 닮았다"고 하였다. 요컨대 단편적이고 논증적이지 못한 것을 지적한 것이다.

그러면 왜 중국에 논리적 사고가 발달하지 않았던 것일까? 그 원인은 여러 가지로 생각되지만, 중국의 언어 구조와 밀접한 관계가 있다고 생각된다. 중국어는 태국이나 티벳의 언어와 함께 소위 고립어의 유형에 들어가는 것으로, 어미변화나 접사 등이 없고, 각 단어는 단지 관념을 표현할 뿐, 문법적 기능은 문장 중의 위치에 의해서 결정되는 성질의 언어이다.

예컨대 '花紅'이라 하는 중국어는 영어의 'the flower is red'에 해당한다. 중국어는 영어의 'is'에 해당하는 말이 없다. '花'와 '紅'은 각각 고립되어 있는 것으로, 그것을 결합시키는 접착제가 없는 것이다.

그런데 논리학에서 문제가 되는 것은 단어의 의미보다는 단어를 결합시키고 있는 접착제 부분이므로 이것을 빠뜨리는 것은 논리학의 성립에 치명적인 결함이 될 수 있다. 본래 중국에도 제자백가 사이에 논쟁이 많았던 전국시대에는 명가(名家)라 불리는 논리학파가 생겼지만, 명가도 그리스의 논리학 수준에는 도저히 미칠 수 없었다. 더욱이 명가의 흐름은, 육조시대 초기 청담이 유행하였을 때, 일시적으로 부활하는 조짐을 보였을 뿐, 그 후에 완전히 자취를 감추어 버렸다. 결국 중국은 논리학이 자랄 수 없는 땅이었다고 할 수밖에 없다.

체험적 가치의 중시

이처럼 원인이야 어떠하든, 중국에서는 논리적 사고가 충분히 발달하지 못했다. 당연한 결과로서, 그를 대신해서 체험적 직관을 중시하게 되었고 직관을 기본으로 한 비유에 의한 표현, 상징적인 표현이 발달하였다.

이 같은 표현은 이미 "논어" 등에도 잘 나타나 있지만, 도가의 책에는 그러한 경향이 한층 두드러진다. 장자에 이르러서는 언어가 진리표현에 장애가 된다고 하여 적극적으로 논리 자체를 부정하기까지 한다.

이렇게 체험적 직관을 극도로 중시하는 것으로서는 불교 중에서 가장 중국적 색채가 강한 선종(禪宗)을 들 수 있다. 중국 불교도 인도 불교철학의 영향을 받아서 육조 말부터 당대 중기에 걸쳐서 세밀한 논리와 분석에 능한, 구사종(俱舍宗), 성실종(成實宗), 삼론종(三論宗), 법상종(法相宗) 등 소위 논종(論宗)의 성립을 보이지만 그러한 것은 한정된 전문가 사이에서만 행해진 것이었고 당말 이후로는 자취를 감추었다. 당말 이후, 송 · 원 · 명 · 청에 걸쳐서 존재한 것은 단지 선종과 정토종(淨土宗)만이라고 해도 좋다. 그 원인은 선과 정토가 중국인의 체질에 가장 적합하였기 때문이다. 양자에 공통되는 점은 논리를 가능한 한 제외시켰다는 점이다.

선종은 '이심전심(以心傳心), 불립문자(不立文字), 직지인심(直指人心), 견성성불(見性成佛)'을 모토로 한다. 진리는 문자에 의해서 전해지지 않는다. 따라서 논리에 의해 분명해지지 않는다. 진리는 문자나 언어의 매개에 의하지 않는 것으로 마음과 마음의 통합에 의해서만 체득되는 것이다. 즉 심중(心中)에 있는 본성을 직관하는 것에서 참된 깨달음을 얻게 된다. 이것은 체험적 직관을 진리에 이르는 유일한 통로로 상정하고 있는 것이다.

이 선종의 불립문자(不立文字) 사상이 어떻게 중국의 전통에 깊이 뿌리내리게 되었는지는 후에 다시 서술하겠다.

3. 중국 사상을 정치적으로 만든 자 — 문화를 독점한 관리

문화 담당자로서의 관리

중국 문화가 정치적인 색채가 강한 것은 앞서 언급한 대로이다. 그러면 왜 그렇게 된 것일까? 그 역사적인 원인을 찾아볼 필요가 있다.

흔히 민족 문화라 하는 것은, 실제로는 민족 전원이 그 문화에 참가한 예는 적고, 그 민족 내의 특정 신분에 속하는 자만이 문화를 담당하는 경우가 많았다. 그 경우, 문화를 담당하고 독점하였던 자가 어떤 신분이나 직업을 가진 인간이었는가 하는 것이 그 문화의 특색을 결정하는 경향이 클 것이다.

예컨대 인도 문화는 종교적이어서 영원(永遠)만을 문제로 보았기 때문에, 현실의 역사의식이 결핍되었다고 흔히 말해진다. 그러면 인도인은 모두 위대한 철인인가 하면 결코 그렇지만은 않다. 대다수의 인도인은 매우 현실적이고, 특히 무역상인의 장사솜씨는 정평이 나 있으며, 아메리카에서는 선발의 유태상인을 몰아냈을 정도라고 한다. 그럼에도 불구하고 인도 문화가 전체적으로 강한 종교적 색채를 띠고 있는 것은 무슨 까닭인가? 그것은 과거 인도 문화를 담당하였던 자들이 바라문이라 불리는, 제사를 직업으로 하는 종교인이었기 때문일 것이다.

이에 반해서 과거의 중국 문화를 담당하였던 자들은 사대부(士大夫) 또는 사인(士人)이라 불리는 정치가이자 관리였다. 전국시대 제자백가의 성격에 대해서는 따로 서술하겠지만 그 전국의 분열을 통일한 진(秦)의 시황제(始皇帝)는 오랜 전통을 가진 봉건제에 종지부를 찍고 소위 군현제를 시행하였다. 이것은 종래의 봉건제후를 없애고, 지방관을 통해서 통치하는 제도이고, 관리에 의한 정치체제였다. 일본도 당의 제도를 모방하였던 율령(律令)체제의 시대가 있었지만, 중국의 경우는 그보다도 훨씬 더 철저한 것이었다.

이 시황제가 창설한 관료정치 제도는, 다음의 전한(前漢)의 무제(武帝) 때에 한층 정비되어서 최후의 청조에 이르기까지 2천여 년에 걸쳐 유지되었다. 중국만큼 오랜 관료정치의 전통을 가진 나라는 아마도 세계에 유례가 없을 것이다. 중국의 문화가 강한 정치적 성격을 가진 것은, 그 문화를 담당한 지식계급이 관리였다고 하는 사실에 기인한 점이 크다.

중국 관리의 특수성 — 지식인은 곧 관리

진(秦)의 시황제 이래 2천 년 동안, 중국 문화는 관리에 의해서 독점되었다고 해도 좋은데, 이 중국의 관리, 소위 사대부는 근대 관리의 성격과는 여러 가지 면에서 다른 특성을 가지고 있다. 그것은 명말 이래 중국을 보아온 서양인이 중국의 관리를 mandarin이라고 일컬은 점에도 잘 나타나 있다.

중국 관리의 선출은 처음에는 지방관이 추천, 후에는 과거, 학과시험에 의해서 이루어졌고, 선임의 범위는 원칙적으로 널리 일반 백성에까지 미쳤다. 이 점에서는 근대의 관리 선임법과 본질적으로 다른 것은 아니다. 또 관리의 신분은 일대에 한함을 원칙으로 하고 보통 전임(轉任)을 임명받게 되며, 관리 개인이 봉건세력을 가지지 못한 점도 마찬가지이다.

문제는 선출 방법에 있다. 추천을 주로 한 시대와 과거에만 의존한 시대는 매우 사정이 다르지만, 관리의 선출은 법률 지식의 유무를 기준으로 하지 않고, 유학이나 문학의 습득을 조건으로 하였다. 훌륭한 문장이나 시를 짓는 능력이 있는 인물은 단지 그것만으로도 임명이 되었다. 소위 문화인인 것이 관리가 되는 조건이었다. 만약 이러한 것을 문화국가라고 부른다면, 중국은 대단한 문화국가였던 것이 된다. 관리가 곧 지식인이라는 공식이 일찍부터 확립되었다.

그것만이 아니라, 이것의 역, 지식인이 곧 관리라고 하는 중국 특유의 공식도 동시에 성립한다. 그것은 관리의 신분이 커다란 매력을 가졌기 때문이었다. 독재국가의 관리란 권력과 명성을 누리게 되는 것이 보통이지만 중국의 경우는 여기에 막대한 수입이 따르게 된다는 아주 좋은 조건이 부가되어 있었다. 이것은 중국의 관리가 봉급이 많았기 때문이 아니다. 봉급은 국가의 세금에서 지급된 것이었으므로, 자연히 제한이 있고, 물론 수준 이하로 낮은 정도였다. 그러나 이것을 보충하고도 남음이 있었던 것은 부정수입 때문이었다. '관리를 3년 지내면, 자손이 3대 놀고 먹는다'는 속담이 있을 정도로 부정수입은 막대한 것이었다. 이것은 중국의 토지가 대단히 넓었기 때문에 중앙에서 감찰하기가 어려웠다는 점도 있고, 거기에 정규 봉급만으로는 생활할 수 없다는 점도 있어서, 반은 공공연한 비밀로서 묵인되었다.

그리하여 중국의 관리는 권력이나 명성 외에 어떠한 실업가도 미칠 수 없을 정도의 막대한 수입을 보증받는, 3박자가 갖추어진 지위였다. 세상에 이 정도의 혜택을 받는 지위는 없다. 따라서 적어도 문자를 읽고 쓸 수 있는 자, 소위 '독서인'은 모두 관리를 지망하는 풍조가 생겼다. 지식인은 모두 관리가 되든가, 아니면 관리지향형의 인간이 되는 것이다. 여기에서 지식인이 곧 관리라고 하는 중국 특유의 공식이 성립한다. "당시선(唐詩選)"에 나오는 시인들은 거의 예외없이 관리의 경력을 가진 자였고, 그렇지 않으면 과거 시험에 실패한 경험을 가진 사람이 대부분이었다. 관리가 아닌 지식인의 존재는 중국에서는 생각할 수 없다.

이처럼 지식인이 모두 관계(官界)로 흡수되니, 어떠한 결과가 생겼을까? 그것은 관리가 문화를 독점하는 것이었다. 중국의 관리, 즉 사대부는 단지 문화를 담당하는 것만이 아니라 이것을 독점하였던 것이다. 그렇다면 중국의 문화가 정치의 영향을 깊이 받고 있는 것은 매우 당연한 결과인 것이다.

중국의 철학 · 종교를 대표하는 노장과 불교

이처럼 중국의 문화가 관리에게 독점된 결과, 전체적으로 정치적인 색채가 극히 강해졌다. 그러나 관리도 역시 인간이고, 인간인 이상, 인간의 생사라는 영원의 문제에 완전히 무관심할 수는 없었다. 거기에 종교나 철학에 대한 관심이 생겨날 여지가 있는 것이다.

정치적 관심이 주류를 이루고 있는 유교에도 역시 그런 점이 있었다. "논어"가 많은 사람들의 마음을 사로잡은 매력의 하나는, 공자가 단순한 정치사상가가 아니고, 인생을 깊이 보는 눈을 가졌던 인간이었다는 데 있다. 또 후세에 나타난 주자학이나 양명학은 노장이나 불교, 특히 선종의 영향을 받고 있기는 하지만 유교에 철학적인 근거를 두었다.

또 노장의 사상은 중국인이 낳은 철학으로서 가장 뛰어난 것이고, 인생의 철학으로서 오늘날에도 여전히 살아있는 생명력을 가지고 있다. 더욱 4세기경부터 일반에 널리 퍼진 불교는 지식인 사대부의 사상에도 깊은 영향을 주게 되었다. 이 때문에 육조 이후의 사상사는 불교를 빼놓고는 말할 수 없을 정도이다. 특히 노장 사상과의 교류의 결과, 선종과 정토종이라 하는 중국색이 짙은 불교가 생기게 된 것은 사상사에 있어서 가장 주목해야 할 사실일 것이다.

이와 같이 중국 사상은 정치 일변도로 이루어진 것이 아니고, 거기에는 노장이나 불교로 대표되는 철학이나 종교가 있었던 것을 알 수 있다. 따라서 중국의 사상을 보려면 정치만이 아니라 철학이나 종교의 측면도 충분히 살펴볼 필요가 있다.

제2장

천(天)의 사상·범신론적 세계관

1. 천(天)의 숭배의 기원
2. 천(天)의 비인격화와 범신론적 연속적 세계관
3. 천성(天性)과 천명(天命)

제2장 천(天)의 사상 · 범신론적 세계관

1. 천(天) 숭배의 기원

중국 사상의 기초가 되는 천의 사상

중국인의 세계관에서 근본이 되는 것은 천의 사상이다. 이 천의 사상은 단지 고대의 사상으로서 중요한 의미를 가지고 있을 뿐 아니라 시대를 넘어, 또 학파의 대립을 초월하여 모든 중국 사상의 근저에 존재하였다. 따라서 그 본질을 해명하는 것은 무엇보다도 중요하다.

고대의 중국은, 샤머니즘의 권내에 있었다. 그 특징으로서 신의 말을 전하는 무(巫)가 예부터 존재하였다. 그 중에서도 무현(巫賢)이나 무함(巫咸) 등의 무는, 왕을 보좌하는 재상에 임명되었다는 전설을 가지고 있다. 이 샤머니즘으로부터 2차원적인 하늘과 땅, 산천초목이나 동물에 이르기까지 신성을 인정하는 다신교가 생기는데, 중국에서는 기원전 십여 세기경에 이미 이 같은 다신교의 단계에 도달하였다고 한다. 이 많은 신의 정점에 존재하는 것이 천의 신이었다.

천 숭배의 유목민 기원설

이 천의 신에 대한 숭배의 기원에 대해서는 이제까지 여러 가지 설이 있었다. 자연 숭배나 조상 숭배에서 파생하였다고 하는 설, 혹은 농경생활에서 생겼다고 하는 설이 있는데, 그 모두 주요한 근거가 있다.

그런데, 근년에 문화인류학의 방면에서 새로운 유력한 학설이 나왔다.* 그것은 천의 숭배가 농경민에서가 아니고 유목민에서 생겨났다고 하는 견해이다. 그 주요한 근거는, 중국 주변의 유목민 사이에만 천의 숭배가 널리 나타나는 것이 아니고, 멀리 중근동에 걸쳐서 유라시아 대륙의 사막이나 초원에 거처하는 유목민족 사이에서도 그것이 보편적으로 나타난다고 하는 사실이다. 그 분포의 보편성이라는 점에서 보면, 천(天)에 대한 숭배를 중국 독자의 기원이라 하는 설은 명백히 틀린 것이다.

한편으로 이 유목민 기원설에도 난점이 있다. 그것은 기원전 11세기경까지 계속되었던 은왕조의 유적에서 발굴된 대량의 갑골문자에는, 천에 제사하는 것에 대한 기록이 보이지 않는다는 점이다. 다만 최고신으로서는 천 대신에 제(帝)라는 문자가 종종 보인다. 이 제를 후세에서 말하는 의미의 천제 혹은 상제에 상당하는 것이라고 하기보다는 부족의 조상신으로 보아야 할 것이다. 만약 그렇다고 한다면, 은왕조 시대에는 아직 천의 숭배가 성립되지 않았을 공산이 크다.

은대는 이미 농경을 주로 한 정착생활의 단계에 들어갔던 시기인데 기원전 11세기경에 주왕조가 은을 정복하고 새로운 지배자가 되었다. 당연히 농경생활은 한 단계 더 진보하지만, 주대가 되어 비로소 천에 대한 숭배가 확립되었다. 이것은 천 숭배의 유목민 기원설과 모순되는 것이다.

그러나 이 모순을 해소시킬 실마리가 있다. 분명히 은대에 이미 농경생활에 들어갔지만, 은을 정복한 주는 본디 유목민이었을 가능성이 높다는 것이다. "사기"에 의하면 그 조상은 융적(戎狄)의 땅에 거주하였는데, 후에 장안 안에서 서북으로 약 120km 떨어진 빈주(邠州) 땅에 나라를 세우고, 고공단부(古公亶父)의 대에 이르러 남방의 기산(岐山)으로 옮겼다. 여기에서 비로소 융적(戎狄)의 풍속을 바꾸고, 성곽

---

* 知田英一郎 '天馬의 길' — 문예춘추 간 "인간과 문화의 탐구"

이나 가옥을 짓고, 촌락의 제도를 설립하여 정주의 생활에 들어갔다고 한다. 이 고공단보(古公亶父)의 후손이 바로 주의 문왕이다.

"사기"에 실린 이 전설은 부분적으로는 "시경"이나 "서경" 등에도 보이며, 아마도 주나라 부족의 오랜 전승에 기초해서 이뤄진 것 같다. 적어도 주의 부족이 중국 서북부의 유목민이었던 것은 확실성이 있고, 이 유목민이 은왕조를 멸하고 천하를 지배한 것으로 보인다.

그때 주가 유목민의 천에 대한 신앙을 그대로 중국에 가지고 들어와, 농경생활이 진행됨에 따라서 점차로 천도 농업신으로서의 성격을 띠게 되었던 것 같다. 이것이 현재의 단계에서는 가장 유력한 천(天)에 대한 신앙의 기원설이라고 생각된다.

2. 천의 비인격화와 범신론적 연속적 세계관

인격신에서 비인격신으로

기원은 어떻든 옛날의 천(天)의 신이 인격신이었던 것은 분명하다. 천(天)의 신은, 유태민족의 여호와 신처럼 만물을 창조한 신은 아니지만, 만물을 낳고, 만물을 보호하는 것을 임무로 하는 신이었다. 민(民)의 평안을 약속하는 군주를 뽑아서 천자로 임명해, 보호하지만, 만약 잔악한 왕이 태어난 경우에는 즉시 무서운 천벌을 내렸다. "시경"이나 "서경" 등에 보이는 천(天)의 신은 여호와 정도는 못 된다 하더라도, 매우 두려운 면을 가진 신이었다.

그런데 그 후에 시대가 흐름에 따라, 천(天)의 신이 활동할 기회가 줄어들고, 활발하지 않게 됨과 동시에 그 인격적인 요소가 점차 희박해졌다. 여기에는 여러 가지 이유가 있겠지만, 주왕조의 지배가 대체적으로 안정되었기 때문이라고 생각된다. 주는 기원전 11세기경부터 기원전 3세기 진에게 멸망되기까지, 실로 9백년에 가까운 수명을 가진 왕조였다. 물론 그 사이에는 견융의 침입으로 인해 천도한 적도 있었고, 특히 중기 이후 춘추전국 분열시대에는 실력을 상실하고 명목상 존재하였지만, 주왕조의 권위와 이데올로기를 근저에서 부정하는 움직임은 없었다. 이 질서의 안정이, 천의 신의 활동을 줄어들게 하고, 그 인격적 요소를 희박하게 한 것이라고 생각된다.

어쨌든 천의 신이 인격신으로서의 성격을 상실하고, 점차로 비인격적인 존재로 변한 것은 명백한 사실이었다. 이 경향은 공자가 나타난 기원전 6세기~기원전 5세기의 시대에는 이미 명백한 형태를 보이고 있다. "논어"에 "천은 말하지 않는다. 사시를 행하고 만물을 낳는다"라는 말이 보인다. 천은 인간처럼 말로 명령하는 것이 아니고, 사계절이 순환하고, 만물이 생육하는 그 속에 천이 있다는 것이다. 요컨대 천(天)은 사계절의 순환이나 생성의 안에 있는 법칙, 곧 도(道)이다. 말하자면 인격적인 존재가 아니고 도(道)나 이(理)라 하는 로고스적 존재인 것이다.

천(天)의 비인격화의 경향은 후세가 될수록 강해진다. 12세기 송의 주자학은 "천(天)은 이(理)이다"라고 규정하여, 이 이(理)의 보편성에 의해서 만물의 본질을 규명하고자 하였다. 주자학이 이학(理學)이라고 불리는 것도 그 때문이다. 여기에서 천(天)은, 이미 신이 아니라 천도(天道)나 천리(天理)라 하는 법칙적인 존재이며, 비인격적인 존재가 되어 있다.

유신론에서 범신론적 세계관으로 — 신 · 인간 · 자연의 연속

천(天)의 신이 인격신에서 비인격적 존재로 바뀌었다는 것은, 그것만으로 그치지 않고 중국인의 세계관에 구조적인 변혁을 가져다주었다.

세계의 종교는 두 가지 유형으로 분류할 수 있다. 그 하나는 유신론이고, 다른 하나는 범신론이다. 유신론은 기독교와 이슬람교 등에서 전형적으로 나타나는 것처럼, 신은 이 세계의 밖에서 세계를 지배하는 인격신이라고 생각한다. 여기에 대해서 범신론은, 신은 세계의 안에 있고, 일사일물(一事一物)의 안에 존재한다고 본다. 범신론에서도 인격신의 존재를 상정하기도 하지만, 그것이 발전된 형태에서는 비인격화되는 경우가 많다.

이 범신론은 미개민족의 신앙에서도 찾을 수 있지만 고도의 종교에도 있다. 예컨대 일체의 중생이 모두 불성을 가졌다고 보는 불교도 전체적으로는 범신론의 계열에 들어간다고 볼 수 있다.

이 범신론적 세계관의 중요한 특징은, 신 · 인간 · 자연의 3자가 연속 관계에 있고, 상호 간에 단절이 없다고 하는 점이다.

이것을 기독교적인 세계관과 비교해보면 그 차이가 분명해진다. 그리스도교는 우선 신과 인간 사이에 단절이 있다. 신은 인간을 위시한 만물을 만들어내는 창조주이다. 여기에 대해서 인간은, 신에 의해 만들어진 피조물에 지나지 않는다. 인간의 신성(神性)에 제사하는 것은, 피조물 숭배이자 신에 대한 모독으로서 매우 배척된다. 인간은 원죄를 지은 존재이고, 죄가 많은 존재이므로, 인간 안에 신(神)이 존재한다는 것도 허락되지 않는다.

또 자연도 신의 피조물이므로, 신과 자연 간에 단절이 있는 것은 물론이다. 같은 피조물이면서도 인간과 자연의 사이에도 단절이 있다. 동물은 인간을 부양하기 위한 신의 피조물이므로 죽여도 상관없다. 불교에서 말하는 살생이라고 하는 관념이 여기에는 없다. 동물만이 아니라, 모든 자연은 인간을 부양하기 위해 만들어진 수단이고 도구이다. 여기에서 자연을 인간의 삶을 위한 수단이라고 보는 사상이 생겼다.

보통 자연을 단순한 '물(物)'로서 보는 사상이 근대 과학사상의 산물인 것처럼 생각되고 있지만, 실은 이에 앞서 그리스도교가 그 토대를 마련하였던 것이다.

여기에 반해 범신론의 세계관에서는 신 · 인간 · 자연의 3요소를 연속적인 관계로 배치한다. 우선 천(天)은 신이자 머리 위에 존재하는 천공(天空)이고 자연이다. 여기에서는 우선 신과 자연이 일체이다. 천의 신은 자연을 낳음과 동시에 만물의 안에 존재한다. 인간의 경우도 그 예외는 아니다. 천은 인간을 낳고 인간의 안에 거주한다. 인간의 안에 거주하는 천(天)은 무엇인가? 그것은 인간의 천성이다. 천성은 인간의 안에 있는 천(天)이다.

이처럼 신 · 인간 · 자연은 상호 연속하는 것인데, 그 연속의 기초가 되는 것이 '기(氣)'이다. 기는 가스 상태의 미립자로 만물을 구성하는 원자와 같은 것이다. 그 가스 상태의 미립자의 집합이 성길 때에는 가볍기 때문에 떠올라서 천공이 된다. 집합이 빽빽해지면 무겁고 딱딱해져 물, 흙, 쇠 등의 액체나 고체를 이룬다. 인간도 그 예외는 아니다. 인간은 호흡에 의해서 천기(天氣)를 몸 안으로 흡입하여 피, 근육, 뼈를 만들고 나아가서는 정신도 형성한다.

천(天) · 지(地) · 인(人)의 3자가 일기(一氣)에 의해서 구성되어 있다고 하는 연속적 우주관은 범신론의 입장에서 나온 것이다.

연속적 세계관 — 대립보다도 융합이 선행한다

그리스도교의 유신론을 기초로 한 근대적인 세계관에서는 모두를 대립의 관계로 포착하고자 하는 경향이 강하다. 그런데, 신은 인간의 내부에 존재하고, 인간은 그대로 자연의 일부라고 하는 중국적인 범신론의 입장에서는, 모두를 우선 융합의 형태로 포착하고자 하는 경향이 강하였다. 실례를 몇 가지 들어보자.

우선 영과 육체의 문제이다. 이 구별은 특히 기독교에서 현저하다. 그런데 인간의 정신과 육체가 같은 일기(一氣)에 의해서 구성되어 있다고 보는 중국에서는 이것을 대립하는 이원론으로 포착하지 않는다. 물론 양자가 무차별 평등이라고 생각하는 것은 아니고, 정신적인 것을 높이 평가하고 육체적인 욕망을 낮게 본다. 그러나 양자는 질적으로 단절된 것은 아니고, 단지 가치상 상하의 차이가 있을 뿐이다.

낮은 가치라 해서 육체적인 욕망을 금지하는 것은 더욱 생각할 수 없다. 왜냐하면 욕망은 정신이 거주하는 신체를 잘 보존하기 위해 필수불가결한 것이기 때문이다. "예기"에 "식사를 하는 남녀, 사람의 대욕(大欲)은 여기에 있다"는 말이 있는데, 이 말은 식욕이나 성욕이 인간으로서 빠뜨릴 수 없는 중요한 욕망이라고 하는 점에서 많이 인용되고 있다. 맹자는 선정(善政)이란 것이, 결국은 민중의 굶주림을 해결하고 남녀의 욕망을 만족시키는 것이라고 보았다. 이 같은 욕망을 긍정하였으므로 중국에는 '금욕'의 사상이 존재하지 않는다. 다만 그 행위의 지나침을 조절하는 '절욕(節欲)'이 있을 뿐이다.

영과 육체의 경우와 마찬가지로, 선과 악의 사이에도 근원적인 대립은 없다. 성선설을 제창한 맹자는 인간은 성(性)이 선하지만 종종 나쁜 일을 행하는데, 이것은 환경 등의 외부적 조건에 의한 것이어서 그 조건을 개선하면 자연히 선하게 된다고 한다. 말하자면, 악은 선에 대립하는 독자적인 원리가 아니고 선이 불완전한 상태에 놓이게 될 때, 악이 되는 것이다. 극단적으로 말하면 악은 불완전한 선이라고도 할 수 있다. (맹자의 성선설에 대립한 순자의 성악설도 인간에게 근원적인 죄악이 있다고 하지는 않는다. 순자편 참조)

이상과 현실의 사이에도, 본질적으로 단절은 없다. 유럽적인 사고에서는 이상은 현실로부터 떨어진 것이고, 그렇기 때문에 이상이라고 불리는 것이다. 그런데 중국에서는 이상은 현실과 가까운 곳에 있다. 맹자는 "도는 가까운 데 있는데, 먼 곳에서 찾는다"고 말한다. 진리는 가까운 곳에 있는 것인데, 사람들은 이것을 멀리 떨어진 곳에서 구하려 한다는 것이다. 이상은 현실을 벗어난 높고 먼 곳에 있는 것이 아니고, 곧 비근한 현실이라 할 수 있다. 아니, 이상은 현실의 안에 부분적으로 포함되어서 존재하는 것이다.

흔히 중국인은 고대 존중론자라고 일컬어진다. 항상 이상을 과거에 두고 요(堯) · 순(舜)을 이상의 성왕으로서 우러러본다. 그것은 중국인의 성벽(性癖)이라고도 일컬어지는데, 다른 한편으로는 이상과 현실을 변수 관계에 두는 데서 나온 것이라고 할 수 있다. 현실을 과거 역사의 어느 시점에 두면, 이상은 일찍이 한 번 실현되었던 것임이 증명되고, 현실성을 보증하게 된다. 중국인을 현실주의라고 하는 것은, 이상을 버리고 현실을 취한다는 의미가 아니라 이상을 현실의 가까이에 두어, 이상을 현실의 안에서 구하였던 것을 가리키는 것이다.

또 중국인이 논리적인 분석에 뒤떨어져, 체험적 가치를 중시한다고 하는 것도, 역시 이 연속적 세계관과 밀접한 관련이 있다. 논리적 사고라는 것은 앞서 언급한 것처럼, 분석, 이해, 판단이라는 말이 가리키는 대로 하나의 것을 분석하여 대립의 관계로 만들어 이것을 다시 종합함으로써 가능해진다. 예를 들어 말하면 인간을 머리, 몸통, 팔, 다리로 분리하여 이것을 모은 것이 인간이라고 하는 것이 논리적 사고이다. 이 사고법의 결점은 산 것을 죽여버리는 데 있다.

이처럼 천(天)이 비인격화해서 만물의 내부에 존재한다고 하는 것은 범신론적 세계관, 연속적 세계관을 성립시켰고, 그것이 중국 사상의 모든 분야에 침투되어 있음이 판명되었다.

3. 천성(天性)과 천명(天命)

천성 — 인간의 내부에 존재하는 천

천(天)의 신의 비인격화는, 범신론의 세계관을 낳음과 동시에 인생관의 기초가 되는 천성과 천명(天命)에 대한 사상을 낳았다.

천(天)이 비인격화함과 동시에 만물의 내부에 있고 일사일물(一事一物) 가운데에 존재한다는 것은 이미 서술한 대로이다. 물론 인간도 만물의 하나이므로, 그 속에 천(天)을 내재하는 것이다. 그러면 인간에 내재하는 천(天)이란 무엇인가? 그것은 다름 아닌 '천성' 혹은 단순히 '성(性)'이라고 불리는 것이다.

맹자가 성선설을 제창한 것은 유명한데, 그렇다면 성이 인간에 내재하는 천이라고 하는 것은 당연한 귀결이다. 천은 본디 신이고, 선이므로 그것이 인간의 내부로 들어가서 천성이 된다고 하면, 천성은 선 이외의 아무것도 아니다. 맹자의 성선설이 영원히 유가의 전통사상이 된 것은 매우 당연한 것이었다.

다만 성선이어야 할 인간이 가끔 악행을 범한다고 하는 현실의 모순이 여러 가지 수정설을 낳는 요인이 되었다. 그 전형적인 예는 주자의 설이다. 주자에 의하면 만물의 본질은 천리(天理)인데, 이 천리가 인간의 안에 내재하는 것을 성(性)이라고 부른다. 인간의 성은 이(理)이고 선이다. 그러나 현실의 인간은 육체를 가지고 육체는 이와 함께 기로 구성되어 있는 것이므로, 거기에 불가피하게 기의 원리가 도입되는 것이다. 기와 이는 다르다. 기는 음양이나 정조(精粗) 등의 다양성을 갖추고 있으므로 현실의 인간성은 여러 가지 개성을 지니게 된다. 따라서 본연의 성은 모두 똑같은 성이지만 기질의 성은 각각 다른 것이고 거기에 불순한 요소가 들어가게 된다고 한다.

이처럼 인간의 본성에 대해서는 여러 가지 논의를 낳지만 성선설의 기본적 방향은 흔들리지 않았다고 해도 좋다. 그것은 성선설이 인간의 본성은 천(天)에 의거한다고 하는 전통에 충실하였기 때문이었다.

* 후에 서술할 순자(荀子)는 성악설(性惡說)을 제창하였는데 그의 천(天)에 대한 견해는 전통적인 그것과는 크게 다른 것이다.

천명 — 인간을 밖에서 제약하는 운명

이처럼 천(天)은 인간 안에 존재하는 천성이었다. 그러면 천(天)이 인간 안에 완전히 내재화했는가 하면 그렇지는 않다. 천(天)은 의연하게 초월적인 측면을 남기고 있고, 인간의 밖에 존재하는 것이라는 일면을 가지고 있다. 그것은 소위 천명이다.

천명의 원뜻은 천(天)의 신의 명령이라는 의미였다. 그러나 천(天)의 인격성이 엷어져서 비인격화함과 동시에 천명의 의미도 저절로 변화하였다. 그 변화라 함은 천명이 '운명'의 의미를 가지게 된 것이었다. 운명은 인간의 밖에 있어서 인간의 존재형태를 규정하는 일종의 힘이다. 그것은 천(天)에 근원을 둔 힘이었기 때문에 인력으로는 어떻게 할 수 없는 성질을 가지고 있다.

"인사를 다하고 천명을 기다린다(盡人事待天命)"는 말이 있다. 인간으로 할 수 있는 것은 그 전력을 발휘할 뿐이고, 일의 성패는 인력을 넘어서는 운명에 의해서 결정됨을 언급한 것이다.

이 운명으로서의 천명 사상은 학파의 대립을 초월해서 모든 중국사상 안에 깊이 침투하고 있다. 그것은 단지 지식계급에서만이 아니라, 일반 민중들 사이에서도 널리 나타난다. 그런 의미에서 민족의 사상이라고도 할 수 있다.

운명을 그대로 따른다고 하는 것은, 소극적이고 어두운 것처럼 보이지만, 실은 반드시 그렇지는 않다. 맹자도 "예컨대 목숨이 짧게 끝난다 하더라도 그것에 의해서 마음이 흔들리지 않고, 오로지 수신(修身)해서 천명을 기다리는 것이야말로 입명(立命)의 도라고 할 수 있다"고 하였던 것처럼, 사람이 하는 일의 한계에 나타나는 천명을 조용히 기다리는 것이야말로, 평안의 경지, 안심입명(安心立命)의 길을 가져다주는 것이다. 이 운명에 따른다고 하는 사상을 그 중심으로 한 것이 도가의 사람들이었고, 특히 장자였다. 이 운명을 감수하여 천명대로 따르고 안주하는 태도야말로 헤아릴 수 없는 전란이나 천재를 견뎌내어 끊어지지 않고 생명의 싹을 피우는 잡초와 같은, 중국 민족의 꿋꿋함의 원천이었다.

이처럼 인간의 내부는 천성에 의해서 구성되고, 밖은 천명의 규제를 받는다. 성과 명은 불가분의 관계에 있는 것이므로, 여기에 '성명(性命)'이라는 숙어가 생겼다. 후세에 광범위하게 사용되고 있는 생명이란 말은, 이 성명에서 전화한 것이다. 성명은 안과 밖에서 천에 의해서 구성된 인간 존재를 가리키는 것이었다.

운명과 사명 — 천명의 이의성

그러나 천명에 대해서는 여전히 하나의 문제가 남아 있다. 비교적 드문 사례지만, 천명이 때로는 '사명'의 의미로 쓰이는 경우가 있다.

본디 천명이 '사명'의 의미로 쓰일 소지는 옛날부터 있었다. 특정 인간이 천자가 되는 것은 천명에 의하여 되는 것이었다. 요컨대 천(天)의 명령에 의해 천자가 되는 것은 천(天)의 사명을 받는 것이었다. 이 사명의 사상은, 천(天)이 인격성을 상실한 후에도 계속되었다. 따라서 천명에는 '운명'과 '사명'의 두 가지 뜻이 포함되어 있는 것이다.

이것은 생각하면, 매우 기묘한 것이다. 운명의 경우는 '스스로는 이 이상의 것은 할 수 없다'라는 한계 의식을 강하게 느껴, 소극적인 태도로 결부되기 쉽다. 이것과 반대로 사명의 경우는 '이것만은 어떻게 해서라도 해내지 않으면 안 된다'고 하는 적극적인 태도에 결부된다. 심리적으로 보면 양자는 상반된 말이다. 동일어가 상반된 두 개의 의미를 가지는 것은 때때로 혼란을 가져온다.

그 좋은 예로서 "논어"의 "50세에 이르러 천명을 안다"라는 글귀가 있다. 이 천명은 운명인가? 그보다도 사명인가? 하는 해석을 둘러싸고 한대(漢代)부터 현재에 이르기까지 학자들의 의견이 대립하고 있다. 청조의 유보남(劉寶楠)처럼 양쪽의 의미를 함께 갖추고 있다고 보는 절충설을 제창한 자도 있다.

생각건대 이것은 대립보다도 융합을 중시하는 연속적인 사고법에서 나온 것이어서, 운명도 사명도 '천(天)에서 부여받은 것'인 점에서는 공통되는 것이므로, 그 공통점을 포착해야 할 것이다. (성명론性命

論에 관해서는 졸저 "상고로부터 한대에 이르는 성명관의 전개"[創交社刊]가 있다.)

이상의 '중국 사상의 일반적 성격', '천(天)의 사상 · 범신론적 세계관'에 관한 여러 항목은 예컨대 음악의 주조음에 해당하는 것으로, 역대 중국의 사상가는 이것을 기초로 하면서 그 교향곡을 짓기 시작했던 것이다. 다음에서는 시대에 따른 주요 사상에 관해 살펴보기로 한다.

제3장
전국시대의 제자백가

1. 제자백가를 낳은 사회적 배경
2. 공자(孔子)
3. 맹자(孟子)
4. 순자(荀子)
5. 한비자(韓非子)
6. 묵자(墨子)
7. 노자(老子)
8. 장자(莊子)
9. 열자(列子)
10. 명가(名家) — 논리(論理)와 궤변(詭辯)
11. 음양오행설(陰陽五行說)
12. 잡가(雜家) — 전국말(戰國末)의 제자백가의 교류

제3장 전국시대의 제자백가

1. 제자백가를 낳은 사회적 배경

주나라의 봉건제도와 춘추전국시대

기원전 11세기경부터 시작된 주왕조는, 약 9백년간 명맥을 유지해, 기원전 3세기 중엽에 진에 의해서 멸망될 때까지 지속되었다. 다만, 기원전 8세기 중엽에 시작하는 춘추시대에 이어서 전국시대에는, 주왕실은 종교적 권위를 가졌을 뿐, 실질적으로는 제후의 힘이 강하여 소위 군웅할거의 상태가 지속되었다.

본디, 주의 지배제도는 봉건제였다. 중앙에 왕실이 있고, 그 일족의 자제를 각지의 제후에 봉하여, 왕실을 지키게 하는 제도였다. 본디 제후는 동성만이 아니고, 혈연관계가 없는 이성의 제후도 있지만, 왕실은 이들과도 혼인관계를 맺어, 동성의 의식을 갖도록 하였다. 이 때문에 천자와 제후와는 친자형제의 관계에 있고, 천하는 일가라고 하는 대가주의 정신을 지배의 원리로 하였다. 소위 동족사회와 형태로 천하를 경영하고자 한 것이었다.

그런데 이러한 봉건제도는 커다란 약점이 있었다. 창립의 초기는 좋았지만, 세대가 흘러감에 따라 혈연의식이 희박해져간다는 치명적인 약점이 있었다. 그렇게 되자 종래의 혈연의 원리보다 힘의 원리가 차츰 지배하게 되었다. 실력 본위가 되면 힘이 강한 자가 승리하는 것은 당연하다. 강력한 제후는 천자를 능가하고, 그 제후의 나라에서도 유력한 신하는 군주를 능가하게 되는 소위 하극상의 현상이 생겼다. 물론 제후 상호간에 실력 다툼이 격화되어 사실상 군웅할거의 상태에 돌입하였다. 이것이 춘추전국시대라고 불린 시대였다.

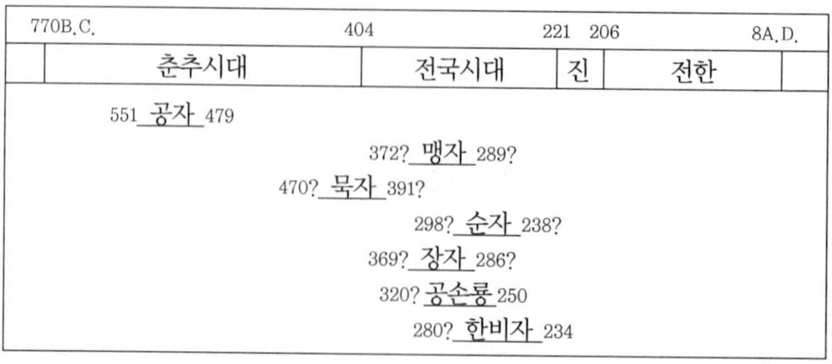

지식인 유세객의 발생 — 제자백가

춘추니 전국이니 하는 것은 그 시대에 질적인 차이가 있다는 의미는 아니고 편의상 구별했을 뿐이다. 단지 전국시대에 전란의 상태가 한층 격화된 것은 사실이다.

그런데 어느 나라라도 그렇지만 전국시대에는 많은 유세객이 발생하는 사태가 생겼다. 그것은 국가의 흥망이 격화되었기 때문에 망국의 신하들이 직위를 잃고 새로운 자리를 구하기 위해 여러 나라를 떠돌아다녔기 때문이다.

그들 유세객은 한 치의 혀를 생명으로 하는 지식인 유세객이었다. 넓은 중국에서는 한두 번의 싸움으로 나라의 운명이 결정되지는 않았다. 자연적으로 장기전의 형상이 된다. 따라서 직접적인 전력보다는 기초적인 정치력이나 경제력의 정도가 훨씬 중요했다. 그 때문에 군인보다는 정치나 경제에 밝은 문인을 존중하게 되었던 것이다.

열국 간에 경쟁이 격화된 전국시대에는 지식인 유세객을 환영하는 풍조가 생겼다. 종래의 제후국에서는 봉건적인 동족회사풍의 경영이

행하여져 수뇌부의 구성도 모두 세습적인 신분에 의해서 결정되었던 것인데, 이것으로는 경쟁의 시대에 대응할 수 없음이 분명해졌다. 자연히 새로운 두뇌를 도입할 필요를 통감하게 되었고, 거기에는 당시 엄청나게 발생하였던 지식인 유세객의 두뇌를 빌리는 것이 가장 좋은 방법이었다.

이렇게 해서 열국에 채용된 지식인 유세객의 대표적인 예로는, 송나라 논리학파의 사람으로 위(魏)의 혜왕(惠王) 밑에서 벼슬을 하여 재상이 된 혜시(惠施), 초국(楚國)의 사람으로 순자(荀子)에게 배워 진의 시황제의 재상이 되어서 분서(焚書)를 행한 이사(李斯) 등을 들 수 있다. 그러나 이들은 지식인 유세객 중에서도 운이 좋았던 예로, 동족회사풍의 전통이 강한 제후의 나라에 받아들여지기에는 어려운 점이 많았고, 대개는 유세자로서 일시적인 고용에 만족해야 했다. 요컨대 지식인 유세객의 대부분은 국가경영의 상담에 응하는 고문이 되었던 것이다.

이처럼 정치나 경제적인 학식을 자본으로 해서 제후의 사이에 유세하였던 고문, 실업지식인군이 소위 제자백가였다.

중국 사상사에서 제자백가의 위치

제자백가의 사상은 백가라는 명칭이 가리키는 것처럼, 여러 가지 유파로 분류되며 변화무쌍하였다. "한서(漢書)" 예문지(藝文志)는 이것을 유가(儒家), 도가(道家), 음양가(陰陽家), 법가(法家), 명가(名家), 묵가(墨家), 종횡가(縱橫家), 잡가(雜家), 농가(農家)의 아홉 가지로 분류하였다. 이 분류는 거의 타당하다고 보므로, 후세에는 여기에 그대로 따르는 것이 상례이다.

제자백가의 사상은 전체적으로 정치색을 띠는 것이 많다. 이것은 그들이 정치고문이었기 때문이다. 그러나 그 주장의 내용은, 매우 다방면에 걸쳐 있었고, 이 점에서 후세의 추종을 불허하는 것이었다. 그 원인을 생각해보면, 후세에는 통일왕조의 시대가 오랫동안 계속되고, 더욱이 유학만이 공인된 정통사상이 되어, 암흑 속에 사상통제가 행하여졌기 때문에 전체적으로 사상이 단조로워지게 되었다. 여기에 반해서 전국시대에는 사회의 무질서에서 생긴 자유가 있었다. 이 무질서에 의한 자유가 사상계의 백가제방(百家齊放)을 허락한 것이었다. 제자백가의 시대야말로 중국 사상의 황금시대였다고 하는 설이 있는데, 이 설에도 일리가 있다.

더욱 제자백가 중에는 도가의 장자처럼 정치의 영역을 벗어나 영원의 인생이라는 문제에 몰두해, 후세 중국인들의 인생관의 기초를 닦은 자도 있다. 또 묵자처럼 지식인의 상식을 깨뜨리고 유신론을 제창하여 국가나 가족의 사랑을 벗어나 박애의 설을 제창한 자도 있다. 이 같은 점에서 보면, 제자백가의 사상은 중국 사상사에 구축된 하나의 금자탑이었다.

2. 공자

공자의 전기

공자는 춘추시대 말기의 사람이고, 전국시대 제자백가보다도 한 발 앞섰으며 소위 정치 고문업을 창시한 대선배격에 해당한다.

공자(B.C. 551~B.C. 479)는 현재의 산동성(山東省)에 해당하는 노국(魯國)에서 태어났다. 성은 공(孔), 이름은 구(丘), 자는 중니(仲尼)라고 한다. 공자의 아버지는 이웃나라 송나라 사람이고 상당한 신분에 있었다고 전해지는데 일찍 죽고, 그 어머니는 노나라로 이주해서 공자를 낳았다.

노나라는 주나라 무왕(武王)의 동생인 주공(周公)의 자손들이 분봉(分封)된 나라로, 문화 수준은 높았지만 국세를 떨치지 못한 사양국가였다. 성인이 된 후 공자는 노나라에서 조그만 직책을 얻게 되지만, 35세 때에 노나라 군주가 제나라로 붙들려가게 되는 사건이 일어나자 공자도 노나라를 버리고, 제나라로 가서 8년간의 유세객 생활을 보낸 뒤, 43세 때 노나라로 돌아와 재야에서 제자들을 양성하는 데 힘썼다. 51세 때 관직에 초청되고, 그 재능을 사서 일시적으로 국정에 참여할 정도의 지위에 올랐다고 하는데, 곧 실각하여 56세 때 노나라를 버리고 유세(遊說)의 여로에 나섰다. 이때 공자는 많은 문인을 이끌고 위(衛), 진(陳), 채(蔡) 등의 여러 나라를 방문하는데, 그의 이상을 알아주는 군주를 찾지 못하여 12년간에 걸친 유랑의 여행을 마치고, 68세 때 재차 고향인 노나라로 돌아왔다. 그 후 자택에 거주하면서 오로지 제자의 교육에 전념하다가 73세에 그 생애를 끝마쳤다.

위대한 범인(凡人) — **상식의 교육**

공자는 저서가 없다. 이것은 공자만이 아니고 고대인들에게 공통된 사실이다. 그 언행록인 "논어"는, 제자 또는 그 후의 제자들에 의해서 편집된 것이다. "논어" 이외에도 공자의 언행을 기록한 것이 적지 않지만, 대부분은 후대의 추기(追記)여서 신용할 수 없다. 공자의 말을 충실히 기록한 것은 "논어" 이외에는 없다고 해도 지나치지 않다.

"논어"를 읽고 우선 받는 인상은 공자는 상식인이고 범인이었던 것이 아닐까 하는 것이다. 보통 공자를 석가나 예수, 소크라테스 등의 위대한 종교가나 철학자에 견주지만, 공자의 경우는 이들 위인과 매우 다른 점이 있다.

예수를 비롯한 위대한 사상가에게 공통된 점은, 그들이 상식을 부정하고 나아가 새로운 진리를 발견해서 사람들에게 알렸다는 사실이다. 예컨대 예수는 예언자라고 일컬어진다. 예언은 단지 미래의 것을 알리는 것뿐 아니고, 항상 상식을 초월해 상식의 저편에 있는 진리를 알리는 것이라 할 수 있다. 그 때문에 예언은 "그러나 내가 너에게 알린다"라는 말로 시작한다. '그러나'라고 하는 말에 나타나 있는 것처럼 예언은 항상 상식을 부정해, 상식을 넘는 진리를 말하고자 한다. 예컨대 예언자는 "수평선의 저쪽에 섬이 보인다"고 한다. 그러나 범인의 눈에는 그것이 보이지 않는다. 그것은 범인이 상식이라는 지평선상에 있다면, 예언자는 한층 더 높은 구름 위에 서 있기 때문이다.

그런데 "논어"에 보이는 공자의 말에는 이 예언자와 같은, 상식을 넘는 진리에 대해서 말한 것이 보이지 않는다. 무엇보다도 공자는 초월적인 신에 대해서 말한 적이 없고, 영원의 문제에 대해서도 극히 냉담한 것처럼 보인다. 그의 관심은 오로지 이 현실의 삶을 어떻게 살아갈 것인가 하는 문제에 한정되어 있었다.

예컨대 "논어"의 처음은 "배우고 때로 이것을 익히면 또한 즐겁지 아니한가. 벗이 먼 곳에서 오면 또한 즐겁지 아니한가"라는 구절에서 시작한다. 거기에는 독서나 우정이 즐거움을 가져다준다고 하는, 일상적이고 평범한 일 중에서 사는 보람을 찾는 상식인의 태도가 보인다.

또 공자가 중시한 도덕 중에 '중용'이 있다. 중용은 "중(中)할수록 평범하다"는 가르침이다. 좌우 양극의 사상도 각각 진리를 가지며, 더욱 그것이 단적인 형태로 나타나 있기 때문에 사람을 끄는 강한 매력을 갖추고 있다. 그러나 그 좌우 진리의 어느 한쪽을 절대화할 때, 생각지 못한 함정에 빠지게 되는 것은 아닐까? 중용에서 말하는 가르침은, 그 자체 역시 평범이고 상식을 벗어나지 않는 가르침이었다. 그러나 하나의 진리를 절대화시킬 수 없고, 항상 제3의 입장이 있는 것을 생각하라는 가르침이라면, 거기에도 하나의 진리가 있을 것이다.

이처럼 공자의 가르침은 모두 상식의 가르침이었다. 단지 공자는 상식을 벗어나기보다는 상식의 아래에 숨어 있는 진리를 발굴하고자 힘썼다. 상식을 벗어난 진리는 없다고 하여 상식 가운데 있는 진리를 찾았다. 그 의미에서 공자는 위대한 범인이었다고 할 수 있다.

이 같은 공자의 입장은, 이상을 이 세상에 없는 높고 먼 곳에서 구하지 않고, 가까운 현실 가운데서 찾고자 한 범신론적인 세계관에 기초한 것이라고 할 수 있다. "도는 가까운 데 있다"고 한 맹자의 말은 공자의 경우에도 그대로 통하는 것이다.

힘에 의한 정치와 도덕에 의한 정치

이처럼 공자는 상식인이고 현실주의자였다. 그러면 공자는 이상이 없었는가 하면, 결코 그렇지 않다. 그 점은 "아침에 도를 들으면, 저녁에 죽어도 좋다"는 말에서 볼 수 있다. 그 도는 물론 고원(高遠)한 철학적 진리가 아니고, 인간이 걸어야 할 도, 인간생활을 이끄는 올바른 도리라는 뜻이다.

그러면 인간생활의 올바른 형태는 무엇인가? 그것은 공자가 살아간 시대와 결부되어 있다. 공자가 살았던 춘추시대 말기에는 주나라 왕실의 지배가 유명무실하였고, 제후간의 전쟁이 격화되었을 뿐 아니라 제후국의 내부에도 실력있는 신하가 군주를 능가하는 하극상이 행하여져, 이 때문에 천하의 사람들이 끊임없는 전란의 위협을 받는 상태였다.

공자는 이 난세가 닥친 근본 원인이 힘에 의한 정치에 있다는 것을 발견하였다. 힘을 원리로 하는 한, 거기에서 생기는 것은 강약의 관계뿐이다. 강약이 있는 곳, 거기에 끊임없는 전쟁이 일어나는 것은 필연이다. 따라서 이 난세에 평화를 가져오기 위해서는 힘에 의한 정치를 부정하고, 도덕에 의한 정치를 실행하는 길 이외에는 없다. 이것이 공자가 발견한 도였다.

가족애의 정신을 천하국가에 확대한다

한편으로 생각해 보면 도덕에 의한 정치만큼 관념적이고 비현실적인 것은 없지 않을까? 그러나 공자에게는 확고한 신념이 있었다. 그

도덕은 예전에 그가 이상에 가까운 사회를 실현한 실적을 가지고 있고, 더욱이 현재에도 여전히 사람들의 생활 원리로서 살아있는 것이었다. 그 도덕이란 무엇인가? 그것은 가족도덕이었다.

앞에서도 서술한 것처럼, 주나라의 봉건제는 가족제도를 기본으로 해서 세워진 것이었다. 천자는 아버지고, 제후는 그 아들이라는 혈연의식이 그 봉건제를 지탱하는 기둥이었다. 그 혈연의식이 희박해져 가족주의의 정신이 상실되자 봉건제의 붕괴가 시작되었다. 따라서 현재의 난세를 구하는 길은 단 하나, 주나라 초기 봉건제의 정신이었던 가족도덕을 부흥하는 길 이외에는 없었다. 한마디로 말해 공자의 이상은, 주나라 초기 가족제에 의한 지배로 돌아가는 것이었다. "참으로 심하구나 나의 노쇠함이여, 너무나 오랫동안 주공(周公)을 보지 못하였다"고 공자가 탄식한 것은 주공이 주나라 초기의 정신을 체현한 인물이기 때문이었다.

그러면 주 초의 가족도덕을 부흥시키기 위해서는 구체적으로 어떠한 방책을 취하면 좋을까? 참으로 천하의 정치는 이미 가족도덕의 이념을 상실해버렸다. 그러나 개개의 가족이나 촌락에는 여전히 가족제의 정신이 강하게 남아 있는 것은 아닐까? 이 실현을 발판으로 해서, 그 가족애가 미치는 범위를 점차로 넓혀 이것을 한 나라에 미치게 하고, 나라의 집합인 천하에 확대하면 된다. 요컨대 "가까운 곳에서 먼 곳에까지 미친다"는 원리에 따르면 된다. 이 공자의 정신을 표준화한 것이 "대학"의 '수신제가, 치국평천하'이다.

효를 근본으로 하는 도덕적 국가의 재건

물론 현재 가족 내의 도덕도 한층 강화할 필요가 있다. "논어"에서 공자는 최고의 도덕으로서 '인(仁)'을 강조한다. 인이란 무엇인가? 제자의 질문에 대해서 공자는 "인(人)을 사랑하는 것"이라고 대답하고 있다. 인애(仁愛)라는 숙어가 생긴 것도 이 때문이었다. 그러나 이 인애는 무차별의 박애는 아니다. 후의 묵자가 비판한 것처럼 공자의 인은 차별애이다. 왜 차별애인가. 그것은 가장 가까이 있는 가족에 대한 애를 기본으로 출발하여, 보다 먼 곳에 대한 애를 연장선상에 두었기 때문이다. 맹자는 "같은 방에 사는 동지가 말다툼을 하면 거리낌없이 즉시 중재를 해야 한다. 이웃집에서 말다툼이 일어날 때는 창문을 닫고서 모르는 척 간섭하지 않는다"고 하였다. 공자는 물론 이 정도로 노골적이라고는 할 수 없지만, 근친간의 애에 중점을 두었던 것은 사실이었다.

이 점은 보편적인 도덕이어야 할 인의 근본에 '효'를 두고 있는 것에도 나타나 있다. "논어"에 '군자는 근본에 힘쓴다. 근본이 서야 도가 생긴다. 효제인 것은 인의 근본이다'라는 것이 바로 그것이다. 효제의 제는, 제(弟)다운 것을 말하는 것으로 형에 대한 도덕이지만, 친(親)에 대한 도덕에는 미치지 않는다. 따라서 가족애, 가족도덕이라는 것도 결국은 효의 관념에 집중 요약되어 있다고 할 수 있다.

이와 같이 생각하면, 공자의 정치이상은 가족도덕인 효의 정신에 입각한 도덕국가의 재건인 것이다. 그리고 공자가 의식한 바로는 그것은 주나라의 건국정신으로 돌아가는 것이기도 하였다.

예의 존중 — 덕의 약점을 보충하는 것

이처럼 공자는 힘에 의한 정치를 배척해서 도덕에 의한 정치의 필요를 역설한다. 따라서 국가권력을 배경으로 한 법률이나 형벌의 필요를 인정하지 않는다. "백성을 인도함에 정(政)으로써 하고, 백성을 제(齊)함에 형(刑)으로써 하면, 민면(民免)하여 부끄러움이 없게 된다"라고 함은 권력정치에 의해서 백성을 지도해 형벌로써 백성을 단속하면 백성은 오로지 법망을 피할 것만을 생각하여, 나쁜 일을 해도 부끄러움이 없게 됨을 지적한 것이다.

그러나 법률을 폐지하고 오로지 민중의 도덕적 자각에 기대한다고 하는 정치는, 이미 정치가 아니고 정치의 방기가 아닐까? 그것이 정치가 되기에는 너무 비현실적이기 때문이다.

이 도덕정치가 가진 약점에 대해서는 공자도 잘 알고 있었다. 그래서 도덕과 함께 더욱 강제력이 있는 '예'를 합쳐서 설명함으로써 그 약점을 보충하고자 한다. 예는 무엇인가? 그것은 예의작법(禮儀作法)이라는 말절(末節)의 것도 포함되지만, 그보다는 훨씬 광범위한 의미를 가지는 것으로서, 인간의 사회적인 행동이 정착하여 틀을 만들어 양식화하여 그것이 '습속(習俗)'으로서 지켜지는 것을 가리킨다. 가장 넓은 의미로는 사회적인 전승의 것, 문화 전체를 가리키는 것이다. 중화(中華)와 이적(夷狄)의 구별이 예의 유무에 의해서 결정되는 것도 이 때문이었다.

이 예가 덕과 다른 점은 덕이 내발적인 것에 대해 예는 사회의 '습속'으로서 밖으로부터 인간을 구속한다는 점에 있다. 물론 구속력에서 예는 법에 미치지 못하지만 그러나 덕보다는 강하다. 따라서 구속력의 강함의 순위로 열거하면, 법 · 예 · 덕으로, 예는 법과 덕의 중간적 성격을 가지고 있음을 알 수 있다. 공자는 이 예의 성격을 이용하는 것에 의해서 덕의 약점을 보충하고자 한 것이었다.

공자의 예에 대한 평가는 극히 높다. "백성을 인도함에 덕으로써 하고 백성을 제(齊)함에 예로써 하면, 치(恥)하고 격(格)함이 있게 된다"고 말해 덕과 예가 우수한 교화력을 가진 것으로 강조했고, "공(恭)하고 무례(無禮)이면 노(勞)하고, 신(愼)하고 무례(無禮)이면 혜(惠)하고, 용(勇)하고 무례(無禮)이면 난(亂)하고, 직(直)하고 무례(無禮)하면 교(絞)하다"고 하여 예가 없으면 어떠한 미덕도 곧 악덕으로 전환된다고 한다. 그래서 결론적으로는 "예를 알지 못하면 기반이 없게 된다"고 말해, 예를 알지 못 하면 군자로서의 인격도 확립될 수 없다고 단언하는 것이다.

이와 같이 보면, 공자의 정치적 입장은 덕치주의임과 동시에, 또 예치주의인 것을 알 수 있다. 소위 덕과 예의 두 가지를 근본으로 한 입장인 것이다.

예의 기능 — 전통적 질서의 유지

이 예를 존중하여 "예양(禮讓)으로써 나라를 다스린다"는 공자의 방침이, 유교를 기존의 전통적인 신분질서를 유지하려는 방향으로 기울게 한 것에 주의할 필요가 있다.

예는 사회적 질서의 전부였다. 일거수일투족에 이르기까지 인간의 행동은 사회의 '습속'에서 벗어날 수 없다. 이처럼 예가 지배하는 범위는 극히 광범위하다. 그러나 가장 중심이 되는 기능은 무엇인가? 봉건사회에서 신분의 차별을 명확히 하여, 이것을 지키는 것이었다. 예는 작게는 일상의 동작이나 의복, 생활의 형태에서, 크게는 관혼상제의 의식에 이르기까지 왕(王)·공(公)·경(卿)·대부(大夫)·사(士)의 신분의 격차에 의해 세밀히 규정된다. 예는 신분의 격식을 나타내는 상징이었으므로, 예를 지키는 것은 그대로 봉건적인 신분질서를 지키는 것이었다. 노나라의 가신 계씨(季氏)가 천자의 무악(舞樂)인 팔일(八佾)을 자기 집 정원에서 행하였을 때, 공자가 "이것도 차마 하는데, 어느 것을 차마 하지 못하겠느냐"고 격노한 것은 그 예를 넘은 행위가 봉건적 질서를 어지럽게 하여 이윽고 하극상의 풍조가 되었기 때문이었다.

이처럼 예는 법에 대신하여서 사회의 질서를 유지하고 지키는 것이었으므로 이 예의 존중을 특히 강조하는 유교가, 보수주의, 전통주의의 방향을 취하는 것은 자연적인 추세일 것이다. 공자가 예의 필요를 강조한 때는 이미 주의 봉건제가 붕괴하였던 때이므로 그것은 시세에 대한 저항의 의미를 가지며, 그 의미에서 일종의 이상주의였다고도 할 수 있다. 그러나 진의 시황제로부터 최후의 청조에 이르기까지 2천 년에 걸친 왕조지배의 체제가 확립된 시대에서는 소위 체제옹호의 사상으로 변화하는 것은 자연적인 추세였다. 한의 숙손통(叔孫通)이 유교의 효용을 설명하여 "함께 나아가 탈취하기는 어려워도 함께 수성(守成)하기는 쉽다"고 하였던 것도 그 본질을 잘 말하는 것이라고 할 수 있다. 유교는 기존 질서의 보수에 가장 적합한 사상인 것이다. 그런 이유 때문에, 2천 년에 걸친 역대의 왕조는 유교를 그 정책의 원리로서 삼은 것이고, 똑같은 이유에서 왕조지배체제에서 해방의 기운이 일기 시작한 때에 유교는 공격을 받게 되었다.

3. 맹자

맹자의 전기

맹자(B.C. 372~B.C. 289)는 공자 사후 약 백년이 지나 태어난 사람으로, 물론 공자에게서 직접 그 가르침을 받지는 않았다. 성은 맹(孟), 이름은 가(軻), 자는 자여(子輿) 또는 자거(子車)라고 한다. 태어난 곳은 공자의 노나라에 가까운 추(鄒)였다. 일찍부터 공자의 가르침을 존경하고 믿어서, 공자의 뒤를 이은 대유(大儒)가 되었다. 유교를 공맹의 도라 부르는 것도 이 때문이다. 다만 맹자의 시대는, 공자가 살던 시대보다도 한층 더 전란의 양상이 심각해졌고, 또 제자백가가 다투어 일어났던 때이므로 맹자의 논의가 첨예화될 수밖에 없었으리라고 생각된다.

맹자도 당시의 제자백가와 똑같이 각국의 제후 사이를 유세하였지만, 어떠한 군주도 맹자의 설이 매우 이상적이지만 비현실적이라고 해서 귀를 기울이려고 하지 않았다. 단지 일시적으로 제나라에서 경(卿)의 신분을 얻었다는 설이 있을 정도에 지나지 않는다. 결국 당시의 백가와 마찬가지로 정치고문으로서 세월을 보내고 만년에는 학문과 교육에 전념해서 생애를 마쳤다.

민본주의와 혁명의 인정

맹자 사상의 근본은, 가족도덕에 의한 정치 및 이것을 보충해주는 것으로서 예의 존중을 설명한 점에서, 공자의 사상과 다르지 않다. 그러나 전국시대의 양상이 훨씬 치열하였던 것이 반영되어서 공자에게는 보이지 않았던 새로운 경향도 나타나 있다.

그 하나는 민중을 위한 정치를 강조하여 그것을 위해서는 혁명도 행할 수 있다고 하는 주장이다. 맹자의 유명한 말에 "백성이 귀하고 사직은 다음가고 군주는 가볍다"는 것이 있다. 사직(社稷)의 사는 국토를 상징하는 신, 직은 곡물의 신이어서, 국가 최고의 신을 의미하는 것으로, 국가와 동의어로서 사용된 것이다. 중요한 것은 민중이고, 군주는 그 종복에 지나지 않는다는 것이다.

따라서 만약 군주가 그 사명을 잊고 개인의 이익을 따라 민중의 행복을 살피지 않는다면 그것은 이미 군주로서의 자격을 상실해, 필부 즉 단순한 일개인에 지나지 않는다. 이 같은 필부는 추방해도 좋고, 징벌해도 관계없다고 하는 것이다. 요컨대 혁명의 인정이었다.

본디 혁명이라는 말은 5경의 하나인 "역경"에 보이는 것으로, 그것은 천명을 개혁한다는 의미이다. 지금까지 갑이라는 군주에게 있었던 천명을, 바꾸어서 을이라는 군주로 변경한다는 것으로 군주를 바꾼다는 뜻이다. 중국에서의 혁명사상은 그 기원이 매우 오래되었다.

이처럼 맹자의 민본주의, 백성이 근본이라는 사상은 혁명을 시인할 정도로 철저한 것이었다.

민중을 위한 정치 — 가부장제 국가의 이념

그러나 여기에서 주의를 요하는 것은, 맹자는 정말로 '민중을 위한 정치'를 강조하지만 '민중에 의한 정치'를 생각해 본 적이 없었다는 점이다.

다음과 같은 말이 "맹자"에 있다. 어느 날 맹자는 제후로부터 많은 재화를 받고 자기 수레의 뒤에 수십 대의 짐수레를 이끌고 대규모 여행을 한 적이 있었다. 제자의 한 사람이 "선생님, 이것은 사치가 좀 지나치지 않습니까?"라고 하자 맹자는 "나는 천하의 제후에게 도를 설하는 것을 임무로 하고 있는 사람이다. 이 정도쯤 하는 것은 전에도 있었다"고 답하였다.

요컨대 맹자의 민본주의라 하는 것은, 자신을 한 단계 높은 특별석에 놓고 아래에 있는 민중을 사랑한다는 것이다. 민중의 아래에 위치해 그 의견을 듣는다고 하는 정치는 아니다.

이 점은 민도가 낮은 사회에서는 피할 수 없는 결과라고 할 수도 있다. 공자도 "백성은 따르게 할 수는 있지만, 알게 할 수는 없다"고 하였다.* 그 의미는, 민중은 무지한 자이므로 지도자의 명령에 복종시킬 수는 있지만, 왜 그렇게 하지 않으면 안 되는가 하는 이유를 알게 하는 것은 불가능하다는 것이다. '민중에 의한 정치'를 생각할 수 없었던 것은 그 역사적 제약에 의한 것이었다.

그러나 그 외에 또 하나의 중대한 이유가 있다. 그것은 독재정치라는 것이, 다름 아닌 가족주의 국가의 본질에 뿌리박고 있는 것이라는 점이다. 보통 가정의 관리, 가족 내의 정치는 가장의 독재하에 있다. 미성년의 자식들은 아직 판단력을 가지지 못 한다. 무엇을 하는 것이 자기를 위한 것인가를 판단할 힘도 없다. 따라서 아버지는 자식의 뜻에 반하더라도 자식에게 이익이 된다면 관리할 필요가 있다. 거기에서 가장의 독재가 발생한다. 그것은 선의에 의한 독재이다.

이 가장에 의한 지배를 그대로 국가의 체제로 옮긴 것이 가족주의 국가이고, 가부장제 국가이다. 이 가부장제의 근대판이라고 할 만한

---

* "논어" 태백편(泰伯篇)에 "민가사유지(民可使由之), 불가사지지(不可使知之)"가 있다. 이 가(可), 불가(不可)는 가능(可能), 불가능(不可能)의 뜻이지 '해야 한다', '해서는 안된다'고 하는 당(當), 부당(不當)의 뜻은 아니다. 후자의 뜻으로 해석하는 것은 한비자류의 법가적 해석이다.

것이 소위 계몽전제군주였다. 그 대표자 프러시아의 프리드리히 대왕은 "모든 것은 인민을 위해 행해져야 하지만, 그렇다고 해서 인민에 의해서 이루어져서는 안 된다"고 하였다.* 이것은 그대로 맹자의 입장이었고 또 유교의 입장이었다.

구체적 정책 — 정전제(井田制)와 학교의 설립

맹자는 인민의 복지를 꾀하기 위해 여러 가지 구제책을 생각하였다. 그는 백성이라는 존재는 일정의 재산이 없으며 일정불변의 마음을 가질 수 없다고 생각한다(恒産이 있는 자는 恒心이 있고 恒産이 없는 자는 恒心이 없다). 만약 일정불변의 마음이 없으면, 어떤 나쁜 일도 행하게 된다. 일정 재산을 주지 않고서 나쁜 일을 했다고 해서 여기에 형벌을 가하는 것은, 미리 망을 넓혀서 사냥을 하는 것과 같다.

그러면 백성에게 어떻게 일정한 재산을 주는 것이 좋을까? 그것은 주 초부터 행하여졌던 정전법(井田法)을 부활시키는 것이 좋다. 정전법은 우선 9백 무의 정방형의 구획을 만들어 그 주변부의 백 무씩을 8가에 분배하고 중앙의 백 무는 공전(公田)으로 한다. 공전은 8가의 공동경작으로 하여 이것을 조세로 납부시키는 것이다. 이 정전법의 목적은 토지를 균등히 분배함과 동시에 조세의 부담을 경감시키는 것이었다.

이 같은 정전법이 실제로 고대에 있었는지 어떤지는 의문이고, 맹자의 정전설도 실현되지 못 하고 끝났다. 그러나 후세의 북위(北魏)를

---

* 프리드리히 대왕(1712~1786년)은 계몽전제군주로 불리며, 국민의 복지를 최우선으로 하여, "짐은 국가 제1의 공복이다"고 하였다. 그러나 다른 한편으로는, All of the Poeple, nothing by the people이라고도 일컬어지고 있다. 이것은 고래의 가부장제적 이념 위에 서 있었기 때문이었다. 또한 이 프리드리히 대왕의 사상은 당시의 선교사를 통해서 유럽에 소개된 유교의 영향을 받았다고 보는 설이 있다(五來欣造 "유교가 독일사상에 미친 영향" 1905. 早大출판부).

비롯해 수 · 당에서 실시되었던 균전제는 적어도 그 정신에서 맹자의 정전설의 영향을 받고 있다고 할 수 있다.

이처럼 백성의 생활이 안정된 뒤에는 교육을 실시하는 것이 필요하게 된다. 맹자는 국도(國都)만이 아니라 향리에도 널리 학교를 설치해 교육의 보급을 꾀할 것을 제창한다. 맹자의 말에 "천하의 영재를 얻어서 이것을 교육한다"는 말이 있어 '교육'이나 '육영'이라는 말의 출전이 되었다.

맹자의 성선설 — 범신론의 전통

맹자의 도덕설로서 유명한 것은 성선설이다. 인간의 본성을 논하는 풍조는, 맹자 이전과 이후에도 많았는데, 그 중에서 성선설을 제창한 자가 맹자였다. 맹자에 의하면 인간은 본능적으로 측은(惻隱), 수오(羞惡), 사양(辭讓), 시비(是非)라 하는 네 가지 정을 가지고 있다. 이 네 가지 정을 잘 육성하면 각각 인 · 의 · 예 · 지(仁 · 義 · 禮 · 智) 네 개의 덕으로 완성된다고 한다. 따라서 인간은 본능적으로, 선천적으로 선하게 될 가능성을 가지고 있는 것이고, 그 본성은 선한 것이다.

그러면 그 본성이 선해야 할 인간이 종종 나쁜 일을 하는 것은 무슨 까닭인가? 그것은 인간이 놓인 환경에 기인한다. 예컨대 흉작의 해에 불량소년이 많이 생기는 경향이 있는데, 이것은 빈곤이라는 환경이 본성이 선한 인간을 악으로 빠뜨리는 증거이다. 경제적인 조건까지 잘 해놓으면 인간은 자연히 선량하게 된다. 이것은 근대 사회주의 학설의 사상과도 통하는 것이어서 이 입장을 취하는 사람들은 자기도 모르게 맹자풍의 성선설을 전제로 하고 있다고 해도 좋다.

그러나 더욱 문제가 되는 것은, 예컨대 외부의 환경에 의한다고 해도 환경에 따라서 악에 빠진다고 하면, 결국 인간성 가운데에 악으로 향하는 성질이 있는 것 아닐까? 만약 인간이 악으로 향하는 성질을 전혀 가지고 있지 않다면, 어떠한 환경에 놓인다고 하더라도 악한 일을 행하지는 않을 것이기 때문이다. 이 어려운 질문에 대한 대답을 맹자는 마련하지 않았다. 요컨대 맹자의 성선설은 악의 기원을 충분히 설명하지 못 하는 것이다. 이 때문에 송의 주자는 맹자의 성선설을 계승하면서도 인간의 본성을 본연의 성과 기질의 성으로 나누어, 이 난점을 극복하고자 하고 있다.

그런데 맹자는 왜 성선설을 제창할 필요를 느낀 것일까? 그 동기 내지 이유는 무엇이었을까? 이 점에 대해서는 두 가지로 생각할 수 있다.

첫 번째는 그의 정치학설이 이것을 요구하였다고 하는 점이다. 맹자는 덕과 예에 의한 정치라는 공자의 사상을 그대로 계승하였다. 덕에는 강제력이 전혀 없고, 예는 어느 정도의 구속력을 가졌다고는 해도 형벌의 뒷받침이 없기 때문에 그 힘은 매우 약하다. 만약 인간의 본성이 악하다고 하면 덕이나 예는 도움이 되지 못하고 법만이 유력한 수단이 된다. 이것은 맹자로서는 견딜 수 없는 것이었다. 덕이나 예에 의한 정치가 가능하기 위해서는 인간의 본성이 절대적으로 선해야만 한다.

두 번째는 더욱 근본적인 이유로서 맹자가 전통적인 범신론의 세계관에 서 있었던 것을 들 수 있다. 천(天)은 비인격화됨과 동시에 만물의 속에 내재하고 인간의 속에도 존재한다. 인간의 내부에 있는 천(天)은 천성이다. 그렇게 보면 인간의 본성은, 천(天)이고 선이다. 맹자의 성선설은 이 범신론의 전통을 그대로 계승하고 있는 것이다. 그것이 계속해서 유교의 정통설로서 유지된 것도 이 이유 때문인 것 같다.

* "맹자"가 "논어"와 아울러 존중되었던 것은 송의 주자가 이것을 사서에 포함시켰기 때문이었다. 그때까지의 "맹자"는 경부에 들어가지 못하고 별로 존중되지 않았다. 그 원인은 아마도 맹자의 혁명설의 과격

함이 위정자에게 경원되었기 때문이라고 생각한다.

4. 순자

순자의 전기

유가의 순자(B.C. 300~B.C. 255)는 성은 순(荀), 이름을 황(況)이라 한다. 후대의 문헌에는 순경(荀卿)이나 손경(孫卿)이라고 쓰여진 것도 있는데, 이것은 순과 손, 황과 경이 음이 통하기 때문이라고 보인다. 순자의 생존시대는 맹자의 만년 혹은 죽은 직후에 시작하고, 진나라 시황제의 즉위 직전에까지 걸친다고 추정된다. 그는 조국(趙國) 출신인데 각지를 유세해 만년에는 초국(楚國)의 난릉현(蘭陵縣)의 장관이 되었다가 이윽고 물러나서 생애를 끝마쳤다.

예치주의 — 유가의 한계선 상에 선 순자

순자의 정치설의 중심은 무엇보다도 예를 중시하는 것이었고 예치주의를 제창한 것에 있다. 공자는 도덕에 의한 정치를 강조하여 덕치주의를 제창하지만 그러나 도덕만으로 정치를 행하는 것은 비현실적인 것으로, 이것을 가능하게 하기 위해 예의 존중을 역설하였다. 예는 사회적인 '습속'이고 도덕과 달라서 인간을 외부에서 구속하는 힘을 가지고 있다. 따라서 공자의 입장은 덕과 예를 두 줄기 요체로 삼은 것이라 할 수 있다. 순자도 유가이므로 역시 기본적으로는 이 두 가지를 기본으로 삼는 입장이었다. 그러나 공자나 맹자와 다른 점은, 두 줄기 요체라 해도 실은 덕보다도 예에 중점을 두었던 것이다. 한 마디로 말하면 순자는 예치주의의 입장에 있었다.

그러면 왜 덕에서 예로 중점을 바꿨을까? 아마도 그것은 순자의 시대가 공자의 시대보다도 난세의 양상이 한층 격화되었기 때문일 것이다. 이 같은 난세에는, 이미 사람들의 자발적인 도덕심에 호소하여 정치적으로 성공하기는 어렵다. 어떻게 해서라도 강제력을 가진 정치의 원리가 필요하였다. 거기에는 예를 적용시킬 수밖에 없었다. 이것이 순자의 신념이었고 예치주의를 제창한 이유였다.

본디 강제력이라고 하는 점에서 예는 법에 미칠 수 없다. 법의 위반에는 형벌이 가해지지만, 예의 위반에는 기껏해야 사회적인 비난을 수반함에 지나지 않는다. 그럼에도 불구하고 왜 순자는 법치주의를 제창하지 않았을까? 그것은 순자가 이미 유가의 사람이었기 때문이다. 공자가 가장 미워한 것은 이 법치주의였고, 만약 이것을 시인하면 유가의 적이 되는 것이다.

순자는 유가의 한계선 상에 서 있었고 조금 벗어나면 법가도 될 가능성이 있었다. 현재 법가의 대표자로 알려진 한비자와 그의 친구로 시황제의 재상이 되어 법가정치를 실행했던 이사, 둘 다 순자에게서 배웠다고 한다.

예는 선왕이 만든 것 — 자연에 대한 인위의 우위

그러면 인간의 행동을 규제하는 예는 어떻게 해서 발생한 것일까? 공자는 예의 기원에 대해서 거의 말하지 않았다. 맹자는 성선설에 관해서 인간이 본능적으로 갖추고 있는 사양이라는 감정을 그대로 기르면 예가 된다고 역설하였다. 말하자면 예는 인간이 자연적으로 갖고 있는 천성에서 생겼다고 하여 자연발생설의 입장을 취하였다. 그런데 순자는 이 자연발생설을 부정하고 예는 군주의 자각적인 판단이라는 인위에서 생겼다고 한다.

순자에 의하면 자연 그대로의 인간은 무한한 욕망을 가진 것이다. 만약 이것을 방임하면 사람과 사람의 욕망은 상호 충돌하여 사회는 커다란 혼란에 빠진다. 거기에서 고대의 군주, 즉 선왕은 이 혼란을 구하기 위해 그 사람의 신분에 따라서 욕망의 분한(分限)을 정하였다.

그 나눔의 기준이 바로 예이다. 예는 신분의 차별을 규정함과 동시에 그 신분에 따른 권리 의무를 규정하는 것이다. 이 예가 지켜짐으로써 사회는 비로소 안정된 질서를 유지할 수 있는 것이다.

이 예가 선왕의 인위에서 생겼다는 순자의 주장으로 두 가지 중요한 결과가 발생한다. 우선 첫 번째를 보자.

그것은 자연보다도 인위를 중시하여, 인위를 자연보다 우위에 둔다고 하는 순자 특유의 사상이 생겨난 것이다. 이 인위 본위의 생각은 후에 서술할 그의 성악설이나 천론에서 공통의 지반이 되고 있는 것으로서 순자의 사상에 일관되게 나타난다.

본디 중국 사상의 전통에서 보면, 인간은 자연에 따라야 하는 것이었다. "논어"에 "오직 천(天)만이 크다. 단지 요(堯)만이 그것을 본받았다"고 하는 것처럼, 천(天)을 본받는 것, 즉 자연에 따른다는 사상은 태고 이래의 전통을 가진 것이다. 그것은 오랫동안 농경생활을 계속하였던 중국 민족의 습성이라고 할 만한 것이었다. 순자는 이 오랜 전통을 뒤집고 인위를 존중하고 자연을 깎아내렸다. 그것은 혁명적이라고 할 수 있을 정도의 가치전도였다.

⁑ 왜 순자(荀子)가 이처럼 인위 본위의 입장을 취하였는가에 대해서는, 그 동기의 하나로 노장 자연설에 대한 반발이었다는 것이 거론된다. "장자(莊子)는 천에 가리어, 인을 알지 못한다"라 하였다. 전체적으로 순자의 사상은 노장에 대한 안티-테제라 보는 자가 많다.

군주 중심의 정치 — 후왕의 설

선왕이 예를 비로소 만들었다고 하는 주장에서 생긴 두 번째 결과는 순자가 군주 중심의 정치를 역설하게 되었다는 점이다.

그의 선배에 해당하는 맹자는 민본주의를 제창해, "백성은 귀하고 사직은 백성에 다음가고, 군주는 가볍다"고 하여 민을 위한 정치를 하지 않은 군주는 이미 군주가 아니므로 군주를 추방해도 좋고 살해해도 관계없다고 하는 혁명을 인정하였다. 그런데 순자는 정치는 어디까지나 그 중심을 군주에 두어야 한다고 하였다. 왜냐하면 국가의 질서를 유지하기 위해 가장 필요한 예는 다름 아닌 군주에 의해서 제정된 것이기 때문이다.

본디 예와 법은 다르고 예의 구속력은 약하다. 그것은 형벌의 뒷받침이 없기 때문이다. 만약 예의 실행을 유효하게 하는 어떤 권위가 없다면, 모처럼의 예도 공문(空文)으로 끝날 우려가 있다. 그 권위는 다름 아니라 군주이다. 군주가 있어야만 예도 비로소 그 기능을 발휘할 수 있다. 따라서 예에 의한 정치는 군주에 의한 정치여야 한다. 예를 만들어낸 선왕은 동시에 예를 유효한 것으로 만드는 권위도 있었다.

그러나 선왕의 존재만으로 예의 유효성은 보증되는 것일까? 선왕은 성인이고 절대적인 권위의 지주이지만, 그는 고대의 사람이고, 지금은 이 세대에 없는 사람이다. 따라서 현세대의 예를 유효하게 할 수는 없는 사람이다. 현재의 예에 권위를 가지게 하기 위해서는 결국 생존해 있는 현재의 왕이 필요한 것이 아닐까? 여기에 순자는 선왕과 함께 '후왕' 즉 현재의 왕을 존중할 것을 역설한다.

이것은 유가로서는 혁신적인 설이었고, 맹자의 '선왕의 도' 지상주의와 예리하게 대립하는 것이었다. 그것은 군주 중심의 정치를 역설하는 것임과 동시에, 한비자류의 법가사상으로 기우는 것이었다. 순자가 유가의 이단자로 보이는 이유의 하나가 여기에 있다고 할 수 있다.

성악설

자연보다도 인위를 우위에 둔 순자의 사상에서 유명한 성악설이 탄생한다. 자연 그대로의 인간은 무한한 욕망을 가진다. 만약 이 욕망을 방임해 두면, 타인의 욕망과 충돌을 일으키게 되어 사회는 혼란에 빠지게 될 것이다. 이 점에서도 살필 수 있는 것처럼, 인간의 본성을 방임하면, 반드시 악으로 향하는 것이다. 인간의 성은 악이라고 말할 수

밖에 없다.

이 성이 악한 인간을 착하게 인도하기 위해서는 상식적인 작위, 인위에 의해 이것을 조절할 필요가 있다. 선왕이 예를 창시해서 백성의 욕망을 조절한 것은, 바로 인위에 의해서 자연을 억제한 것이다.

성선설을 제창한 맹자는 "인간이 학문수양을 하고자 하는 마음을 가진 것은 그 성이 착한 증거이다"라고 하였지만, 이것은 '성'과 '위'의 구별을 알지 못 하는 데서 나온 잘못이었다. 성은 천(天)이 자연에게 준 것이고, 배움이라고 하는 의식적인 작위가 필요하지 않은 것이다. 이에 반해 위라고 하는 것은 인위이고, 학문이나 수양 등 노력을 필요로 하는 것은 모두 위에 속한다. 만약 인간의 성이 선하다면 학문이나 수양 등의 위는 불필요한 것이 아닐까? 학문수양이 필요하다고 하는 것은 인간의 성이 악하기 때문이다. 또 맹자는 "사람의 성은 선하지만, 외부의 환경이나 조건에 의해서 그 본성을 잃고 그 결과로서 악하게 되는 것"이라고 한다. 이것은 또 잘못이다. 일체 자연의 성은 외부의 환경에 의해서 잃는 일은 없다. 예컨대 눈이나 귀와 같은 자연의 움직임은 어떠한 환경에 놓이더라도 상실되는 일이 없다. 환경대로 나쁜 일을 행한다고 하는 것은 그 잠재적인 악이 표면에 나온 것이다.

이상이 순자의 책 "성악편"에 나오는 성악설의 윤곽이다. 이것만을 보면 순자의 "성악편"은 맹자의 성선설과의 대립을 강하게 의식하였기 때문에 자연히 성을 악으로서 결론지은 것이지만, 순자의 본의는 그런 것은 아니었다. 이것은 순자의 "예론편"이나 "정명편(正名篇)"을 보면 알 수 있다.

"예론편"에 의하면, 자연의 성은 가공되기 이전의 소재 같은 것이고 여기에 대해 위 즉 인위는 이 소재를 가공해서 아름답게 사물을 조작하는 것이다. 만약 인위의 가공이 없다면, 자연의 성은 아름다운 물건이 될 수 없지만, 그러나 소재가 될 성이 없다면 인위도 가능하지 않다. 따라서 성과 인위가 합해지는 것에 의해서 비로소 성인이 될 수 있다고 한다. 이 설에 의하면 성은 악이 아니고 가치중립적인 것이고, 더욱 인위(예)를 실시하기 위해서는 필수불가결한 소재가 된다.

또 "정명편"에는 다음처럼 말한다. 세상에는 나라를 다스리기 위해서는 무욕이나 과욕(寡欲)이 필요하다고 설명하는 노자가 있다. 그러나 욕망은 천으로부터 부여받은 것이고, 없거나 적다고 하는 것이 가능하다 해도 도리어 다욕(多欲)에 빠질 위험이 있다. 대개 욕망의 다소는 개인의 성격에 의해 결정되는 것으로 국가의 치란(治亂)과는 관계가 없다. 정치에서 중요한 것은, 욕망을 없앤다거나 적게 하는 것이 아니고, 욕망을 조절하는 것, 요컨대 절욕에 있다고 한다. 여기에서도 자연의 욕망은 악한 것이 아니고 가치중립적인 것이라고 보고 있는 것이다.

따라서 순자의 성악설은, 이것을 문자 그대로 해석해서는 안 되고 그 진의는 자연의 성이 선한 것이 아니고 가치중립적인 것이고, 이것을 조절하고 수식하는 인위의 예에 높은 가치를 인정한 점에 있다고 할 수 있다.

천(天)은 인(人)을 다스릴 수 없다 — 천에 대한 인의 우위

이처럼 순자의 성악설은 인간의 본성이 가치중립적이라고 주장한 것으로 보이는데, 성선설이 아니었던 점은 매우 분명하다. 그렇다면 여기에 또 새로운 문제가 발생한다. 앞서 맹자의 성선설이, 그 범신론적인 세계관, 요컨대 천(天)이 인간의 내부에 존재하여 천성이 된다는 견해로 귀결될 수밖에 없다고 서술했다. 범신론적인 천(天)에 의하는 한, 성은 인간 내부에 있는 천(天)이고, 선일 수밖에 없다. 그럼에도 불구하고 순자가 성선을 부정하는 것은, 그의 천(天)에 대한 견해가 전통적 견해와 다르기 때문은 아닐까? 도대체 순자는 천(天)을 어떠한 것으로 보았던 것일까? 한 마디로 말하면 천(天)은 자연이고, 인위를 본질로 하는 인간과는 명확히 구별되어야 하는 것이었다.

순자도 전통적인 천(天)의 견해에 따라서 '천(天)이 만물을 낳는다'는 사실은 승인한다. 그러나 천(天)의 작용은 그때까지만이다. 태어난 것에 질서를 부여하는 것은 인간의 작용이고, 예라 하는 인위이다. "천(天)은 능히 만물을 낳지만, 그 만물을 분별하는 것은 아니다. 땅은 능히 사람을 떠받치지만, 사람을 다스릴 수는 없다"(禮運篇). "천지는 생명의 기원이고 예의는 다스림의 시작이다. 때문에 천지는 군자를 낳고, 군자는 천지를 다스린다"(王制篇). "천지는 생명의 근본이고, 군자는 다스림의 근본이다. 천지가 없으면 악이 발생할 수 없고, 군사가 없으면 악이 다스려지지 않는다. 천지가 합쳐져 만물이 생기고, 성위(性爲)가 합하여져 천하가 다스려진다"(禮論篇).

여기에서 보이는 것처럼, 천(天)과 인(人), 자연과 인위의 사이에는 확연한 분업이 있고, 천(天)이 인(人)을 낳는 것에 대해서, 인(人)은 천(天)을 기원으로 하는 만물에 질서를 부여하는 역할을 가진다. 이 분업이라고 하는 점만 보면, 천(天)과 인(人)은 대등하다고도 할 수 있지만, 그러나 자연보다 인위를 존중한 순자의 입장에서 말하자면 천(天)보다도 인(人)이 높은 위치를 점하는 것이 된다. 이것은 전통적인 중국인의 천(天)에 대한 견해를 뿌리에서부터 뒤엎는 것이었다.

무신론 — 천(天)을 존중하기보다도 이용함

전통적인 중국의 범신론적인 세계관에서 말하면, 천(天)은 인간을 비롯한 만물의 안에 존재하는 것이므로, 천(天)과 인(人)은 연속의 관계에 있다는 천인합일의 사상이 지배적이었다. 그런데 순자는 이 천(天)과 인(人)은 명확히 분리되어야 한다고 한다.

왜 그런가 하면, 천(天)은 단순한 자연물이고, 의식이나 행동을 가진 인간 존재와는 본질적으로 다르기 때문이다. 천(天)은 자연현상으로서의 일정한 법칙, 예컨대 주야나 사계절의 교차 등에 나타나는 운행법칙을 가지지만, 그것은 인간의 의식적인 행동 법칙과는 완전히 무관한 것이다. 따라서 세간에서 말하는 것처럼, 정치가 타락하면 일식이나 월식 등의 천재가 일어난다고 하는 것은 완전히 틀린 것이다. "때문에 천인(天人)의 분(分)에 밝으면, 지인(至人)이라고 해야 한다"(天論篇).

이처럼 자연물인 천(天)은, 그 자체의 법칙에 의해서 운행하는 것이므로 천(天)을 제사해서 행복을 얻고자 한다든가, 가뭄이 들 때 제사를 지내는 것은 완전히 무의미한 것이다. 물론 비가 오지 않을 때 제사를 지내고서 비가 오는 경우도 있지만, 그것은 우연의 일치에 지나지 않고, 제사라고 하는 인간의 행위가 천(天)의 움직임에 영향을 주는 것은 아니다.

그러면 제사라고 하는 인간의 행위가 완전히 쓸모없는 것이고 폐지해야 할 것인가? 이것은 순자로서는 실은 곤란한 것이었다. 왜냐하면 순자가 가장 존중하여 어쩔 수 없는 예 가운데는 제례가 있고, 제례의 의식을 폐지하는 것은 불가능하였기 때문이었다. 또 천(天)을 제사하는 의식도 이미 습속화되어 있었고, 이것을 한꺼번에 중지할 수는 없는 것이다. 더욱이 가뭄에 기우제를 지내지 않는다거나, 큰일을 결정할 때 복서(卜筮)로써 신의(神意)를 묻는 것을 그만두면 민중의 불안을 초래할 우려가 있다.

이 점에 대해 순자가 말하기를 "일식이나 월식을 없애는 의식을 행한다거나, 가뭄에 기우제를 드린다거나, 복서(卜筮)를 통해서 대사를 결정하는 것은 그것에 의해 소원이 이뤄진다고 생각하기 때문이 아니다. 그것은 장식적인 의식으로서 행하여질 뿐이다. 그러므로 위정자인 군자는, 그것을 장식적인 의식으로서 행하는 것이지만, 민중은 그것을 신에게 제사하는 것으로 믿는 것이다. 이것을 장식적인 의식이라고 깨달으면 폐해는 없지만, 실제로 신에게 제사하는 것이라고 생각하면 폐해가 일어날 것이다"(天論篇).

제사를 단순한 장식적인 의식, 소위 일종의 연출로서 행하는 것은 지금의 근대 건축의 기공식 등에서도 볼 수 있는데, 2천 년 전의 순자의 무신론적 입장은 이미 근대인의 차원에 도달하였던 것이다. 그러나 이 같은 무신론적 입장은, 이미 공자에게도 그 싹이 보였던 것이고 다만 순자는 이것을 철저화하였을 뿐이라고 할 수 있다.

다만, 순자는 여기에 그치지 않았다. 그는 한 발 나아가서 말한다. "천(天)을 크다고 해서 그것을 사모하기보다는 만물을 부양해서 그것을 제(制)함이 낫다. 천(天)에 따르고 그것을 기리기보다는 천명(天命)을 제(制)해서 그것을 이용함이 더욱 낫다"(天論篇).

이 순자의 자연관의 방향은, 근대적인 자연과학의 기본적인 방향과 일치하는 것이고, 중국 사상으로서는 극히 이질적인 것이다. 천(天), 즉 자연을 인간에게서 분리해, 천(天)과 인(人)을 분리한다고 하는 태도는 후의 후한의 왕충(王充)에 의해서 계승되지만, 천(天)을 하나의 자연물로서 인간의 의지에 따라 이용한다고 하는 것은, 완전히 순자 특유의 사상이고 공전절후의 것이라고 해도 좋다. 아마도 노장의 자연주의에 대한 반발에서 비롯된 인간 존중의 사상이 궁극에 달함으로써 얻어진 결과일 것이다.

⁑ 순자의 사상은 모든 점에서 유가로서의 이단적 요소가 많다. 따라서 유가의 내부에서는 순자의 사상을 계승한 자는 드물다. 순자의 예(禮) 사상은 법가에 의해 발전되어 법으로 변질되었다.

5. 한비자

한비자의 전기

법가의 한비자는 "사기"에 의하면 진시황제의 밑에서 재상이 된 이사(李斯)와 함께 일찍이 순자에게서 배웠다고 한다. 그 사상계통으로 보면 당연한 것이라고 생각된다. 법가의 책으로서 지금까지 전하여진 것은 "한비자" 외에 "관자(管子)" "상자(商子)" "신자(申子)" "신자(愼子)" 등이 있는데 모두 한비자와 마찬가지로 전국시대 말기에 쓰여진 것으로 보인다.

한비자(?~B.C. 234)는 전국시대 한(韓)나라의 공자, 즉 공실의 일족으로 이름을 비(非)라 하였다. 후에 시황제의 재상이 된 이사(李斯)와 함께 유가의 순자에게 배웠다. 그의 말은 어눌하였지만, 글은 매우 훌륭하여 타의 추종을 불허하였다. 당시 그의 조국인 한은 주위 강대국의 위협을 받아, 국토를 일방적으로 빼앗겼기 때문에, 여러 번 부국강병을 한의 군주에게 역설하였지만 한 번도 채용되지 않았다.

우연히 그가 쓴 논문이 이웃나라 진의 국왕, 후의 진시황제의 눈에 띄었다. 시황제는 그 논문을 보고 감동하여 즉시 한비자를 만나보고자 하였다. 그때 한비자와 함께 순자에게서 배웠던 이사가 시황제의 재상으로 있었는데, "그 논문은 한비자가 쓴 것입니다"라고 고하자, 시황제는 곧 사자를 보내어 한비자를 초대하고자 하였지만, 한의 군주는 허락하지 않았다. 이에 시황제는 한을 공격하여 강제로 한비자를 빼앗았다. 시황제는 크게 기뻐하였지만, 이것을 본 이사는 "한비자는 한나라의 공자이므로 결국은 진나라를 위해서는 움직이지 않을 것이 틀림없습니다. 한비자를 죽여버리는 것이 상책입니다"라고 전하여서 시황제는 부득이 한비자를 투옥하였다. 후에 시황제는 생각을 고쳐 사면하고자 하였지만 그때는 이미 이사가 한비자에게 독약을 주어서 죽여버렸다고 한다.

법가 사상이 발생한 이유 — 봉건국가의 합리화

그러면 왜 전국 말기에 한비자를 비롯한 법가가 출현하였던 것일까? 그것은 전국 말기의 열국이 종래 봉건국가의 조직으로는 존립할 수 없다는 것을 자각하였기 때문이었다. 제자백가가 나타난 것도 새로운 두뇌의 도입이 요구되었기 때문인데, 전국시대의 말기가 되자 그것만으로는 틈을 메울 수 없게 되었고, 봉건국가의 기구를 합리화할 필요를 느끼게 된 것이었다.

그러면 봉건국가를 합리화하기 위한 새로운 원리는 무엇인가? 그것은 법이었다. 종래의 봉건국가를 지탱해준 것은 충효의 도덕이나 의리, 인정이라 하는 인간적인 것이었다. 인간적인 것은 이치로는 캘 수 없는 비합리적인 것이었다. 따라서 인정이나 도덕으로는 국가를 합리적으로 운영할 수 없다. 이에 반해 법은 비정한 것이고, 기능적 · 형식적으로 운영되는 것이다. 한비자를 위시한 법가가 출현한 것도 이 같은 시대의 요구에 부응한 것이었다.

도덕에 대한 법의 우위

한비자가 가르침을 받은 순자는 예에 중심을 두었다고 해도, 유가의 사람이어서, 도덕을 부정할 정도까지는 생각하지 못했다. 그런데 한비자에 이르러 여러 가지 각도에서 도덕에 대한 법의 절대적 우월성이 강조된다.

첫째로 유가의 주장처럼 도덕에 의한 정치라는 것은 인구가 적고 생활이 편안하였던 고대에서만 효과를 거두는 것이고, 인구가 증가해서 생존경쟁이 치열한 시대에는 통용되지 않는다. 옛날 사람들에게 도덕심이 강하였다고 하는 것은, 재산이 풍부하였기 때문이고 현재의 사람들이 재산을 다투는 것은 도덕심이 저하되었기 때문이 아니라 재산이 결핍된 결과이다. 이처럼 경쟁이 격심한 시대에는 도덕은 쓸모없고, 오로지 법에 의해 다스릴 수밖에 없다.

그럼에도 불구하고 유가에 나오는 고대의 요순처럼 성왕의 시대에 유효했다고 하는 이유에서 지금까지도 도덕정치의 필요를 고집하는 것은 시대의 변화를 알지 못하는 처사이다.

둘째로, 도덕은 소수에게만 통용되는 원리여서 다수에게 적용할 수는 없다. 본디 도덕을 지키는 사람은 한 나라에서 열 사람이 있으면 다행인 정도에 불과한데, 이 같은 소수자의 원리를 한 나라라는 다수자에게 적용하고자 하는 것은 근본적으로 무리가 있다.

본디 다수자에게 착한 일을 행하게 하고자 할 경우에는 절망적인 곤란을 수반하지만, 악한 일을 못하게 하는 것은 쉽다. 예컨대 길에 떨어져 있는 물건을 주우면 사형에 처한다는 법률을 만들면, 길에 백 냥의 금이 있어도 이것을 줍는 것은, 붉게 단 철을 손에 쥐는 것과 같으므로 대도라 해도 손을 내밀지 않을 것이다.

도덕은 인정에서 비롯된 것이며 인정이라는 것은 좁은 범위 안에서만 성립하는 것이고, 더욱이 그것조차 충분하게 행해지지 않는다. 예컨대 가정 내에도 부친은 자식을 사랑하지만, 아들은 부친의 명령에 따르지 않는 자가 많다. 유가는 가족도덕의 정신으로 국가를 다스리고자 하지만, 이것은 한 칸의 집조차 충분히 다스릴 수 없는 원리로 커다란 나라를 다스리고자 하는 것이어서 처음부터 불가능한 것이다.

셋째로 도덕은 본질적으로 사적인 것이고 국가의 공공성과는 상반되는 것이다. 예컨대 이런 말이 있다. 옛날 노나라의 병사 중에 전장에 나간다 하고서 도망간 자가 있었다. 공자가 이상하게 생각해서 그 이유를 묻자, 그 병사는 "나의 집에는 연로한 아비가 있어서 내가 죽으면 부양할 자가 없다"고 답하였다. 거기에 공자는 "이 사람은 감복할 만한 친효행자(親孝行者)이다"라고 칭찬해 노나라 군주에게 올려서 표창하였다. 거기까지는 좋았지만, 그 후에 노나라의 군대가 전장에 출동할 때에 병사들은 한결같이 도망가게 되어 노나라는 패해버렸다.

넷째로 처음부터 인간에게 도덕을 가르친다고 하는, 소위 도덕교육이라는 것이 불가능하다는 점을 들 수 있다. 그것은 인간이 가진 도덕성이 목숨의 장단 등과 마찬가지로 선천적으로 결정된 것이고 인위에 의해서는 변할 수 없는 것이기 때문이다.

예를 들면, 성인의 전기를 읽고서 자신도 그와 같은 사람이 되고자 원하는 것은 완전히 무의미한 것이다. 그것은 모장(毛嬙)과 서시(西施) 같은 미인을 보고서 몇 번이나 아름답다고 감동해보아도 자신의 얼굴은 예뻐질 수 없는 것과 똑같은 것이다. 그보다도 집으로 돌아가서 홍(紅)이나 백분(白粉)을 바르면 조금은 볼 만하게 된다. 그 홍이나 백분에 해당하는 것이 법이다. 법은 인간에게 나쁜 일을 하지 못하게 하는 것, 요컨대 인공적인 선인을 만드는 것이다.

이처럼 한비자는 그 특유의 독설과 풍자를 교대로 써 가면서 유가의 덕치주의를 통렬히 비판해 법치주의의 우월성을 주장하였다.

법 운용의 기술 — 형명참동(刑名參同)의 설

이처럼 한비자는 법의 우월성을 강조하고 동시에 그 법을 운용하는 기술, 즉 법률이 필요한 것을 설명하고 있다.

그 기술의 제1은, 형명참동이라 하는 것이다. 형(形 혹은 刑)은 구체적인 실질, 명(名)은 표면의 명의(名義)라는 의미로, 명실(名實)이 일치하고 있는지 어떤지를 검토하는 것을 의미한다. 예컨대 어느 직명을 가진 관리가 그 직명에 따라서 실적을 거두고 있는지 어떤지를 검토하는 것이, 곧 형명참동이다. 그 직명보다도 이하의 실적을 거둔 경우에는 물론 벌하지만 그 직명을 벗어난 실적을 거둔 경우에도 벌한다.

어느 날 한(韓)의 소공(昭公)이 요란하게 잠을 자고 있을 때, 전관자(典冠者)가 이것을 보고서 옷을 소후(昭侯)에게 입혔다. 소후는 잠을 깬 후 옷이 걸쳐져 있는 것을 보고 기뻐하면서 “누가 옷을 덮었는가”라고 묻자 “전관자(典冠者)”라는 보고가 있었다. 그러자 소후의 전의자(典衣者)를 직무태만으로 벌함과 동시에 전관자에게도 월권이란 면에서 벌하였다고 한다.

이 직명을 넘은 실적이 있는 자를 벌한다고 하는 것은, 어떻게 보면 우스운 것 같지만, 사실은 법의 일률성, 그 기계적 · 형식논리적 적용이라는 점에서 근대법의 정신에 합치되는 것이다. 봉건시대의 법의 운용은 재판관의 인정에 의한 것이 모범이지만, 거기에는 재판관의 개성이라는 비합리적인 요소가 강해지고 법 적용의 공평이라는 점이 두드러지게 손상된다. 근대법은 이 같은 결함을 제거하기 위해, 인정이라고 하는 비합리적인 요소를 배제하여, 법문을 기계적 · 형식합리적으로 해석해서 적용하고자 한다. 한비자의 형명참동의 사상은 근대법의 정신을 앞서 가졌던 것이라고 할 수 있다.

노장 사상의 흡수 — 허정무위(虛靜無爲)

한비자의 법술, 즉 법 운용의 기술 중 두 번째로 들 수 있는 것은 법의 운용자인 군주가 가능한 한 허정무위(虛靜無爲)의 태도를 취해야 한다고 하여, 도가의 노자 사상을 채용하고 있는 점이다.

이것은 생각해보면 대단히 기묘한 결합이다. 법가는 극단적인 통제주의의 입장에 있는 반면 도가는 무위자연(無爲自然)을 역설하여 정치적으로는 자유방임에 있기 때문이다. 이 양 극단에 있는 사상이 어떻게 결합될 수 있는지에 대해 살펴보면 한비자는 노자의 말을 자기의 입장에 유리하게 해석해서 사용하고 있음을 알 수 있다.

한비자는 군주는 허정(虛靜)해야 한다고 주장한다. 허정하면 감정에 의해 움직이지 않으므로 사물을 냉정히 판단할 수 있다. 또 군주는 욕심이 없어야 한다. 군주가 스스로를 욕망의 밖에 두어버리면 신하가 이로 인하여 두려움을 갖기 때문이다. 또 군주는 무위여야 한다. 군주는 형명참동이라는 무기가 있으므로 정치의 실무는 모두 신하에게 맡기고 조용히 이것을 관찰하면 된다. "명군이 위에서 무위하면 군신은 아래에서 두려워 긴장한다"는 것이 가능하게 된다. (生道篇)

이와 같이 허정무위라 하는 말은 노자와 똑같지만 그 내용은 훨씬 법가적이고, 목적을 위해서는 수단을 가리지 않는다고 하는 법가 특유의 음험함이 나타난다. 따라서 한비자가 이용한 노자의 사상은 노자 본래의 성격과는 다르다.

* 중국 고래의 책은 일반적으로 그렇지만 한비자의 책도 원저 부분과 후대 사람이 가필한 부분이 복잡하게 섞여 있다. 문제의 노자 사상을 도입한 부분을 떼어 보면 주도편(主道篇)이나 양학편(楊榷篇)에는 노자의 사상을 법가류로 해석하고 있는데, 해로편(解老篇)이나 유로편(喻老篇)은 노자의 말을 비교적 충실히 해석하였고 법가류의 해석은 그다지 표면에 나와 있지 않다. 또 육반편(六反篇)이나 충효편(忠孝篇)에는 역으로 노자의 설이 정치에 도움이 되지 않는 비현실적인 사상이라고 하여 공격하고 있다. 이 중 어느 편이 한비자의 원저이고 어느 편이 후인의 가필 부분인가에 대해서는 학자들의 견해가 분분하다. 필자로서는 육반편(六反篇)이나 충효편(忠孝篇)이 원저, 혹은 거기에 가까운 것이라고 보고 싶다. 또한 호적(胡適)은 육반편(六反篇)을 제외하고서는 전부 후대사람의 가필이라는 입장을 취하고 있다.

전국 말부터 진한의 초기에 이르면 상호 교류의 풍조가 나타난다. 도가의 "장자" 등을 보아도, 후기 도가의 사상을 저술한 외편(外篇)이나 잡편(雜篇)에는 유가나 법가의 설에 가까운 것이 보인다. 이 점에서 보면 법가가 도가의 사상을 도입했을 뿐만 아니라 도가쪽에서도 적극적으로 법가와 교류한 경향이 있는 것 같다. 이처럼 법가와 도가의 접근에 의해서 생긴 것이 '황로(黃老)'사상이다. 전한 초기(B.C. 202)부터 무제(武帝)에 의한 유교의 관학화에 이르기까지 약 70~80년 동안 전성을 이루었던 것이 황로(黃老)사상이었다.

진시황제가 채용한 법가사상

춘추전국의 5백 년을 넘는 분열시대에 종지부를 찍고, 대제국의 통일을 이룩한 것은 진나라의 시황제다. 그 통일의 원리로서 채용된 것이 바로 이 법가사상이었다. 분서갱유(焚書坑儒)라 불리는 강경한 수단에 의한 사상통일은, 완전히 한비자의 사상을 실행에 옮긴 것이라고 보아도 된다. 한비자는 "유(儒)는 문(文)으로써 법(法)을 어지럽힌다"라 하고 "명주(明主)의 나라는 서간(書簡)의 문(文)이 없이 법(法)으로써 가르친다. 선왕(先王)의 말이 없이 리(吏)를 사(師)로 삼는다"고 하여 법률 이외에는 쓸모가 없고 관리를 교사로 삼아야 한다고 주장하는데, 시황제는 이것을 그대로 진 제국(帝國)의 방침으로 삼았다.

또 진시황제가 천 년의 전통을 가진 봉건제를 폐하고 새로이 군현제를 실시한 것은 매우 획기적인 혁신이었는데, 이것을 헌책한 것은 한비자의 친구로 진의 재상이었던 이사였다. 이사도 순자의 문하에서 나와 법가로 전향한 인물이었다.

이처럼 법가의 주장이 시황제에 의해 실현된 것은, 법가 사상이 백가 중에서도 가장 현실적이었던 것을 증명하는 것이라 할 수 있다. 다만 진이 불과 15년도 채 못 되어 멸망한 것은, 그 법가정책이 지나치게 노골적인 것이었으므로, 천하의 반감을 얻었기 때문이었다. 한(漢) 이래의 역대 왕조는 이 진의 실패를 거울삼아 법가를 대신해 유가의 사상을 간판으로 내걸고자 하지만 이것이 법가 사상의 멸망을 의미하는 것은 아니었다. 대제국의 통일이 도덕만으로 유지될 수 없음은 분명하므로, 당연히 많은 법률이 만들어져 법가주의가 관철되었다. 따라서 유교주의의 가면에 숨겨져도 한비자의 정신은 영구히 살아 있는 것이다.

6. 묵자

묵자의 전기

묵가의 시조인 묵적(墨翟)은 확실한 생존 연대나 출생지를 알 수 없다. 여러 가지 조건을 볼 때, 기원전 460년에서 기원전 370년경의 사람이라고 추정되는데, 만약 이것이 사실이라면 공자가 죽은 후에 태어나 맹자가 태어나기 직전에 세상을 떠난 것이다. 그 출생지에 대해서도 송나라라는 설이 있지만, 현재는 공자와 같은 나라인 노나라라는 설이 유력하다. 그 경력에 대해서도 "사기"에 송의 대부였다고 나와 있을 뿐 상세한 것은 알 수 없다.

일설에 의하면 묵(墨)은 '자자(刺字)'로 옛날에 형벌에 처해진 자에게 이것을 실시하였으므로, 묵적은 수인의 경력을 가진 자라고도 한다. 또 일설에는 그의 책에 기구의 제법이 자세히 설명된 부분이 있으므로 공인(工人) 출신이었다고도 한다. 그의 문인 중에는 비지식계급의 사람도 적지 않게 포함되어 있었던 것 같으므로, 비천한 신분 출신이라고 보는 것도 일리가 있다. 그러나 묵자는 여행시에도 많은 책을 수레에 싣고 다니면서 보았다고 전해지는데(貴義篇), 이 같은 학식을 전국시대의 비천한 신분의 사람이 얻을 수 있었는지는 의문이다.

그 출신이 어떻든 그는 송나라의 대부로 벼슬한 적이 있고, 그 생애의 대부분을 전국시대의 제(齊), 위(衛), 월(越), 초(楚) 등의 여러 나라를 유세하면서 보냈다. 그 점에서 다른 제자백가와 마찬가지로 지식인 유세객이었다고 할 수 있다.

겸애의 설 — 공자의 인(仁)의 부정 위에 선 인류애

묵자 사상의 중심은 겸애의 설에 있다. 겸은 '겸하다', '골고루 미치다'라는 뜻으로, 겸애라 함은 모든 사람을 차별없이 사랑하는 것이다. 애를 강조한 면에서는 공자의 인에 가까운 것처럼 보이지만, 실은 양자 사이에는 본질적인 차이가 있다. 묵자에 의하면 공자의 인은 '별애(別愛)' 즉, 차별애여서 이 별애에서는 평화는커녕, 오히려 불화가 생기는 것이다.

공자의 인은 가족애를 출발점으로 한다. 이것은 주나라 초기 가족주의 정치의 부활을 이상화한 것에서 생긴 당연한 결과였다. 인은 무엇보다도 우선 자기 부모형제를 사랑하는 것에서 비롯된다. 이 가족애의 사랑을 국가에, 그리고 국가의 집합인 천하에 넓혀간다는 것이 유교의 이상이다. 이것은 삼단논법식의 과정을 거치는 것으로 그르지 않은 것처럼 보이지만 사실은 그렇지 않다.

애의 범위를 확대시킨다는 것이, 유가의 설처럼 직선적으로 진행되는 것일까? 가족애를 그대로 확대하면 애국심이 될까? 전쟁이라는 상황을 생각해보자. 인류애는 애국심의 극복 없이는 성립할 수 없다. 그렇다면 애의 확대는 직선적으로 진행되는 것이 아니라, 항상 자기 부정 위에 성립한다고 하는 변증법적인 전개에 의한 것임을 알 수 있다.

본디 인류애는 가족애나 애국심과 같은 특정의 집단에 대한 애와는 본질적으로 다른 것이다. 특정 집단에 대한 애는 그것이 매우 순수한 것이라 해도 본질적으로는 에고이즘의 확대라는 성격을 면할 수 없다. 에고이즘의 요소를 가진 애는 항상 '미워함'에 가깝다는 점에 의해 간단히 판별할 수 있다. 모성애는 어머니의 자기희생 위에 성립하지만, 그것은 이웃집 자식에 대한 미워함이 쉽게 생긴다. 따라서 모성애의 본질은 확대된 에고이즘이다. 애국심은 적국에 대한 증오심과 쉽게 연결된다. 따라서 애국심을 제아무리 양적으로 확대해도 인류애는 될 수 없다.

인류애는 가족애나 애국심과 같은 특정한 애를 확대하는 것으로 얻을 수 없다. 도리어 그 완전한 부정 위에서 성립한다. 이 점은 인류애를 역설한 종교를 보면 분명해질 것이다. 자비의 가르침을 설명한 불교는, 불도의 수행자를 '출가(出家)'라고 부른다. 그것은 가족으로부터 탈출함과 동시에 국가로부터도 탈출하는 것이므로 '출국(出國)'이라고 부르는 것이 적합하다. 또 박애를 역설한 예수도 마찬가지이다.

묵자의 겸애는 바로 이 같은 성질을 가진 애이고 인류애이다. 그것은 공동체를 근본으로 하는 사랑인 유교의 인(仁)과는 이질적일 뿐만 아니라 바로 그 부정의 위에서 성립하는 것이다. 그런 까닭에 묵자는 "유가의 인(仁)은 차별애이고, 그것은 천하(天下)의 평화를 가져다 주기는커녕 도리어 분쟁의 근본을 만드는 것"이라고 강조하였다. 묵자의 설이 천하에 성행하는 것을 질투하여, 그것을 없애는 데 온 힘을 기울였던 맹자(孟子)가 "묵씨(墨氏)는 겸애(兼愛)한다. 이것은 부(父)가 없다는 것과 같다. 무부무군(無父無君)은 곧 금수의 애(愛)이다"라고 극언하고 있는 것도 이 때문이다.

겸애는 천(天)의 의지에 의한다 — 중국에서는 드문 유신론자

인류애인 겸애는 가족애나 애국심이 공동체를 기초로 하고 있는 것에 반해서, 특정의 기반을 가지지 않는다. 왜냐하면 인류는 가족이나 민족, 내지는 계급 등과는 달리 공동체가 없기 때문이다. 이 때문에 인류애라 하는 말은 보통 관념적인 공허한 메아리에 그치는 경우가 많다. 그러면 인류애에 현실성을 주는 것은 무엇일까? 그것은 신의 존재에 대한 신앙, 말하자면 종교였다. 사실 묵자의 겸애설의 배경에는 인격신으로서의 천(天)에 대한 열렬한 신앙이 있었다.

본디 중국 민족은 인격신으로서의 천(天)을 오래전부터 숭배하여 왔다. 그러나 그 신앙은 특히 지식계급 사이에 점차로 희박해져서, 공자의 시대가 되면 이미 천(天)은 그 인격성을 잃고서 천도나 천리라는 로고스적인 존재로 변하였다. 만물 중에 천도의 편재(遍在)를 믿는 점에서는 범신론적이지만, 인격신을 믿지 않는 점에서는 무신론적이었다. 유가의 순자는, 천(天)을 하나의 자연물로 보고 이것을 인간의 의지에 따라서 이용해도 좋다고 하는 철저한 무신론을 제창하지만, 그것은 이미 공자의 사상 중에 잠재되어 있던 것을 표면화시킨 것이라고 할 수 있다. 비단 유가만이 아니다. 제자백가의 모두가 그러하였다. 오직 묵가만이 그 유일한 예외인 것이다.

묵자는 인격신으로서 상제(上帝)의 존재를 진실로 믿어 의심치 않는다. 겸애라 하는 것은 바로 이 신의 의지에 기초한 것이다. 천(天)은 사람들이 서로 사랑할 것을 바라며, 여기에 따르는 자에게는 행복을 주고 따르지 않는 자에게는 엄한 벌을 준다. 묵자는 이점을 여러 번 반복해서 강조한다. 단지 상제만이 아니다. 널리 산천의 신이나 조상의 영도 실재한다고 주장한다. 이들 여러 신들에게 제사하는 것은 사람들을 화합시키고 단결시키는 데 중요한 역할을 하는 것이다.

이 같은 유신론의 입장을 취한 묵자는, 유가가 무신론이면서도 제례의 필요를 주장한 모순을 비판한다. "무귀(無鬼)를 고집하면서도 제례(祭禮)를 배운다. 이것은 객(客)이 없는데 객례(客禮)를 배우는 것과 같고, 고기가 없는데 그물을 만드는 것과 같다"(公孟篇)고 한 것이 그것이다. 유신론을 강하게 주장하는 묵자로서는, 유가의 편의주의를 참을 수 없었던 것이다.

다만 묵자가 신들의 실재를 증명한 방법은 극히 소박한 것이어서 "옛날부터 전해오는 책이나 말에 이 같은 신이라는 것이 논의되고 있으므로, 그 존재는 의심할 수 없다"고 하는 정도였다. 이것은 중국인이 논리적인 논증을 하지 않았던 때문이지만, 그가 말할 상대 중에는 비지식인계급의 사람이 적지 않게 포함되어 있었던 것도 한 이유가 되리라 생각된다. 후에도 언급하겠지만, 묵자를 중심으로 하는 사람들은 일종의 신흥종교풍의 집단을 형성하였다. 묵자의 책이 전체적으로 평이한 표현을 사용하고 있는 것은 아마도 이 때문일 것이다.

천명(天命)과 천지(天志) — 운명의 부정과 섭리의 긍정

이처럼 인격신으로서 천제의 실재를 굳게 믿은 묵자는, 다른 한편으로는 천명의 존재를 강하게 부정한다. 언뜻 보면 이것은 기묘한 모순처럼 보이지만, 실은 그렇지 않다. 앞에서도 서술한 것처럼 천명의 원뜻은 천신(天神)의 명령이고, 천(天)이 비인격화됨과 동시에 천명도 '운명(運命)'의 의미로 바뀌었다. 공자가 "사생(死生)은 명(命)에 있고, 부귀(富貴)는 천(天)에 있다"고 한 것은 사생이나 부귀는 천명 즉 운명에 의해서 결정된 것이고, 인간의 노력으로는 좌우할 수 없다는 것을 역설한 것이다. 공자는 실은 인격신으로서의 천(天)의 존재를 믿지 않았는데, 무신론자인 공자가 천명 즉 운명의 존재를 믿고 유신론자인 묵자가 이것을 부정하는 것은 무슨 까닭인가?

묵자는 천명의 존재를 강하게 부정하는 대신 '천지(天志)' 즉, 천(天)의 의지의 존재를 강하게 주장한다. 천(天)의 의지라 함은, 다름 아닌 겸애이고 천(天)은 사람들이 서로 사랑하는 것을 희망하여, 여기에 따르는 자에게는 복을 주고 따르지 않는 자에게는 벌을 내리는 '섭리'를 베푼다. 따라서 묵자가 말하는 천지란 천(天)의 섭리를 의미한다고 보아도 좋다.

그러면 천명과 천지, 운명과 섭리는 어떤 점이 다른 것일까? 운명이 가진 특색은 그것이 맹목적이고 비합리적이라는 점이다. 공자는 그가 가장 아끼는 제자인 안회(顔回)를 잃었을 때 "오오, 하늘이 나를 버리는구나, 하늘이 나를 버리는구나" 하고 통곡하고, 제자인 백우(伯牛)가 불치의 병에 걸렸을 때에는 "이 사람을 잃게 함은 명(命)인가, 이 사람이 병에 걸리다니, 이 사람이 병에 걸리다니" 하고 통탄하였다. 참으로 운명은 맹목적인 것이고, 사람의 선악을 따지지 않고 그 마성을 발휘하여 엄습하는 것이다.

이에 반해 섭리라 함은 신의 의지, 신의 계획에 기초해서 만들어진 질서이다. 묵자의 견해로는, 겸애는 신의 의지이고 이 의지에 따르는 자는 반드시 복을 받고 따르지 않는 자는 반드시 천벌을 받는다. 이 합리적인 질서에는 조금의 벗어남도 없다. 따라서 여기에는 운명에서 보이는 것 같은 어두운 비합리성은 전혀 없다.

본디 운명이 맹목적인 것은, 이것을 주재하는 이성적인 신이 존재하지 않기 때문이었다. 그 의미상 운명론 · 숙명론은 신이 없다는 입장에서 생긴 필연적인 결과였다. 유교에 "인사(人事)를 다하고서, 천명(天命)을 기다린다"고 한 것처럼, 인위의 한계에 가서 항상 운명론에 빠지지 않을 수 없었던 것은 무신론의 결과였다.

묵자는 그의 책에 있는 비명편(非命篇)에서 당시 세상에 지배적이었던 운명론 · 숙명론을 세차게 공격한다. 여기에서는 유가를 겨냥하고 있지 않지만, 비유편(非儒篇)에서는 유가의 무리는 목숨이나 빈부는 말할 것도 없이 나라의 안정 · 치란(治亂)에 이르기까지 모두 천명에 의해서 결정되고 인간의 힘으로는 좌우할 수 없는 것으로 역설하고 있는데, 만약 이 숙명설을 믿는다면 관리는 그 직무를 게을리하고 서민은 그 농사를 게을리하여 빈(貧)과 난(亂)으로 이어질 것이다. 이 폐해를 제거하기 위해서는 천명을 믿지 말고, 오로지 천지대로 겸애의 정신에 따라, 천하의 복리를 위해 근로 노력해야 한다고 설명한다.

근로 · 절약 · 검소한 생활 — 절장(節葬)과 비악(非樂)의 주장

묵자 학파에 대한 후세의 비난은 하나같이 그가 근검 역행하고 금욕적이며 비인간적이라는 점에 있다. 맹자는 묵자의 겸애설을 실천하려면 천하 사람들의 이익을 위해 머리끝에서 발끝이 다 닳도록 일해야 한다고 하였고(書心篇), 순자는 묵자가 실용주의자로 문식(文飾)을 알지 못하는 사람이라 하였고(解蔽篇), 장자는 그가 금욕주의자로서 자연적으로 생기는 인정에 따르지 않는 자라고 설명하고 있는데(天下篇), 모두 묵자의 일파가 근로 · 절약 · 검소한 생활을 하였던 점을 말하고 있다.

그러나 묵자가 근검을 말한 것은 금욕을 존중하였기 때문은 아니다. 사과편(辭過篇)이나 절용편(節用篇)에도 보이듯이 군주의 사치가 민중을 고통스럽게 함을 보고 군주에게 근검의 생활을 요구한 것이 본래의 취지였다. 그러나 그러기 위해서는 스스로도 근검을 실천할 필요를 깨달았던 것으로, 결과적으로는 자연히 근검주의를 일반화하였다.

근검주의를 나타내는 것으로 유명한 것이 소위 절장(節葬)과 비악

(非樂)의 주장이었다. 절장이라 함은 장례를 절약하여 간략하게 하는 것이다. 조상 숭배가 성하였던 중국에서는 장례를 후히 지내어 복상(服喪)의 기간을 길게 하는 '후장구상(厚葬久喪)'의 풍습이 행하여졌다. 묵자에 의하면 서민 중에서는 후장 때문에 파산하는 자가 많고, 천자 제후는 거대한 능묘(陵墓)를 만들고 그에 맞는 호화로운 부장품을 준비하기 위해 세금을 많이 부과함으로써 민중을 괴롭힌다. 게다가 수십 수백인을 살해해서 순사자로 하였으므로 그 피해가 컸다. 또 부모의 상은 3년이라는 장기간에 걸치므로 관리는 직무를 폐하고, 백성은 농사를 못하여 생활은 점점 괴롭게 된다. 따라서 장례는 가능한 한 간략하게 하고 복상의 기간은 짧게 하는 것이 필요하다고 주장하였다.

또 비악은 음악을 비하자는, 즉 음악을 없애자는 주장이었다. 묵자가 음악을 부정한 것은 음악이 즐겁지 않아서가 아니라, 후장구상과 마찬가지로 그것이 민중의 생활을 압박하기 때문이었다. 천자 제후는 음악을 좋아하기 때문에 장대한 고대누각을 짓고 화려한 악기를 모으지만, 그 비용은 모두 민중이 부담하게 된다. 또 음악에 빠져 정사를 게을리하므로 민중의 생활은 어려워진다. 따라서 음악은 완전히 없애야 한다는 것이었다.

이 절장비악론은 유가가 예악을 중시한 것과 정면으로 대립하는 것이었다. 묵가에 대한 유가의 비난이 이 점으로 집중되는 것은 당연한 것이다. 비단 유가만이 아니라 다른 백가들 중에도 이것을 공격하는 자가 적지 않다. 그 이유는 이 묵자의 주장이 사대부 즉 관료지식인의 특권을 전면적으로 부정하는 것이기 때문이었다.

분명히 맹자는, 국가는 지배자를 위해 있는 것이 아니고, 민중을 위해 있다는 점을 역설하여 혁명을 시인할 정도로 민본주의를 강조하였다. 그러나 그 민본주의는 지배자인 지식인의 특권을 전면적으로 부정하려던 것은 아니었다. 맹자 자신이 때때로 여행을 하며, 이것을 당연한 것이라고 주장한 사실에서도 살펴진다.

그런데 겸애를 기초로 한 묵자의 민본주의는 지배계급의 특권인 예악을 부정하는 근검주의와 연결된 것이고, 지식인의 특권을 전면적으로 부정할 정도였다. 질서가 확립되어 안정되었던 진한 시대에 들어가면서 묵가가 완전히 소멸하게 된 것은 여기에 그 이유가 있었던 것이다.

묵가의 비전론(非戰論) — 침략전쟁의 부정과 방어전쟁의 긍정

묵자의 겸애설에서 생겼던 가장 큰 특색은 비전론, 특히 침략전쟁의 부정론이었다. 본디 전쟁을 부정하는 경향은, 다소 정도 차이는 있지만 제자백가에 공통적으로 보이는 것인데, 묵자같이 철저했던 경우는 그 예를 볼 수 없다고 해도 좋다.

묵자는 "만약 세상에서 한 사람의 인간을 살해하는 자가 있다면 이를 범죄자로서 사형에 처한다. 만약 열 사람을 살해하는 자가 있다면 그 죄는 열 배가 되고, 백 사람을 죽이면 그 죄는 백 배가 되는 것이 도리이다. 그런데 한 나라 사람을 공격해서 모두 죽이면, 이것을 불의라고 하기는커녕, 도리어 이것을 정의로운 행위라고 칭찬한다. 이렇게 부조리한 것이 있을까?"라고 말한다. "대개 요즘의 군주는 현재 가지고 있는 영토에 만족하지 않고 이것을 확장하기 위해 침략전쟁을 일으키는 자가 많다. 그것에 희생되는 자는 죄없는 백성이고, 재산이나 생명을 잃는 자는 무수하게 많다. 이것은 겸애를 바라는 천(天)의 의지를 거역하는 중대한 죄악이고 결코 허용될 수 없다." 이 같은 견지에서 묵자는 전쟁이 가져오는 참화와 해독을 특히 강조하고 역설한 것이다.

다만 묵자(墨子)가 부정하는 것은 공전(攻戰), 즉 침략을 위한 전쟁에 한한다. 예컨대 주나라 무왕이 무도한 임금인 은나라의 주왕(紂王)을 토벌한 것은 '주(誅)'이지 '공(攻)'이 아니다.(非攻篇) 따라서 백성을 괴롭히는 폭군을 토벌하는 전쟁은 부정하지 않는다. 또 큰 나라로부터 침략을 받았을 때 방어하기 위해 싸우는 것은 물론 정당방위이므로 당연한 것이라 한다. 오히려 약소국이 강국의 침략을 받은 경우에 약소국의 의뢰를 받고 그들의 방어를 돕기 위해 참전하는 것도 인정하였다. 그 사례는 묵자의 저서에도 적지 않게 쓰여져 있다. 묵자는 방어전의 명인(名人)이라고 불렸고, 묵자의 집단이 방어전을 하면 그 방비가 대단히 강했기 때문에 일반적으로 사물을 굳게 지키는 것을 '묵수(墨守)'라고 하게 되었다고 한다. 묵자의 집단이 전비(戰備)나 전술에 뛰어났던 것은 묵자의 책 말미에 있는 비성문편(備城門篇) 이하 십 여 편이 오로지 전비나 병기에 대해 서술한 것에도 잘 나타나 있다.

묵가의 집단 — 거자(鉅子)를 지도자로 하는 종교결사적 성격

전국시대의 제자백가 중에서 최대의 사회적 세력을 갖고, 최대로 융성했던 것은 유가였지만, 여기에 필적할 만한 세력을 가졌던 것은 다름 아닌 이 묵가였다. 한비자는 "세상의 유명한 학파는 유묵(儒墨)이다"라고 하였고, 그 외 장자 · 순자나 잡가의 책에도 '유묵(儒墨)'으로 병칭하는 것이 많으며, 이 양 학파가 전국시대를 통틀어 가장 유력한 학파였다고 언급하고 있다.

그러면 왜 유묵의 양 학파가 유력하게 된 것일까? 그 원인은 유묵이 집단조직을 갖추었던 것에 있다고 생각된다. 다른 제자백가는, 예컨대 법가(法家), 도가(道家), 명가(名家) 등에서도 보여지는 것처럼, 한 학파의 사람들은 사상상의 공통점은 있지만 집단적인 행동이나 생활을 하지는 않고 각각 분리되어 존재하였다. 그런데 유묵의 양 학파는 집단적인 조직을 갖추고 있어서, 이것이 사회적인 세력을 형성하는 요인이 된 것이라고 생각된다.*

* 집단의 생활을 꾸려나가기 위해서는, 그 경제적인 뒷받침, 일정한 직업이 있

묵가의 경우를 살펴보면, 겸애라고 하는 높은 이상도 있고, 이것을 뒷받침하였던 천제를 정점으로 하는 산천의 신이나 조상의 영이 실재한다고 믿는 다신교적인 신앙도 있었으므로, 이 신앙을 중심으로 해서 신흥종교풍의 집단조직이 성립할 가능성이 있었다. 이 같은 경향은 이미 묵자의 생존 중에도 있었던 듯하고, 한대(漢代)의 "회남자(淮南子)"에도, "묵자에게는 180인의 제자가 있었는데, 그 누구도 명령이 있으면 탕화(湯火)의 위험도 피하지 않고 돌진할 뿐이었다. 이것은 그 교화에 의한 것이었다"(泰族訓)라고 서술하고 있다. 또 묵자 책의 공수편(公輸篇)에도, 묵자의 제자 금활리(禽滑釐)가 300인을 이끌고 약소국인 송나라를 원조해서 그 성에 들어가 초나라의 대군을 막았다는 일화가 있다.

더욱 묵자가 죽은 후에도 그 집단의 지도자를 '鉅子'(鉅는 巨로 大의 뜻)라고 불러 이 거자를 중심으로 철벽같은 단결을 유지하였다. 거자의 지위에 올랐던 사람의 예로는 맹승(孟勝), 전양자(田襄子), 복돈(腹䵍) 등이 있다. 이 중에 맹승은 초나라 양성군(陽城君)과 친교를 맺었는데, 양성군이 망명해서 그 영지가 정부에 몰수되려고 했을 때, 맹승은 정부군과 전투를 하고자 하였다. 그 제자가 "현재 선생님께서 전사하시면 우리 집단을 이을 자가 없게 됩니다"라고 반대하자 맹승은 "만약 지금 내가 양성군을 위해 죽지 않으면 묵자의 신용이 없어지고 묵자를 따르려는 자도 없게 될 것이다. 나는 현재 거자의 지위를 송나라에 있는 전양자(田襄子)에게 잇게 하고자 한다. 전양자는 훌륭

어야 한다. 묵가의 경우는 뒤에 쓸 것처럼 전쟁 청부업자였다고 생각되지만 유가의 경우는 무엇이었을까? 그것은 아마도 관혼상제업이었다고 생각된다. 본디 예악을 중시하는 유가는 관혼상제 의식의 전문가들이므로 그 특기를 이용해서 각지를 편력하였던 것 같다. "묵자"의 비유편(非儒篇)에 "유자(儒者)들은 평생을 남으로부터 곡물을 얻어 걸식하는 것처럼 생활을 하고 있는데, 장례가 있으면 겨우 음식을 먹게 된다. 그러므로 부잣집에 장례가 있다고 들으면 크게 기뻐하였다"라고 하고 있다.

한 인물이므로 묵자의 후계가 없게 될 우려는 없다"라고 하여 그대로 전투에 나가서 죽었다. 이때 맹승을 따라서 전사한 제자는 183명이었다고 한다.(呂氏春秋 上德篇)

또 진나라 시대의 거자 복돈(腹䵍)은, 그 아들이 살인의 죄를 범하였다. 진의 혜왕(惠王)은 복돈을 존경하였기 때문에, 이것을 불문에 부치고자 하였는데 복돈은 "묵자의 법에는 사람을 살해한 자는 사형, 사람을 손상한 자는 그에 상당한 형에 처하게 되어 있습니다. 예컨대 왕께서 사하여 준다 해도 저로서는 묵자의 법을 행해야 합니다"라고 하여 결국 그 아들을 사형에 처하였다.(同法私篇)

이처럼 묵자 집단의 규율이 엄하였던 것은 그것이 일종의 종교결사로서의 성격을 갖추고 있기 때문일 것이다.*

묵가 집단이 가진 전쟁 청부업자적인 성격

묵가 집단의 중심이 된 것은 신흥종교풍의 다신교적인 신앙이었고, 그 집단의 생활을 지탱한 경제적인 기반은 유가처럼 관혼상제업이 아니라 방어전 전문의 전쟁 청부업이었던 것 같다.

앞서 묵자의 겸애설에서 전쟁을 부정하였다는 것을 서술했는데 그것은 공격 즉 침략을 위한 전쟁을 부정한 것이지 방어를 위한 전쟁을 부정한 것은 아니었다. 게다가 묵자가 방어전의 명수로서 알려진 것은 이미 서술한 대로이다. 그리고 단순히 몸을 지키는 것뿐만 아니라 겸애의 정신에서 대국의 공격을 받은 약소국의 원조에 앞장서서 달려가고자 하였다. 맹자가 말한 것처럼 "천하(天下)의 이익을 위해서는

---

* 묵가의 집단이 전쟁 청부업자의 성격을 가지게 된 때에도 그 단결의 중심이 된 것은 결국 다신교적인 신앙이었다고 생각된다. "묵자"의 끝에 군비를 서술한 것이 여러 편 있는데, 그 중에 영적사편(迎敵祠篇)에서는 적이 공격할 것에 대비해 사방에 신단을 설치하고, 또 신의 신소에 엎드려서 전승을 기도하라고 역설하고 있다. 여기에서 묵가 집단이 가진 종교적인 성격의 한 단면을 볼 수 있을 것이다.

예컨대 머리끝에서 발끝까지 다 닳도록 행동한다"는 묵자의 정신이 이와 같은 형태로 나타난 것이다.

이미 묵자 자신이 약소국의 군사원조를 실행하고 있다. 큰 나라인 초나라가 작은 나라인 송나라를 공격하고자 했을 때, 묵자의 명령을 받은 제자 금활리 등 삼백 인은 수비의 기계를 갖고서 송나라의 성에 들어가 방비를 하였다.(墨子 公輸篇) 이것이 묵자가 죽은 후에 이르러 반은 직업적인 성격을 가지게 되었다.

본디 어느 나라든 전란시대가 되면 전쟁 청부업에 대한 수요가 생기는 것이다. 유럽 중세에도 금전적 보수에 의해서 움직인 용병대가 왕성하게 활약하였다고 하며 일본에서도 전국시대의 승병 중에는 주변의 다이묘(大名)의 의뢰에 의해 출동해 반쯤은 용병대로 변했던 예가 있다. 묵가도 그 집단을 유지해가기 위해서는 경제적인 뒷받침이 요구되었음이 분명하고, 이 묵가의 요구와 전란시대의 수요가 일치하기 위해서는, 좋든 싫든 간에 관계없이 전쟁 청부업자로서의 성격을 갖추게 된 것이라고 생각한다.

그 실례는 이미 서술한 맹승 · 전양자 · 복돈 등의 거자가 이끌었던 묵가 집단에서 보이는데, 그 밖에도 기록은 없지만 또 다른 사례가 있었다고 짐작된다. 단, 그들의 명예를 위해서 부언해야 할 것은 묵가 집단은 오로지 약소국의 방어전에 한해서 출동한 점, 더욱 형세가 불리한 경우에는 목숨을 아끼지 않았다는 점이다. 묵자의 겸애 정신은 여기에서도 상실되지 않았다.

묵가 집단의 분열과 쇠망

이처럼 묵가 집단은 단결을 과시하지만, 묵자가 죽은 후, 세월이 흐르면서 점차로 의견대립이 생겨서 분열의 기운이 싹텄다. "한비자" 현학편(顯學篇)에 "묵자가 죽고서 상리(相里)씨의 묵, 등릉(鄧陵)씨의 묵, 상부(相夫)씨의 묵, 삼파로 나뉘었다. 서로 주장하는 것이 다르고 모두 자기의 의견이 바르다고 한다"라 썼고, "장자" 천하편(天下篇)에는 "묵가의 상리근(相里勤)의 제자, 오후(五候)의 일파, 남방의 묵가인 고획(苦獲) · 기치(己齒) · 등릉자(鄧陵子)의 무리는 모두 묵자(墨子)의 경전을 숭배하면서도 해석이 다르고 일치하지 않는다. 서로 상대방을 묵가의 별파라 규정짓고 견백동이(堅白同異)의 궤변을 써서 비방하며 서로 어긋나고 공통점이 없는 말로 응수하고 있다. 거자(巨子, 鉅子)를 성인처럼 떠받들어 집단의 지도자로 삼는데, 서로 거자가 되려고 해서 지금에 이르기까지 결정하지 못하였다"라고 서술하고 있다. 여기에 나타나 있는 인명은 자세히 알 수는 없지만 적어도 삼파로 분열했었고, 그리고 '견백동이'의 논리 내지 궤변을 써서 논쟁한 것은 확실한 것처럼 생각된다.

견백동이의 궤변이란 "견(堅)은 촉각에 의해서 아는 상태를 가리키는 것이고, 백(白)은 시각에 의해서 아는 상태를 가리키는 것으로, 양자는 별개의 것이다"라는 것처럼 같은 것을 다른 것처럼 말하거나 다른 것을 똑같은 것처럼 주장하는 것을 가리키며, 논리를 전문으로 하는 명가(名家)가 사용하는 논법의 하나였다. 묵자의 책에도 경설(經說) · 대취(大取) · 소취(小取)의 여러 편이 있어서 이런 종류의 논리를 전개하고 있다. 그러나 이 같은 논리학이 생기게 된 것은 제자백가 사이에 논쟁이 성하게 된 전국시대의 중기쯤으로, 물론 묵자 당시에 나타난 것이라고 생각되지 않고, "장자"에 나오듯이 삼파의 묵으로 분열하고 난 연후의 시기라고 추측된다.

그러면 묵자가 죽은 후에 왜 삼파의 묵이라는 분열이 생긴 것일까? 여기에 관한 사료는 전혀 남아 있지 않으므로 상상에 맡길 수밖에 없다. 단 원인의 하나로 생각되는 것은, 묵가의 집단이 지식인과 비지식인이라는 이질적인 요소를 내포하였던 점이다. 묵자 제자에는 기묘한 성명을 가진 자가 있다. 예컨대 복돈(腹䵬)이나 질비(跌鼻)라는 인물이 있다.(公孟篇) 이것은 통상의 성명이라고 생각되지 않는 아마도 별명에 가까운 것일 것이다. 그러나 묵자의 집단에는 별명으로 불렸던 듯한 인물, 농민이나 공인이 적지 않게 포함되어 있었던 것이다.

본디 신흥 종교적인 색채를 가진 묵가의 집단은, 무신론적인 경향이 강한 지식인보다도 일반 민중을 향한 성격을 갖추고 있었다. 거기에 전쟁 청부업적인 성격이 가해지자 서민 노동자를 주력으로 할 수밖에 없었다. 그러나 묵가 집단의 안에는 다른 제자백가와 똑같이 제후를 상대로 하는 고문업에 뜻을 가진 지식인층이 존재하였던 것도 사실이다. 이러한 복잡한 구성을 가진 집단이었으므로 점차 위화감이 조성되고, 결국은 분열을 불러일으키게 되었던 것이 아닐까?

그럼에도 전국 말에 여전히 "따르는 자가 많고, 제자가 매우 많아 천하(天下)에 충만하다"("呂氏春秋")고 일컬어졌던 묵가가, 진시황제의 통일 후 급속히 쇠퇴하여 후계자도 자취를 감추게 되었던 원인은 무엇이었을까? 묵가 집단을 지탱하였던 전쟁 청부업이 통일제국에서는 성립할 수 없는 상황에 다다른 것이 주요 원인일 것이다. 이 때문에 묵자의 말류는 소위 임협(任俠)의 무리로 변해 겨우 그 이름을 남겼다고 일컬어진다.

그러나 그 쇠망의 본질적인 이유는 무엇보다도 묵자사상 그 안에 내재하였던 것은 아닐까? 본디 묵자의 사상은 중국의 지식인에게 적합하지 않은 조건을 가지고 있었다. 첫째로, 묵자의 가르침은 천제를 정점으로 하는 다신교의 신앙 위에 성립하였다. 이것은 무신론적인 경향이 강한 지식인들에게는 부적당한 것이었다. 둘째로, 묵자는 근검주의의 입장에서 예악을 비롯한 일체의 사치를 추방하였다. 그것은 지배계급의 특권을 모두 부인하는 것과 같다. 그런데 진한 이후 2천년의 통일왕조 시대에는 지식인 사대부가 지배계급이 되었기 때문에, 그 특권을 부정하는 묵자의 사상에 반감을 가진 것은 당연한 것이다. 이 때문에 묵자는 금욕주의자라는 평가를 받을 수밖에 없었다.

무엇보다도 최대의 장애가 된 것은, 다름 아닌 묵자의 겸애사상이었다. 가족이나 국가라는 생활공동체를 넘는 인류애의 사상은, 세계신에의 신앙을 기초로 해서 비로소 성립된다. 정치적 관심이 강하고 종교심이 부족한 중국의 지식인으로서는, 이 인류애의 본질을 올바르게 이해할 수 없었다. 묵자의 겸애설을 최초로 높이 평가한 것은 중국인이 아니고 기독교도였다.

7. 노자

노자의 전기

공자가 유가의 시조라면, 도가의 시조는 노자이다. 그러나 노자만큼 전기가 불명확한 인물은 없고, 그 실재를 의심하는 설조차 있을 정도이다.

노자의 전기로서는 한나라 사마천(司馬遷)의 "사기" 노자전이 가장 오래되었다. 그 줄거리는 다음과 같다. 노자는 초나라의 고현(苦縣) 사람으로, 성은 이(李), 이름은 이(耳), 자는 백양(伯陽), 시호는 담(聃)이라고 한다. 주나라 왕실의 수장실(도서관)의 사서(司書)를 맡았는데, 어느 날 공자가 찾아와 노자에게 질문을 하였다. 그러자 노자는 공자의 위선을 매도하고 곧 내쫓지만, 그래도 공자는 노자가 용처럼 뛰어난 인물이라 하고 감복하였다. 노자는 자연의 도를 존중해, 세상에 드러나지 않은 채 이름 없이 끝내기를 염원하였던 것이다.

그 후에도 노자는 주나라에 머물다가 이윽고 주의 왕실이 점차 쇠퇴해지는 것을 보고 중국에서 떠날 것을 결심하여 관문까지 이르렀다. 그러자 관문을 지키는 장관인 윤희(尹喜)가 이것을 보고 "선생은 세상에 숨으려 합니다만, 그 전에 제발 저를 위해 저서를 남겨주십시오" 하고 소망하여, 노자는 상하 2편, 5천여 자의 책을 편찬하였다. 지금 전해지는 "노자" 5천문이 그것이다. 그 후 노자는 어디론가 가버리고 그 종적을 알지 못한다.

일설에는 초나라의 노래자(老萊子)라 하는 인물이 있고 공자와 동시대로 책 15편을 편찬하였는데, 이 사람이 노자라고도 한다. 또 노자는 도를 닦아서 장수를 하여 160여 년, 또는 200여 년까지 살았다고 한다. 일설에는 서주에 태사담(太史儋)이라는 인물이 있어, 패왕(覇王)의 출현을 예언한 적이 있는데, 이 태사담이 노자라고 하는 설도 있고, 또 이것을 부정하는 설도 있다. 어느 쪽이 옳은지는 분명하지 않다. 또 노자에게는 자손이 있어서 그 한 사람이 이가(李假)라고도 하고, 한의 문제(文帝)에게 벼슬하고 그 아들인 해(解)는 제(齊, 山東省)에 살았다고도 한다.

이 중에 후반의 부분을 보면, 기원전 100년경 사마천 시대의 노자 전기에는 여러 가지 이설이 있고, 정확한 전기는 불명확함을 알 수 있다. 가장 오래된 전기인 "사기"가 이 정도이므로 정확한 전기를 아는 것은 절망적이라고도 할 수 있다. 따라서 노자의 인물이나 시대를 살피기 위해서는 이들 전기보다도 현존하는 "노자"의 내용에서 판단하는 쪽이 유효할 것이다.

제일 먼저 문제가 되는 점은 "사기"가 노자를 공자와 동시대의 사람이라고 하고 있는 점이다. 이것은 현재 학계에서는 완전히 부정되었다고 해도 과언이 아니다. 그 이유는 여러 가지가 있지만 근본적으로 "노자"의 내용이 이것을 허용하지 않기 때문이다. "노자"는 항상 대립자를 의식하면서 사리를 말하고 있다. 그 대립자란 무엇인가? 세간의 상식적인 도덕, 말하자면 유가의 도덕이다. 안티테제는 테제 뒤에 나타나는 것이므로, 노자의 사상은 공자의 그것보다도 후대에 나타나야 한다. 더욱 유교도덕이 이미 세간에서 유력해진 시기에 "노자"가 출현하였던 것이므로 그것은 공자가 죽은 후, 상당한 세월을 거쳐야 마땅하다. 따라서 만약 노자라 하는 인물이 실재하였다고 한다면, 공자보다도 후에, 그것도 훨씬 후의 사람이었다는 것이 된다.

이와 함께 중요한 문제는 "노자"의 저자가 한 사람 이상이라는 점이다. "노자"의 문자 중에는 전국시대에 광범위하게 행하여졌던 격언이나 속담이라고 생각되는 것이 적지 않게 포함되어 있어서 극단적으로 말하면 한 사람의 저작이 아니고, 일종의 격언집이 아닐까 하는 의문이 생긴다. 만약 그렇다고 한다면 현재의 "노자"는 도가학파 사이에 축적된 명언을 모은 것이고, 그 저자는 '무수한 노자들'이었다는 것이 된다.

그러나 한편으로 "노자"에 대해 살펴보면 그 문체에 훌륭한 통일이 이루어져 있어서 단순히 명언을 모아놓은 것이라고는 생각할 수 없는 점이 있다. 따라서 이 점에서 보면, 결국 "노자"의 저자는 한 사람이든가, 적어도 어느 시기에 한 사람의 저자가 이것을 편집해 자기의 언어로 표현하여 고친 것이라고 할 수밖에 없다.

이처럼 노자의 전기, 또 노자의 저서인 "노자"에도 여러 가지 복잡한 문제가 있어서 여기에 명쾌한 해결을 내리는 것은 불가능하다.

자연의 도 — 자유방임의 정치

노자는 장자와 함께 도가라 불리는 것처럼, 도라는 것을 강조한다. 그러나 도라고 하는 말은 노장만의 전용어가 아니고, 이미 공자도 반복해서 사용했던 것으로, 유가에서도 중요한 의미를 가지고 있다. 그럼에도 불구하고 특히 노장의 학파가 도가라고 불리는 것은, 그 도의 내용이 유가의 그것과 달리 특수한 내용을 가지고 있기 때문이었다. 한마디로 말해 공자의 도가 인의예지라 하는 인위를 내용으로 한 데 비하여 노자의 도는 자연을 그 내용으로 하였다.

같은 전란의 시대에 태어났으면서 공자와 노자는 전란의 원인에 대한 견해가 완전히 다르다. 공자는 그 원인이 인위의 도덕을 상실한 것에 있다고 하여 그 도덕의 회복이야말로 난세를 구하는 유일한 길이라고 하였다. 여기에 대해 노자는 그 같은 인위적인 인의예지야말로 현재의 난세를 가져온 원흉이므로, 이 인위의 도덕을 근저에서 부정하고 자연으로 돌아가는 길이야말로 인간에게 평화를 가져다주는 길이라고 하였다.

대도(大道)가 없어서 인의(仁義)가 있고, 지혜가 나와서 대위(大僞)가 있고, 육친이 화하지 못하여 효자가 있고, 국가가 혼란해서 충신이 있다.(제18장)

대도, 즉 자연의 도가 행해지고 있을 때에는, 인위의 도덕은 전혀 필요가 없다. 자연의 대도가 없을 때 비로소 인위가 요구된다. 지혜라는 인위가 나타나 커다란 위(僞)가 생겼다. 지혜야말로 위의 근원이다. 일족이 어우러져 있을 때에는 친(親)에 효(孝), 자(子)에 자(慈)라는 가르침이 필요가 없다. 국가가 혼란할 때에 비로소 충신이 필요한 것이고, 잘 다스려지는 국가에서는 충신이 필요 없다. 따라서 충효가 장려되는 것은, 그것만으로도 그 국가나 사회가 불안정한 건강상태에 빠지고 있다는 증거이다.

그러면 이 혼란한 세상을 정상으로 돌리려면 어떻게 하면 좋을까? 이것을 유가처럼 도덕이나 예악의 확립에 의해서 올바르게 하는 것은 완전히 역효과를 불러일으키는 것에 지나지 않는다. 왜냐하면 그것들이야말로 현재의 혼란을 일으키는 원흉이기 때문이다.

민(民)의 다스림이 어려운 까닭은, 위정자가 인위적인 유위(有爲)의 정치를 하기 때문이다.(제75장)
법령이 정비되면 될수록, 도둑은 점차 많아진다.(제57장)

위정자가 백성에게 정도를 지키게 하기 위해 여러 가지의 배려를 하고 도덕이나 법률 등의 인위적인 수단을 설치하는 것은, 점점 백성을 흉악으로 몰고 가 다스리기 어려운 상태에 빠지게 하는 것이다. 따라서 백성을 정상으로 복귀시키기 위해서는 위정자가 모든 인위적인 정책을 버리고 백성을 자연 그대로의 상태로 방임하는 것이 최상이다.

> "성자와 지자가 되려고 하는 욕심을 버리면, 백성은 백 배나 이롭게 된다." (제19장) "내가 무위무욕하면 백성들이 저절로 감화된다. 내가 움직이지 않고 가만히 있으면 백성들이 저절로 정직해진다." (제57장) "한 나라를 다스리는 것은 마치 조그만 생선을 끓이는 것과 같다." (제60장)

물고기는 느긋하게 끓이는 것이 좋다. 자질구레하게 손을 쓰지 않고 방임하여 두는 것이 한 나라를 다스리는 요령인 것이다.

자연주의의 출발점 — 태고대로의 중국 농촌

이처럼 자유방임적인 무위무책의 정치라는 것은 매우 무책임하고 비현실적인 것처럼 보인다. 그러나 거기에는 노자 나름대로의 현실적인 근거가 있다. 그것은 현재에도 태고 그대로의 생활상태를 계속하고 있는 중국 농촌이 존재하고 있다는 사실이다.

노자의 이상은 이 태고의 소박한 농촌 생활을 그대로 보존해 이 같은 촌락의 집합 위에 국가를 건설하는 것에 있었다. 따라서 국가는 이 농촌의 자연 상태를 지키도록 세심한 배려를 해야 한다. '소국과민장(小國寡民章)'으로 알려진 제80장은 이것을 잘 언급하고 있다.

> 소수의 인민이 거주하고 있는 약소국가에서는 병기가 있어도 사용하지 못하게 한다. 백성들에게는 죽는 것을 큰 일로 생각하게 하여 다른 지방으로 이사가지 않게 한다. 비록 군대를 가지고 있더라도 전쟁마당에 나아가지 않게 한다. 백성들을 다시 유사 이전의 시대로 돌아가게

한다. 백성들에게 자기네들이 밭갈아 지은 곡식을 달게 먹게 한다. 자기네들이 짜서 입은 의복을 훌륭하게 생각하게 한다. 자기네들이 지은 집에서 편안히 살게 한다. 자기네들의 풍속을 즐겁게 지내게 한다. 이웃나라끼리 서로 바라보고 닭이 울고 개가 짖는 소리가 서로 들려와도 백성들이 늙어죽을 때까지 왕래하지 않는다.

이것이 노자의 자연주의 사상의 출발점이다. 그가 찬미해 마지않는 무지무욕 그리고 무도덕, 무예의, 한마디로 말하자면 무문화는 이 같은 단순한 소국과민의 이상향을 배경으로 해서 생긴 것이다. 그것은 단순한 유토피아는 아니었다. 왜냐하면 그것은 중국의 전통적인 촌락 공동체의 현실이었기 때문이다.

지식의 부정 — 체험적 가치의 존중

이처럼 노자는 지식, 욕망, 기술, 도덕, 법률 등 모든 문화의 내용을 부정해서 태고 자연 그대로의 농촌 생활로 돌아가자고 주장한다.

그러면 왜 지식이나 욕망 등이 부자연한 것일까? 우선 지식에 대해서 보자. '안다'는 것의 본질은 물(物)을 '나눈다'는 것에 있다. 판단은 사물을 반으로 분단하는 것이고, 분석은 사물을 나누어 쪼개는 것이고, 이해는 사물을 사리에 맞게 분해하는 것이다. 인간은 하나의 것을 그대로 '안다'는 것이 불가능해서 반드시 이것을 둘로 나누는 것에 의해 비로소 알 수가 있다.

따라서 지식으로 본 세계는 반드시 좌와 우, 피와 차, 앞과 뒤, 선과 악, 미와 추라 하는 상대 차별의 형태가 나타난다. 이처럼 이분된 형태는 과연 그것의 본래의 형, 있는 그대로의 모습일까? 인간의 신체를 머리 · 몸통 · 수족으로 분단한 뒤에, 또 다시 합쳐서 이것이 인간이라고 설명한다 해도 그것은 이미 죽은 인간이지 살아 있는 인간은 아니다. 분단이라는 인공을 가하는 것에 의해서 사물은 그 생명을 잃고 본래의 모습을 잃는 것은 아닐까? 있는 그대로의 사물, 자연의 형태는 어디까지나 하나여서 분단할 수 없는 것이다.

노자는 만물의 근본이 되는 진리를 '도'라 부르는데, 이 도는 '일(一)'이라고 명명한 것이 많다. '하나'는 분할을 허락하지 않는 전체이고, 분할을 본질로 하는 지식으로는 포착할 수 없는 것이다.

그러면 지식에 의한 분할을 허락하지 않는 '하나'는 무엇에 의해서 포착될 수 있을까? 그것은 체험적인 직관에 의한다. 노자는 이 같은 직관을 '명(明)'이라 부른다. "명(命)으로 돌아감을 상(常)이라 하고, 상(常)을 앎을 명(明)이라고 한다", "소(小)를 앎을 명(明)이라 한다", "광(光)을 써서 명(明)으로 복귀한다"라고 한 것이 바로 그것이다. 직관의 빛에 비추어서 나온 것이 참된 형태인 것이다.

이처럼 상대 차별의 지식을 부정하는 노자는 당연한 결과로서 학문도 유해무익한 것으로 부정한다. "학(學)을 끊으면 근심이 사라진다", "성(聖)을 없애고 지(知)를 버리면 민(民)의 이익은 백 배 한다"라고 한 것이 그것이다.

욕망은 부자연한 것이다 — 족함을 아는 자는 부(富)하다

부자연한 것은 지식만이 아니다. 인간이 가진 욕망도 자연에 반하는 것이다. 왜냐하면 젖먹이나 농민을 보면 알 수 있듯이 자연의 상태에 가까운 인간일수록 욕망이 적고 반대로 문화생활을 하고 있는 인간일수록 많은 욕망을 가지고 있기 때문이다. 인간이 물(物)을 탐함은 그 물이 있는 것을 알고 있기 때문이다. 요컨대 욕망은 지식에 이끌려서 생긴다. 지식이야말로 욕망을 비대하게 만드는 장본인이다.

지식에 의한 욕망의 비대는 어떠한 결과를 초래하는가? "오색(五色)은 사람의 눈을 멀게 하고, 오음(五音)은 귀를 어둡게 하고, 오미(五味)는 사람의 입을 마비시키고, 말을 타고 수렵을 하며 즐기는 것은 사람의 마음을 미치게 하고, 진귀해서 얻기 어려운 재화는 사람의 행동을 사악하게 한다"는 것이다. 그러므로 인간은 무지와 동시에 무욕이어야 한다.

본디 노자는 욕망을 전체로서는 부자연하다고 했지만, 생명을 유지하기 위한 최소한의 욕망까지 부정할 의도는 없었던 것 같다. 그것은 노자가 이상으로 삼는 갓난아기나 농민이 완전히 무욕이 아닌 것에서도 알 수 있다. 따라서 노자가 말하는 무욕은 정확하게는 '과욕(寡欲)'이어야 할 것이다. 그 최소한의 욕망이 지식에 의해서 증대될 때, 비로소 부자연한 성격을 가지게 된다. "족함을 아는 자의 욕망이 지식에 의해서 증대될 때, 비로소 부자연한 성격을 가지게 된다", "족함을 아는 자는 풍족하다"(제33장)고 하는 것처럼 노자가 보통 '지족(知足)'을 말하는 것은 이 욕망의 최소한을 지키기 위해서였다.

선악의 피안 — 화광동진(和光同塵)

지식이나 욕망이 부자연한 것임과 마찬가지로 도덕도 부자연한 것이다. 도덕의 근본이 되는 것은 선과 악의 구별인데, 이 같은 가치판단도 이미 판단인 이상 지식과 똑같이, 하나인 것을 인위적으로 2분하는 부자연을 범하고 있다. 따라서 선악이라는 판별은 사물 그 자체의 모습에 반하는 것밖에 안 된다. "유(唯)와 가(呵)가 서로 차이나는 것이 얼마나 되겠는가? 선(善)과 악(惡)이 얼마나 차이가 나겠는가?" 윗사람에게 네라고 답하고 응이라고 답해서는 안 된다. 그러나 어떻게 답하여도 긍정에는 변함이 없는 것이 아닐까? 선(善)과 악(惡)의 차이는 상대적인 것이고, 사람들의 판단을 기준으로 해서 정하고 있음에 불과하다. 상대적인 것을 절대화하면 어떻게 될까? "세상 사람들은 누구나 미(美)는 언제나 미(美)로 아는데, 이것은 악(惡)일 뿐이다. 또 누구나 선(善)은 언제든지 선(善)으로 아나 이것은 모두 불선(不善)일 뿐이다"(제2장) 선 · 미도 이것을 절대화해서 고집하면 그대로 추악으로 전화한다.

그러면 선악미추의 차별 이전의 하나의 입장에 선다면 어떠한 태도가 나타날 것인가? “선(善)인 것도 나는 또한 이것을 선(善)이라 한다. 불선(不善)인 것도, 나는 또한 선(善)이라고 한다.”(제49장) 말하자면 모두를 선으로서 긍정하는 것이다. 왜냐하면 도는 선악의 피안에 있기 때문이다.

여기에서 유명한 ‘화광동진(和光同塵)’이란 말이 생긴다. “그 뾰족한 물건을 꺾어놓고, 어지러운 물건을 풀어놓고, 빛이 나는 물건을 조화시키고, 티끌 있는 물건 속에 같이 있다”(제4장). 곧 빛을 감추고 세속에 섞여 자기의 재능을 나타내지 않고 세속에 따른다. 그것은 단순히 처세의 편의적인 타협이 아니다. 자연의 도에 있어서는 모두가 동일한 것임을 깨닫고 있기 때문이다.

유약비하의 인생철학 — 젖먹이 · 여성 · 물

이처럼 무지무욕 · 무도덕을 인간의 자연 상태라 하면 여기에 가장 가까운 것은 갓난아기일 것이다. 노자는 “갓난아기로 돌아가자”고 강조한다. “덕이 후하게 있는 사람은 갓난아기에 비교할 수 있다.”(제55장) “자연의 기를 받아 몸을 부드럽게 하여 아기와 같을 수 있겠는가?”(제10장) “아직 철이 나지 아니하여 웃을 줄도 모르는 어린애와 같다.”(제20장) 등이 모두 그러한 예이다.

갓난아기는 인간의 자연 상태인데 거기에서 보여지는 것은 유약이라는 덕이다. 그것은 그대로 여성에게도 통한다. “수컷의 성질이 어떠한 것을 알고서 암컷을 지키고 있으면 반드시 수컷이 암컷에게로 되돌아오는 것을 볼 수 있다. 이것은 마치 큰 계곡이 가만 있어도 온 골짜기의 물이 저절로 모여드는 것과 같다. 사람도 이러한 계곡의 자연 법칙을 본따거나 도덕률로 삼으면 그에게는 영구불변의 덕이 떠나지 아니하여 천진난만한 어린 아이로 되돌아오게 된다.”(제28장) “그러나 나는 홀로 뭇사람과 다른 점이 있으니, 나는 나에게 밥을 주는 어머니인 자연을 귀중히 여긴다."(제20장) "이 세계에는 근원인 도가 있으니 그것을 모체라고 한다. 만일 모체를 파악하면 모체에서 생산된 아들 즉 만물을 알 수 있다. 아들인 만물을 알면 다시 그 모체인 도를 지킬 수 있어 일생토록 위태하지 않다."(제52장)

이처럼 여성의 원리를 천지의 근원에 두는 노자의 사상은, 그 근본에서 진한 농경민의 색채를 띠고 있음을 가늠하게 한다. 농민은 오곡의 풍요로운 결실을 여성의 생식력에 연결시켜, 여성을 신으로 하는 자가 많다. 이것은 사막이나 초원의 유목민의 신이 남성이고, 아버지로 불리는 경우가 많은 것과는 대조적이다. 다음의 문장은 바로 생식력, 그것의 숭배를 가리킨다고 해도 될 듯하다.

> 텅 빈 골짜기와 같이 끝이 없는 신의 모습은 불생불멸하므로 이것을 신비스러운 암컷(牝)이라고 한다. 신비로운 암컷의 생식기는 우주 만물의 근원이다. 신비스러운 암컷은 처음도 없고 끝도 없고 영원토록 존재하는 듯하다. 천지 만물이 이것을 근원으로 하여 연이어 생성하여도 도무지 마를 줄을 모른다.(제6장)

곡간(谷間)에 있는 신은 불사의 생명을 가진다. 이 신을 현묘하고 신비한 암컷이라 부른다. 이 여성의 음문이야말로 천지의 근원으로 불리는 것이다. 그로부터 나온 샘은 끝없이 계속하는 것처럼 보이며 몇 번씩 쉬지 않고 사용해도 그 힘을 상실하지 않는다. 이 노자의 발상은 아마도 농민의 생식기 숭배에서 형성된 것 같다. 유가가 남성적이고 도시형의 사상이라고 한다면, 이것은 여성적이고 농촌형의 사상이다.

노자의 사상이 농민적인 것은 그 유약주의와 합쳐져 물을 존중하는 것에서도 보인다.

> 선 가운데도 가장 좋은 선은 물과 같다. 물은 참으로 만물을 이롭게

하지만 높고 깨끗한 곳에 있으려고 다투지 않는다. 항상 사람들이 비천하고 더럽다고 싫어하는 곳에 스며든다. 그런 까닭에 물의 성질은 도와 비슷하다.(제8장)

천하에 물보다 약한 것은 없다…… 약한 것이 강한 것을 이기고 부드러운 것이 굳센 것을 이김은 천하가 모두 알아도 잘 행하는 자가 없다.(제78장)

이 여성과 물에 공통되는 유약함, 좋아서 낮은 지위에 처한다고 하는 성질은 농민에게도 그대로 나타난다. 농민은 도시에 있는 지배자의 명령대로 유순하게 복종하여 반항하는 자도 없다. 경시되고 비천해도 노함이 없이 다만 묵묵히 날마다 일할 뿐이다. 태고 자연의 생활을 영위하는 농촌에서 이상적인 사회를 보고자 한 노자는 동시에 그 인생철학에서도 농민의 처세와 태도를 높게 평가하는 것이다.

부드러움이 강함을 이긴다 — 부쟁(不爭)의 철학

그러나 노자가 유약과 비하의 철학을 역설하고, 여성과 물의 덕을 찬미하였다고 해도, 그것이 패자의 지위에서 감수해야 한다는 주장은 아니다. 도리어 약자야말로 참된 강자이고 "약(弱)이 강(强)을 이기고, 유(柔)가 강(剛)을 이긴다"(제78장)는 역설의 진리를 알고 있기 때문이었다.

저 물을 보아라. 물은 방원의 그릇에 따르는 것처럼 상대에 따라서 그 형태를 바꾼다. 이 정도로 유연하고 순종하는 것은 없다. 더욱 오래 지나면 바위도 관통하는 놀랄만한 힘을 감추고 있지 않은가? 여기에 반해서 강강(剛强)한 것은 강강(剛强)한 까닭에 궤약함을 가진다. 철을 예리하게 한 칼은 오랫동안 유지할 수 없다. 따라서 종국적인 승리를 거두는 것은 항상 약자이다. 또 낮게 몸을 두는 것은 항상 패자의 비참함을 생각하게 하지만, 실은 그렇지 않다.

강해(江海)가 보통 백곡(百谷)의 왕이 되는 까닭은, 강과 바다는 시냇물보다 가장 낮은 하류에 있어 냇물을 모으기 때문이다. 그러므로 백성을 통치하려면 반드시 언사를 낮추어야 한다. 백성들의 앞에 서려고 하면 반드시 자기의 몸을 후퇴시켜야 한다. 성인 정치가가 다스리는 곳에서는 백성들이 압력을 느끼지 않는다. 백성들의 앞에서도 장애물로 여기지 않는다. 이 때문에 천하 백성들이 다 그를 싫어하지 않고 즐거이 추대한다. 왜냐하면 그는 백성과 대립되어 싸우지 않는 것을 정치의 원리로 삼기 때문이다. 그러므로 이 세계에서 그와 견주어 싸울 사람이 없다.(제66장)

바다나 큰 강이 여러 냇물의 물을 모아서 거대함을 이루는 것은, 여러 냇물보다도 낮은 위치에 있기 때문이다. 사람들과 다투어 밀고 올라가 사람의 위에 서고자 하는 자는 천하의 왕자가 될 수 없다. 왜냐하면 민중은 이것을 두려워하고 싫어하기 때문이다. 단지 사람의 아래 위치에 있는 것, 사람보다도 뒤에 있는 자만이 천하(天下)의 왕이 될 수 있다.

이처럼 유약한 것 하위에 선 것이, 강한 상위에 있는 것을 이긴다고 하는 것인데, 이기는 형태는 강자가 약자를 이기는 것과는 다르다. 그것은 저항을 수반하지 않고 이기는 형태이므로, 다투지 않는 승리이다. 이 '부쟁(不爭)'이라는 것이 노자로서는 중요한 것이다. 왜냐하면 그것은 전쟁의 부정과 연결되어 있고, 전국시대의 화근을 뿌리뽑는 관건이기 때문이었다.

훌륭한 무사는 무력을 쓰지 않는다. 싸움을 잘하는 자는 성을 내지 않는다. 싸움에서 잘 이기는 자는 다투지 않는다. 사람을 잘 쓰는 자는 남의 부하가 된다. 이런 것을 남과 다투지 않는 도덕률이라 한다.(제68장)

대저 무기란 상서롭지 못한 연장이다. 사람을 해치므로 이것을 싫어하고 미워한다. 그러므로 도를 닦는 이는 이를 사용하지 않는다. 군자는 평상시 왼편을 윗자리로 하여 거처하고 전쟁시에는 오른편을 윗자리로 하여 거처한다. ……축하연 석상에서는 왼편을 윗자리로 하고 장례식 석상에서는 오른편을 윗자리로 한다. 이것은 옛날부터 내려오는 관습이다. 그러나 군대에서는 부장군이 왼편에 앉고 대장군은 오른편에 앉는다. 왜냐하면 전쟁이란 하나의 장례식장과 같기 때문에 사람을 많이 죽이기 위한 전쟁에서 이기더라도 기뻐하지 말고 이를 슬퍼해야 한다.(제31장)

그러므로 군사를 들어 서로 어울려 싸우는 데는 슬프게 생각하는 이가 승리를 한다.(제9장)

자연의 섭리에 대한 신뢰

다만 이 같은 부쟁(不爭)의 철학을 역설하는 것도 좋지만, 약육강식이 심한 전국시대에 그것을 억지로 통하게 하는 것은 불가능하지 않을까? 아무리 부드러움이 강한 것을 이긴다 해도 갓난아기나 여성과 같은 무저항인 상태로는 세상의 무서운 파도에 삼켜져 버리지 않을까? 그 같은 우려는 쓸모가 없다. 왜냐하면 인위를 버리고 무위가 되는 찰나, 자연이 가진 위대한 힘이 나타나기 때문이다.

천도(天道)는 다투지 않고도 잘 이기고, 말하지 않고도 잘 대답하고, 부르지 않아도 절로 오고, 잠자코 있어도 잘 섭리한다. 하늘의 법망은 넓고 넓어 성기어도 새지 않는다.(제73장)

천(天)의 도(道), 자연의 섭리는 다투지 않고도 승리를 하고 부르지 않아도 올바르게 응답을 하고 말을 하지 않아도 자연히 찾아오고 침묵 중에 면밀한 계획을 세운다. 천의 섭리의 망은 대강 일면으로는 넓고,

그 망의 눈금은 거칠어서 언뜻 어렵지 않게 빠져나갈 수 있을 것처럼 보이지만, 실은 한 마리의 물고기도 빠져나갈 수 없는 것이다.

노자에게는 신에 대한 신앙이라는 것이 없다. 묵자처럼 특수한 경우를 제외하고서, 전국의 제자백가 사이에서 천(天)은 그 인격성을 잃고 도나 이라 하는 로고스적인 존재가 되었다. 노자의 경우도 똑같다. 따라서 만능의 신에 의한 섭리라고 하는 사상은 없었다. 그러나 이것을 대신하는 것으로서, 천(天)의 도 즉 '자연의 섭리'가 있다.

이 자연의 섭리는, 인간의 의식적인 운명, 즉 인위가 작용하고 있을 때에는 나타나지 않는다. 인간이 그 인위를 버리고서 무위가 되었을 때, 이 자연의 위대한 작용이 나타난다는 것이다.

노자는 종종 "무위(無爲)이면서 하지 않음이 없다"고 한다. 그 경우 무위(無爲)의 주체는 인간이지만, '무불위(無不爲)'의 주체는 자연의 섭리이다. 인간이 그 '재량'을 그침과 동시에 무한한 기능을 가진 자연의 섭리가 나타나는 것이다. 인간은 이처럼 자연이 가진 만능의 위에 존재하는 것이므로 예컨대 무위무책(無爲無策)이면서도 조금의 불안을 가질 필요도 없는 것이다.

자연의 섭리에의 절대적인 신뢰, 이것은 노자만이 아니고, 도가 전체에서 보이는 공통의 사상이다. 그것은 도가적 자연주의가 성립하기 위한 필수의 전제조건이라고 할 수 있다.

정치적 현실에 대한 관심에서 철학에 대한 관심으로

이상 서술한 범위에서의 노자사상은 정치사상 내지 인생철학의 테두리를 벗어나지 못한 것이라고 할 수 있다. 그런데 노자는 이 범위를 부수고 나아가 철학 내지 형이상학의 영역으로 전진하고자 한다. 이것은 전국시대 제자백가의 사상으로서는 이례적일 뿐만 아니라, 중국 사상가로서는 극히 드문 예이다. 왜 노자는 형이상학의 세계에 발을 내딛었던 것일까?

첫째는 노자가 다른 제자백가처럼 국가경영의 고문으로서 제후 사이를 유세하지 않고, 현실의 정치 세계와 일정한 거리를 두었던 것이 원인이었다고 생각된다. 노자 자신은 지식인이자 문화인으로 살았지만, 필시 숨은 군자로서 생을 마쳤으리라 상상할 수 있다. 이 정치적 현실에서 한 발짝 물러섰던 것이 그의 사상에 철학적인 근거를 만들 여유를 주었던 것 같다.

둘째는 무위자연(無爲自然)의 사상이 철학적인 표현을 요구하였다는 점이다. 자연을 실현하기 위해서는 상식적인 사고라는 인위를 부정해야 했다. 자연히 노자의 말은 반어 내지 역설이 되었다. 이처럼 상식을 부정하는 역설은 이미 상식의 말로 말할 수 없고 상식을 벗어난 철학의 지혜를 필요로 했던 것 같다.

무의 철학 — 만유를 낳는 근원으로서의 무

노자의 근본 입장은 자연이라는 한마디 말에 있다. 그런데 현실의 인간은 부자연에 깊이 빠지고 있다. 이 부자연에서 벗어나 자연으로 돌아가기 위해서는 어떻게 하면 좋을까? 그것은 부자연의 근원인 인위를 철저하게 제거하는 수밖에 없다.

> 학문을 하면 지식이 나날이 늘어가고, 도학을 하면 지식이 나날이 줄어간다. 줄고 또 줄어서 무지의 경지에 도달하게 되면 하지 않아도 하지 않음이 없게 된다.(제48장)

학문을 닦는다는 것은, 매일 그 지식을 늘린다는 플러스의 방향을 취하는 것이지만, 자연의 도를 닦는다는 것은 이것과 역으로 지식을 비롯한 인위를 줄여간다는 마이너스의 방향을 취한다. 노자의 책에 무지무욕을 비롯해서, 무극(無極)·무명(無名)·무물(無物) 등 무가 계속해서 많이 나오는 것은 이 때문이다. "줄고 또 줄어서" 부정의 끝에 도달하면 그것은 무가 된다.

보통 '무'라고 하면 아무것도 없는 상태이고 그로부터는 어떠한 적극적인 움직임도 나오지 않는 것이라고 생각한다. 곧 무위이다. 그런데 노자는 '무위이무불위(無爲而無不爲)'라 하여 무위이면서 만능의 작용을 한다고 한다.

> 서른 폭 수레바퀴는 텅 빈 바퀴 구멍이 있어야 그 가운데 축을 넣을 수 있다. 그래야 수레가 수레구실을 할 수 있다. 진흙을 이기어 그릇을 만드는 데는 텅 빈 그릇 안이 있어야 그 속에 물건을 담을 수 있다. 그래야 그릇이 그릇 구실을 할 수 있다. 문과 창을 만들어 방을 들이는 데는 텅 빈 방안이 있어야 가구를 넣을 수 있다. 그래야 방이 방 구실을 할 수 있다. 그러므로 유(有)가 유(有)인 까닭은 무(無)가 쓰이게 되기 때문이다.(제11장)

이것이 소위 '무용(無用)의 용(用)'이다. 그러나 솔직히 말하면, 이 노자의 비유는 너무나 기교적이다. 그보다는 "회남자(淮南子)" 설림훈(說林訓)의 다음 비유가 적절하다.

> 조그만 새를 잡기 위해서는 새 그물을 확장한다. 조그만 새가 걸린 것을 보면 망 하나만이 중요한 역할을 한 것처럼 보인다. 그렇지만 처음부터 그물 눈금 하나만을 펼쳐 놓았다면 조그만 새는 걸리지 않는다. 중요한 역할을 못한 것처럼 보이는 무수한 그물눈이 무용(無用)의 용(用)을 수행하고 있는 것이다.

그러나 이 무용의 용에서 무는 유의 작용을 돕는 보조적인 역할을 하고 있을 뿐, 만능의 작용을 가졌다고 할 수는 없다. 실은 무에는 이보다도 훨씬 중요한 작용이 있는 것이다.

> 천하(天下)의 만물은 유(有)에서 생기고, 유(有)는 무(無)에서 생긴다. (제40장) 하늘과 땅 사이에는 공허하며, 마치 대장간에 있는 풀무와 같다. 그 속이 텅 비어도 끊임없이 움직이면 움직일수록 한없이 바람이 나온다.(제5장)

천하의 만물은 천지라는 유(有)에서 생긴다. 그러나 천지(天地)라는 유(有), 그것은 무(無)에서 생긴다. 그렇다면 무야말로 만물의 시작이고, 만물을 낳는 근원이다. 만약 무에서 유가 생기는 것을 의심하는 자가 있으면, 저 하늘과 땅 사이에 있는 무한한 공간을 보라. 하늘과 땅 사이는 무(無)인 것이, 마치 대장간에 있는 풀무가 공간에서 무한의 공기를 보내는 것처럼 무한의 만물을 낳지 않는가? 그렇게 보면 무가 만유를 낳는 위대한 힘의 원천인 것을 알 수 있다.

무임과 동시에 하나인 도

이처럼 만물의 근원인 도는, 그 내용이 무이다. 그런데 노자는 다른 한편으로 도를 '일(一)'로 파악한다.

> 태초에 하나의 기를 얻어 받은 물건이 있다. 하늘은 하나의 기를 받음으로써 청명하다. 땅은 하나의 기를 받음으로써 신령스럽다. 계곡은 하나의 기를 받음으로써 충실하다. 만물은 하나의 기를 받음으로써 생성한다. 군주는 하나의 기를 받음으로써 공정하다. 그것은 궁극에서 모두 하나이다.(제39장) 그러므로 도를 얻은 성인은 '일(一)' 즉, 도를 품고서 천하의 본보기가 된다.(제29장) 사람이 형체의 원형인 도에서 어찌 떠날 수 있겠는가?(제10장)

이 하나의 의미에 대해서는 여러 가지 견해가 있다. 이 하나의 내용을 알기 위해서는 다음의 한 구절이 중요한 의미를 갖는다.

우주의 근원인 도에서 하나의 기가 생기고, 하나의 기에서 음기와 양기가 생기고, 음기와 양기에서 화기가 생기어, 이 삼기의 화합운동으로 말미암아 만물이 생성된다.(제42장)

이것은 도에서 만물이 유출되는 과정을 서술한 것인데, 그때에 전국시대 말부터 유행한 음양설을 이용하고 있다. 음양이라 함은, 만물을 구성하는 원자라고도 할 수 있는 '기(氣)'의 두 가지 종류로, 음기와 양기가 있다. 따라서 '이(二)'는 음양의 이기(二氣)를 가리키며 '일(一)'은 이 이기로 분화하기 이전의 일기(一氣)를 가리키는 것이라고 볼 수 있다. 그리고 "도(道)는 일(一)을 낳는다"는 것에서, 일(一)은 도 자체가 아닌 도에서 파생된 것임을 알 수 있다. 뒤집어서 생각해보면 '일(一)을 얻는다', '일(一)을 포함한다'는 경우의 '일(一)'은, 이것을 '도(道)'로 바꾸어 말하는 경우도 흔하고, 또 '도(道)'라고 표현함이 더 적절한 것 같다. 왜 노자는 도를 흔히 '일(一)'이라고 바꾸어 말한 것일까? 노자가 여기에서 말하였던 것은 무(無)인 도가 미분화되어 뒤섞여 하나로 된 상태가 아니었을까? 분별의 지혜에 의해서 포착되는 것은 유뿐이고, 도는 그 사정거리 밖에 있다. 도가 무에서 만유의 세계로 유출되려고 할 때, 그 직전에 혼돈인 '일(一)'의 상태를 취하는 것이다. 그것은 전체적으로 하나이기 때문에 나눌 수 없고, 따라서 논리적인 사고의 대상이 될 수 없다. 이것을 포착하는 것은 체험적인 직관뿐이다. 노자의 도의 체험적인 직관의 한 예를 들어보자.

도의 신비적인 직관

어디에나 있는 도는 다만 어렴풋할 뿐이다. 있으면서도 끝없는 가운데 동작이 있고, 없으면서도 꼴이 있는 가운데 형상이 있다. 깊숙하고 아득한 가운데 에너지가 있고, 아득하고 깊숙한 가운데 진리가 있다. 예로부터 지금까지 도라는 이름은 언제나 있었고 만물의 근원이 되고 언제 만물이 생겼는지 그 내력을 알 수 있다. 나는 어떻게 그 내력을 아는가? 만물의 근원인 도를 체득하여 아는 것이다.(제21장)

이것이 노자에 의한 도의 체험적 직관이다. 무한한 도 가운데로 들어가면 마치 짙은 구름에 쌓인 것처럼 앞뒤도 알 수 없는 암흑의 혼돈을 본다는 생각이 들 것이다. 그러나 그 혼돈 중에는 신령한 무언가가 있고 부정하기 어려운 진실성과 확실성이 있는 것이다. 그것은 아마도 무한한 힘을 감춘 도의 형태임에 틀림없다.

이 같은 도의 직관을 신비적 체험이라고도 부를 수 있을 것이다. 그러나 이것은 노자가 밀교적이고 비의(秘儀)적인 신비주의의 신봉자였다는 뜻은 아니다.

* 신비주의라는 말은 오랜 역사를 거쳤을 뿐만 아니라, 오늘날에는 실로 잡다한 의미를 갖고 있다. 통속적인 용법으로는, 신비적이라는 것은 초능력이나 초자연(Occult)까지를 포함하지만, 철학적인 의미에서 신비주의라 하면, 논리의 매개를 거치지 않고, 직접 대상을 파악하고자 하는 입장을 가리킨다.

따라서 그것은 초능력이나 종교적인 비의(秘儀)의 실천을 필요로 하는 것은 아니다. 극단적으로 말하면, 물을 H와 O로 분해하는 대신에, '물은 아름답다'고 느끼면, 그것은 또 신비적 체험의 하나라고 할 수 있다.

동양 무(無)철학의 시조(始祖)

다시 고찰해보면, 노자는 소국빈민의 이상향의 실현에서 출발하여 자연주의를 정치나 인생의 문제로 확대하여, 최후에는 무의 형이상학에까지 도달하였다.

만약 노자가 무위자연의 정치를 역설하는 것에 그쳤다고 한다면, 이것은 유교에 대립하는 정치사상의 하나에 불과했을 것이다. 그러나 동시에 노자는, 현실을 초월한 영원 세계에 대한 동경이 있었다. 이 점이 노자를 중국 최초의 철학자로 만든 것이다.

그뿐만 아니고 노자는 중국 최초로 '무(無)'를 발견한 철학자라는 명예를 누리게 되었다. 보통 흔히 서양의 철학이 '유(有)의 철학'인 것에 대해서, 동양의 그것은 '무(無)의 철학'의 성격이 강하였다고 일컬어진다. 불교의 공(空) 사상이 인도를 대표하는 것이라고 하면 중국을 대표하는 것은 노장의 무 사상이다. 그 선구자로서 노자의 비중은 크다.

다만 동시에 선구자에게 항상 따르게 마련인 역사적인 제약에서 완전히 벗어날 수는 없었다. 참으로 노자는 무의 세계에 발을 한 걸음 내디딘 것으로, 그 최고의 경지에 도달할 수는 없었다. 그 이유의 하나는 그가 남긴 "노자"가 상징 같은 경구의 단편적 집합이기 때문이다. 여기에서 체계적인 철학을 구성하는 것은 불가능하지 않지만 극히 곤란하다. 이유의 두 번째는, 노자가 최후까지 정치에 관심을 가지고 있었다고 생각되는 점이다. 그 정치에의 강한 관심이 형이상학적 세계로의 비상을 방해하는 결과를 낳았던 것이다.

무철학의 참된 완성은 다음의 장자를 기다려야 했다.

8. 장자

장자의 전기

도가에 속한 사람들의 전기는 분명하지 않은 것이 많다. 이것은 그들이 무명인 채로 끝나는 것을 염원하였기 때문일 것이다. 장자의 전기도 노자 정도로 심하지는 않지만, 역시 불명확한 점이 많다. 그 전기로서 가장 오래된 "사기" 장자전의 요지를 들어보자.

장자는 몽(蒙) 사람이다. 이름을 주(周)라 한다. 몽(蒙)의 땅에서 칠원(漆園)의 리(吏)를 지낸 적이 있다. 양(梁)의 혜왕(惠王)이나 제(齊)의 선왕(宣王)과 동시대인이었다. 그 학문은 넓고, 그 근본은 노자와 같았다. 그 저서는 10여만 자에 이르는데, 거의 우언(寓言)이 많다. 교묘한 문장으로 유묵(儒墨)을 공격하는데, 당시 사람은 그 창끝과 같은 논리를 피할 수 없었다. 그러나 그 말은 너무나도 분방해서 자기 마음대로였으므로, 당시 왕공에서 그의 인물됨을 인정하는 자는 없었다. 단 한 사람, 초(楚)의 위왕(威王)은 장자(莊子)를 존경해 사자(使者)를 보내어 그를 재상으로 맞이하려 하지만, 그는 '제사지낼 때의 소처럼 희생이 되는 것은 거절한다. 나는 더러운 중에 파묻혀 지내는 쪽이 훨씬 성미에 맞는다'라며 거절하였다.

이 몽이라는 땅은 현재 하남성의 상구현(商邱縣) 동북에 해당하고 전국시대에는 송나라의 영토 가운데 있었다. 장자는 거기서 관리하는 공무원을 지냈다고 하는데 공무원(관리)이라고 해도 지위가 낮아 숨은 군자로서 세상을 지내기 위한 방편이었다고 생각된다. 그 생존시대는 양나라 혜왕이나 제나라의 선왕과 동시대 사람이었다고 하는데 이 두 왕의 재위 연대는 기원전 371년부터 기원전 324년에 해당하고 있다. 유가의 맹자는 이 두 왕을 면회하였으므로 장자는 맹자와 동시대인이었던 것 같다.

그보다도 확실한 것은 장자가 명가(名家)의 혜시(惠施)와 친우 관계에 있었다는 점이다. 혜시의 이름은 "장자"에도 이따금 보이며 양자의 문답도 수다하게 기록되어 있다. 그 중에는 장자의 아내가 죽었을 때 혜시가 조문하기 위해 방문했다는 말이나, 장자가 혜시의 묘를 찾아왔다는 말도 있어 양자 사이에는 친밀한 관계가 있었던 것을 알 수 있게 한다. 이 혜시는 송나라 출신이고 장자와는 같은 나라 사람인데, 후에 양나라의 양왕이나 혜왕 아래에서 재상의 지위에 오른다. 생존기간은 대충 기원전 360년경에서 기원전 310년경까지라고 추정되고 있으므로 장자의 생존년대도 거의 이와 같으리라 봄이 좋을 것 같다.

장자 책의 구성 — 내편과 외편, 잡편

장자의 사상을 이해하는 데 중요한 것은 현재 전해지는 "장자"의 구성이다. "장자" 33편은 크게 나누어 내편, 외편, 잡편의 3부로 구성되어 있는데, 이 중에는 장자 자필 부분 내지는 거기에 가까운 것과, 장자의 후학이 이어 쓴 부분 등이 혼입되어 있다. 장자 본래의 사상과 후학의 사람들이 이어 쓴 부분과는 그 내용에 커다란 변화가 있고 때로는 모순되는 것조차 보인다. 이것을 구별하지 않으면, 장자 사상의 이해에 혼란이 올 위험이 있다.

대강 "장자"의 내편은 장자 본래의 사상에 충실한 부분이고, 외편, 잡편은 후학이 쓴 책을 이은 부분이라는 견해가 유력하고 학계의 대세도 이 견해로 기울어졌다고 해도 좋다. 따라서 여기서는 장자의 사상을 내편과 외편, 잡편의 둘로 나누어서 서술하기로 한다.

* "장자"가 현재의 구성으로 자리잡은 것은 3세기 말 서진(西晉)의 곽상(郭象)으로부터이다. 곽상의 "장자주"는 현존하는 주석서로서는 가장 오래된 것으로서, 그는 현재의 꼴인 내편 · 외편 · 잡편의 세 부분으로 분류하는 것을 확정하였다. 다만 세 부분으로의 분류는 이전에도 있었던 것인데, 부분적으로 손을 본 것으로, 특히 내편은 곽상 이전부터 이미 확정되어 있었다고 보이는 점도 있다. 내편 전체를 장자 본래의 사상으로 하는 것에 관해서는 오늘날 여전히 이론(異論)이 없는 것은 아니지만 "장자" 안에서 가장 뛰어난 내용이라는 점에는 의문의 여지가 없을 것이다. 외편 · 잡편을 후학의 작품으로 보는 근거는 그 내용의 차원이 낮기 때문이다. 그 유력한 증거로는 전국시대 말부터 한 초에 걸친 장자 이해에 관한 이론에서 내편의 만물제동의 사상은 잊혀지고 오로지 외편 · 잡편에 있는 자연의 성을 강조하는 방향만이 강조되었다는 사실이다. 이것은 외편 · 잡편이 전국시대 말에서 한 초라는 비

교적 새로운 시대의 변화를 배경으로 쓰였다는 것을 나타내는 것이다.

가. 장자 내편의 중심 사상

만물제동(萬物齊同)의 설

장자의 본래 사상에 가깝다고 생각되는 내편은, 다시 7편으로 분류되는데, 그 중에서도 특히 중요한 제물론(齊物論)편의 사상을 중심으로 보자.

장자는 노자와 마찬가지로 무위자연의 도를 근본으로 하고 있다. 그러나 무엇을 도라 하고 무엇을 자연으로 할 것인가 하는 문제에서는 양자 사이에 매우 큰 차이가 있다.

장자가 우선 최초로 취급한 것은, 있는 그대로의 진리를 어떻게 포착할 수 있는가 하는 인식론의 문제였다. 상식에 의한 진리의 포착이 사물을 이분하는 인위에 의한 것임은 이미 노자의 '지식의 부정'에서 서술하였다. 분별이라는 인위에 의하는 한, 있는 그대로의 진리는 파괴되고 빠뜨려지지 않을 수 없다.

이 점을 장자는 더욱 깊이 추구하여 간다. 상식으로는 하나의 공간을 여기와 저기, 앞과 뒤, 좌와 우라 하는 것처럼 이분한다. 그리고 여기와 저기라는 장소가 실재한다고 믿고 있다. 그러나 과연 그런 것일까? 여기라는 것은 나라는 인간이 현재 있는 장소를 가리키며, 저기는 내가 없는 장소를 가리키고 있다. 만약 내가 지금 있는 장소에서 이동하면, 지금까지 여기였던 것은 저기가 되고, 저기였던 것이 여기가 되어서 역전해버린다. 요컨대 피차라는 구별은 나의 신체에 대한 것일 뿐, 상대적인 개념에 지나지 않는다. 만약 인간이 신체를 벗어난 절대적 공간을 생각한다면 거기에는 피차는 물론 전후좌우도 없다. 단지 하나의 폭이 있을 뿐이다.

똑같은 것을 시비나 선악이라는 가치 구분에 대해서도 말할 수 있다. 인간은 노출되는 것을 싫어해서 가옥에 거처하지만 지렁이는 진흙 중에 사는 것을 좋아한다. 인간은 높은 곳을 두려워하지만, 원숭이는 높은 나무 위에 거처하는 것을 좋아한다. 그렇게 보면 시도 비도, 혹은 선도 악도 자기에 대한 것일 뿐, 상대적인 것에 지나지 않는 것이다.

가장 알기 쉬운 것은 미와 추의 차별이다. 모장(毛嬙)이나 여희(麗姬)는 절세미인으로 유명하지만 이 두 사람의 미녀가 뜰에 서 있으면 연못의 물고기는 그 자태를 두려워해서 깊이 숨고, 나무에서 노는 새는 놀라 날아가고, 사슴의 무리는 놀라서 도망하여 갈팡질팡할 것이다. 그렇게 보면 미인이라고 하는 것은 인간에 대한 것일 뿐, 인간 이외의 것에는 미로서 통용될 수 없음을 알 수 있다.

이같이 생각하면 상식의 세계에 존재하는 모든 상대차별은, 만약 인간이라는 국한된 입장을 벗어나 인간 이외의 혹은 인간 이상의 입장에 서면, 한꺼번에 소실해버릴 것이 틀림없다. 뒤에 남는 세계는 이원의 대립이 아니므로 하나이고 차별이 없으므로 모두 똑같다. 이것이 바로 '만물제동(萬物齊同)'의 설이다.

이 만물제동에 도달하기 위해서는 사물을 둘로 나누어서 차별하는 '인위(人爲)'를 없앨 것, 요컨대 '무위(無爲)'가 필요하다. 거기에 인위를 가하지 않고 있는 그대로의 '자연'의 진리가 나타난다. 따라서 만물제동의 경지라 함은 무위자연의 세계의 별명에 지나지 않는다.

무에서 무한대로 — 유무 대립의 부정

이 만물제동의 입장에서 보면 상식의 세계에 있는 상대차별의 형태는 모두 사라진다.

그런데 여기서 문제가 되는 것이 유와 무의 대립이다. 노자는 "천하의 만물은 유에서 생기고 유는 무에서 생긴다"라 하고 만유의 근원에 무를 두지만 거기에는 유와 무를 구별하는 의식이 여전히 남아 있다.

노자는 “무에서 유가 생긴다”고 하였다. 요컨대 만유의 처음은 무라는 것이다. 그러나 이것은 잘못된 것이다. ‘시(始)’라는 것은 무한으로 거슬러 올라가야 하므로 노자가 말하는 ‘시(始)’는 아직 없었던 ‘시(始)’가 있어야 하고 더욱 그 ‘시(始)’는 또 아직 없었던 ‘시(始)’가 있어야 한다. 이처럼 ‘시(始)’라는 것은 무한의 저쪽(彼方)으로 후퇴해가야 한다.

마찬가지로 만약 만유의 처음에 무를 둔다면 그 무에 선행하는 “아직 무가 없었던 처음”을 생각해야 한다. 또 거기에 계속해서 아직 없었던 처음이 있어야 한다. 요컨대 처음으로 되는 무는 무한히 후퇴해가는 것이 된다.

그렇다면 노자처럼 고정된 무를 만유의 처음으로 두는 것은 잘못임을 알 수 있다. 그러면 만유의 처음이 되는 것은 무엇일까? 그것은 ‘무(無)’가 아니고, ‘무한(無限)’이어야 한다.

그러면 ‘고정된 무(無)’와 ‘무한(無限)’의 차이는 어디에 있을까? 고정된 무는 유를 배제하는 무이다. 따라서 유와는 적대관계에 있는 무이다. 즉, 상대차별의 위에 성립하는 무이다. 따라서 만물제동의 입장에서는 당연히 배제되는 차별의 무이다.

이것에 대해서 무한은 유를 배제하는 것이 아니다. 유를 한없이 품는 것이야말로 무한이라고 부르는 것이므로, 유를 배제하는 것이 아니고 포용하는 것이다. 무한에는 상대차별이라고 하는 것이 완전히 없다. 따라서 무한은 만물제동 그 자체이다.

모두를 동등하다고 하여 만물에 차별이 있음을 인정하지 않는 만물제동의 입장이라는 것은, 실은 이 무한의 위에 있는 것이다. 만물제동의 경지는, 모든 것을 무차별로 포용하는, 무한자의 경지를 달리 표현한 것이라고 할 수 있다.

여기서 서술된 것은 "장자"의 제물론편 본문에 나온 말을 조금 섞은 것이다. 여기서 보여진 장자의 논법에는 논리학파인 명가의 영향이 나타나고 있어서 그 영향이 있었다고 생각된다. 아마 그의 친구인 혜시 등을 통하여 영향을 받았을 것이다. 다만 명가의 논리는 보통 논쟁이나 유세에 빠져서 불모의 논의로 되었던 것이 많았지만, 장자는 그것을 유효하게 이용하였던 것이다.

무한자는 거울과 같다.

이처럼 무한은 무가 아니다. 왜냐하면 그것은 무한의 유를 그 속에 포용하기 때문이다. 그러나 또 무한은 유도 아니다. 왜냐하면 유가 항상 유한인 것에 반해서, 무한은 문자 그대로 한이 없기 때문이다. 따라서 무한은 유무의 대립을 벗어난 차원에 있는 것이고 유무 양자를 포용하는 것이다.

이 같은 무한의 성질을 장자는 거울에 비교해서 설명한다.

> 무한하다는 것은 완전히 일체가 되어 형체없는 세계를 떠돈다. 천(天)에서 주어진 것을 그대로 받아들이고 그 이상의 것을 받아들이려고 하지 않는다. 오로지 허심(虛心)으로 일관함이다.

> 최고의 인간의 마음은 어디까지나 거울과 같다. 거울은 가는 자는 가는 대로 오는 자는 오는 대로 받아들인다. 물건의 형체에 따라 그 양을 주지만 붙들지도 않으니 만물에 따르면서도 그 본질은 상하지 않는다.(應帝王篇)

거울의 표면은 무색투명하고, 그런 의미에서 허(虛)이고 무(無)이다. 그러나 스스로가 허무인 것이야말로, 만물을 비출 수 있는 것이다. 만약 이것이 사진의 필름처럼 유라고 한다면, 한 사물의 형체를 담을 수 있지만, 그 대신 다른 사물을 배제하게 된다.

무한자는 이 거울과 같다. 무한자는 언뜻 보면 허무처럼 보인다. 그러나 이 허무는 유를 배제하는 것이 아니다. 오는 자는 모두 받아들이는 공간이다. 그러나 그것은 한 사물에 집착하는 것이 아니다. 가는 자는 쫓아가지 않는 것이다. 이 점만으로 보면 무한자는 냉담하고 비정하기조차 하다. 그러나 이 냉담과 비정함이야말로 만물을 받아들이기 위한 불가결한 조건인 것이다. 장자는 보통 허심이라고도 하고, 허무염담(虛無恬淡)이라고도 한다. 꽉 찬 포대는 이미 새로운 물(物)을 받아들일 수 없다. 마음을 허하게 함은, 새로운 물을 받아들이기 위해 공간을 만드는 것이다. 그것은 비정에 가까운 것처럼 보여도 실은 무한자에 가까운 것이다.

만물제동 세계의 체험 — 하늘을 나는 대붕(大鵬)

이처럼 무한자가 되고, 모두를 무차별로 받아들이는 만물제동의 경지라는 것은, 매우 비현실적인 몽상에 지나지 않는 것은 아닐까? 그러나 일정한 조건이 모두 정비되면 그 경지의 일단을 체험하는 것은 반드시 불가능한 것만은 아니다.

우주선을 탔던 미국의 군인은 푸르고 빛나는 지구를 바라보며 여러 가지 감상을 표현했었다. 만약 동양인이었다면, 어떤 감개를 나타냈을까? 장자의 시대에는 물론 우주선이 없었기 때문에 대신에 대붕이라는 거대한 새를 구만리의 상공으로 날게 하였다. 그 눈에 비춰진 세상의 모양은 어떠했을까?

> 저 봄철의 흰 안개와 먼지구름의 움직임과 서로 숨을 쉬고 있는 생물을 내려다본다. 하늘의 푸른빛이 참된 빛깔인지, 혹은 끝없이 멀어서인지 의아하게 생각하고, 땅 위에 보이는 것도 똑같이 보았다.(逍遙遊篇)

무한한 높이에 도달한 대붕의 눈에는 지상의 인간의 기쁨이나 슬픔, 더욱 전쟁이나 평화라는 것조차, 모두 그 대립의 형태를 소실하고 청색 속에 묻혀버리고 만다. 바로 만물제동의 경지가 거기에 있다. 그러나 이 같은 특수한 조건이 아니더라도, 여기에 가까운 체험을 일상에서 가질 수 있다. 그 옛날 서로 증오하던 사람도 긴 시간을 거친 뒤에 만나면 그 증오가 변화하였음을 느낄 수 있을 것이다. 그때 인간은, 순간이라도 만물제동의 경지에 이른 것이다.

필연의 운명의 긍정

이처럼 만물제동의 설은, 모든 대립과 차별을 벗어나 일체를 그대로 포용해, 이것을 긍정하는 무한자라고 주장하는 것이다.

만물(萬物)이 모두 그러하니, 이것으로써 서로 보존한다.(齊物論篇)
만물(萬物)과 더불어 봄이 된다.(德充符篇)

모두를 있는 그대로 승인하여 따뜻이 인정하는 마음을 품고, 만물과 봄처럼 따뜻한 마음으로 접하는 것이 만물제동의 경지이다.

그러나 만물이라 하는 말은 매우 인간에게 소원한 느낌이 든다. 만약 만물을 '인생의 모두'라는 말로 옮겨놓으면 훨씬 친근감이 강해질 것이다. 만물제동이라 함은 인생의 모든 것을 그대로 인정하여, 주어진 운명을 그대로 시인하는 태도이다.

인생은 여러 가지 대립과 모순이 많다. 행복과 불행, 부와 빈, 명성과 오욕, 장수와 단명, 그리고 수재로 태어났는지 둔재로 태어났는지, 혹은 미인으로 태어났는지 그렇지 않은지 등 수를 헤아릴 수 없다. 이러한 것들은 인간의 힘에 의해서 어느 정도까지 변하게 할 수도 있지만 대부분은 인력을 벗어난 것이다. 그 중에서도 죽음의 필연은, 이것을 피할 수 있는 어떠한 수단도 없다.

이러한 인력을 벗어난 필연은 보통 운명이라고 부른다. 따라서 만물제동의 입장은, 이것을 인생에 밀착시킬 때, "인간의 운명을 있는 그대로 긍정하는 입장이다"라고 바꾸어 말해도 된다.

운명은 인력을 벗어난 필연의 것이다. 필연이란 말의 정의에도 여러 가지가 있지만 그 하나는 '자기 이외의 이질된 것의 개입을 허락하지 않고, 자기의 동질성을 보존하는 것'이다. 그 경우, 필연과는 이질적인 것으로 인위를 들 수 있다. 필연이 인위의 개입을 허락하지 않는 것은, 인위가 필연적으로 이질적인 것이기 때문이다. 자연은 타연의 반대어이고, 타연은 인위이므로, 자연은 인위를 타자로서 배제한다.

그렇다고 한다면 자연과 필연은, 인위를 배제한다는 점에서 일치하는 것이므로 양자는 중복되는 개념이다. 따라서 노장의 '무위자연'이라고 하는 것은 '인위의 재량에 맡기던 것을, 필연의 운명대로 따른다'라고 바꾸어 말해도 좋은 것임을 알 수 있다. 그리고 그 점이 바로 또 '만물제동'의 경지이기도 하다.

> 인력으로 어떻게 할 수 없다고 느낄 때, 운명대로 따르는 것이야말로, 지상의 덕이라고 할 수 있다.(人間世篇)
> 성인은 무엇이라도 잃는 것을 두려워하지 않는 경지, 일체를 그대로 받아들이는 경지에 있고, 모두를 그대로 긍정하는 것이다. 청춘을 좋다고 하고, 노년을 좋다고 하고, 인생의 시초를 좋다고 하고, 인생의 끝을 좋다고 한다.(大宗師篇)

삶과 죽음을 같이 봄 — 죽음의 세계를 찬미

그런데 인간에게 부여된 운명 중에서 죽음만큼 강력하고 무자비한 것은 없다. 어떤 방법으로든 운명을 정복할 수 있다고 장담하는 인간이라 하더라도 죽음의 운명 앞에 서게 될 때 자기의 무력을 깨달을 수밖에 없다. 죽음은 인생의 일대 사건이다. 모든 종교의 출발점은 죽음의 문제라고 해도 좋을 정도로 그것이 가진 의미는 중대하다.

운명의 긍정을 역설한 장자가 죽음에 대해서 가장 많은 말을 한 것은 당연하다. 여기에서는 만물제동의 원칙론에만 그칠 것이 아니라, 여러 가지 각도에서 죽음의 문제에 접근해보도록 하자.

> 삶이란 즐거운 미혹이 아님을 어찌 단정하겠는가? 또 죽음을 싫어하는 것이, 어려서 고향을 떠난 자가 고향에 돌아감을 잊고 있는 것과 같지 않다고 누가 단정하겠는가?(齊物論篇)
> 여희(麗姬)는 본래 애(艾)라는 지방의 국경을 지키는 관리의 딸이었다. 처음 진(晋)으로 시집가게 되었을 때는 얼마나 울었는지 옷깃이 젖을 지경이었으나 막상 궁중에 도착하여 왕과 가구와 침대를 같이 쓰고 산해진미를 먹기에 이르러서는 이런 줄도 모르고 처음에 울었던 일을 뉘우쳤다고 한다. 이와 마찬가지로 죽은 사람도 막상 죽어보니까 의외로 즐거워서 죽기 전에 왜 그때는 그렇게나 살기를 바랬던가 하고 후회하지 않는다고 누가 말할 수 있겠는가?(齊物論篇)

죽음의 세계에 있는 즐거움을 역설한 것은 내편보다도 물론 외편에 많다. 그 예를 몇 가지만 들어보자.

> 장자가 초나라에 갔을 때, 길가에서 앙상한 해골을 보았다. 장자는 해골을 끌어당겨 베고 누워 잠이 들어버렸다. 밤중에 해골이 꿈속에 나타나 말했다. '죽음의 세계에서는 군왕이 있는 것도 아니고 아래로 신하가 있는 것도 아니다. 또 사시의 변화가 있는 것도 아니다. 다만 유연히 천지와 함께 세월을 보내는 것뿐이다. 왕의 즐거움이라 해도 이에 더할 수는 없다.' 장자는 그 말이 곧이들리지 않았으므로 다시 물었다. '내가 목숨을 주관하는 사명(司命)에게 부탁하여 그대의 육신을 부활케 하고, 그대의 뼈와 살과 피부를 예전처럼 해서 그대의 부모 처자와 고향의 친지들 사이로 보내주겠다면, 당신은 그러기를 바라겠는가?' 해골은 심히 눈썹을 찡그리면서 말했다. '내가 어찌 군왕 같은 즐

거움을 버리고 다시 인간의 고생을 반복하겠는가? 그런 말은 하지도 말라'고 답하였다.(至樂篇)

어느 날 장자의 아내가 죽었다. 친구 혜시가 조문을 갔다. 그랬더니 장자는 두 다리를 뻗고 앉아 질장구를 두들기면서 노래를 하고 있었다. 혜시는 기가 막혀서 물었다. '부부가 되어서 같이 살았고 자식을 길렀으며 당신을 위해 늙지 않았는가? 그런 부인이 돌아갔다고 곡하지 않는 것은 또 모르겠거니와 질장구를 치면서 노래까지 한다는 것은 심한 일이 아닌가?' 장자는 대답하였다. '그렇지 않네. 처음 아내가 죽었을 때는 나라고 해서 어찌 슬픈 느낌이 들지 않았겠는가? 그러나 아내의 근원을 캐어 보았더니 원래는 생명도 없었음을 알았네. 생명이 없었을 뿐 아니라, 원래는 육체도 없었음이 확실해. 아니 단순히 육체가 없었을 뿐 아니라 육체를 형성하는 음양의 두 기운조차 없었던 것이야. 모든 것이 혼돈된 속에 뒤섞여 있는 중에서 변화가 일어나 기(氣)가 생겼고, 그 기(氣)가 변화하여 형체를 이루었고 다시 이 형체가 변화하여 생명이 생긴 것이지. 그런데 지금은 다시 한번 변화가 되풀이되어 죽음으로 돌아간 것뿐이지. 이것은 춘하추동의 사시가 순환하는 것이나 마찬가지야. 지금 내 아내는 천지라는 거대한 방 안에서 편히 잠자려는 참인데, 내가 시끄럽게 곡을 한다는 것은 아무래도 너무나 천명(天命)을 모르는 소행처럼 생각되네. 그래서 곡을 그만둔 것이네.'(至樂篇)

이처럼 장자는 죽음을 찬미해 마지않았기 때문에 육조(六朝) 시대의 사람 중에는 "장자는 삶을 싫어하고 죽음을 좋아한 자이고, 죽음의 철학자이다"라는 견해를 가진 자가 있었다. 이것에 대해서 진나라의 곽상은 "그것은 만물제동의 사상에 의한다. 생사를 같이 한다는 것에서 삶에 있어서는 삶이 편안하고, 죽음에 있어서는 죽음이 편안한 것이다. 이것이 장자의 본뜻이었다"(至樂篇注)라고 하였다. 장자는 죽음을 시인함과 동시에 삶도 시인했던 것이고, "생사를 같은 것으로 본다"는 것이 장자의 본뜻이었다.

중국 민족이 갖고 있는 운명관의 철학적 기초

이처럼 장자는 그 만물제동의 사상을 통해서 인간의 운명 모두를 긍정하는 입장에 도달하였다. 그것은 한마디로 운명수순(運命隨順)의 사상이었다. 물론 이것은 장자 개인의 체험과 사색에서 생긴 것이지만, 그 배경에는 중국 민족 특유의 강한 운명주의가 있다.

중국은 오랜 문화와 역사를 가진 국가인데, 그것은 메소포타미아 · 이집트 · 인도 등의 고대 문명제국과는 다른 성격을 가지고 있다. 이들 고대 문명제국은 태양과 물의 도움을 받는 지역에 있었다. 그 지역에 일찍 문화가 생긴 것은 소위 온실적인 조건을 갖추고 있었기 때문이다. 그런데 고대의 중국 문명을 길러낸 황하유역은 위도가 높기 때문에 겨울철은 춥고 길었다. 더욱 우량은 적고 반건조지대에 속하며 황하는 유례없는 난폭한 강이었다. 그것이 가져다주는 도움은 홍수의 커다란 피해에는 미치지 않는다. 가뭄과 홍수는 중국 농업에 숙명적 존재였다.

그러나 그것은 문명이 지속되는 것에 관계된다. 메소포타미아나 이집트의 문명이 앞서 개화했으면서도 곧 그 생명을 끝마쳐야 했던 데는 여러 가지 역사적 이유가 있었지만, 근본적으로 온실문명이라는 성격이 있었기 때문이다. 단지 중국만이 고대 문명국이면서 그 문화의 수준을 지속시키고 현재에도 초강대국에 들어가는 유일한 예외의 나라이다.

그 비밀은 어디에 있을까? 자연의 악조건은 중국의 농민을 단련시켰다. 더욱 그것은 '자연과 싸운다'는 적극적이고 강한 정신을 버리게 하고, '자연에 따른다'는 소극적인 복종의 정신을 기른 것이다. 근대적 사고를 가진 사람들은 유약보다도 강한 정신을 높이 평가한다. 그러나 강한 것은 강한 까닭에 약함을 가진 것을 잊는 것은 아닐까? 강함은 일과성(一過性)이고, 유약은 지속성을 갖는다. 여기에서도 '유(柔)가 보통 강(剛)을 이긴다'고 하는 노자의 가르침을 생각해야 할 것이다.

자연에 따르는 생활이 중국의 농민에게 운명에 따른다는 사상을 가르쳤다. 그것은 농민만이 아니고 중국 민족의 사상으로 성장하였다. 중국어에서 '몰법자(沒法子)'라는 말이 독특한 여운을 띠는 것은 잘 알려져 있다. 천명대로 태어나 주어진 운명에 따른다는 인종(忍從)의 사상은 후퇴가 아닌, 내일로 전진하는 데 원동력이 되었던 것이다. 도가의 반대학파인 유가에서도 "인사(人事)를 다하고서 천명(天命)을 기다린다"라고 한다. 인사의 한계에 주어진 천명에 안주하는 것이 맹자의 입명안심(立命安心)의 도였다. 여기에도 운명수순의 사상을 볼 수 있다.

이런 의미에서 장자(莊子)의 만물제동, 운명수순의 설은 중국 민족이 가진 운명관에 철학적인 기초를 마련해준 것이라고도 할 수 있다.

나. 장자 외편 · 잡편의 사상

"장자" 내편이 장자 자신의 사상에 충실한 것이라고 보이는 것에 비해, 외편 · 잡편은 그 사상의 후계자들의 글로 이뤄진 문장을 많이 포함한 것으로 보인다. 이 중에는 내편의 사상을 충실히 발전시킨 것도 보이지만, 다른 방향으로 전개시킨 것 또한 적지 않다. 그 중에는 장자보다 노자에 가까운 것, 혹은 유가나 법가에 접근한 것 등 여러 가지 경향을 띠는 것들이 들어 있다. 그럼, 그 중에서도 특징적인 것을 뽑아보자.

인간 내부에 존재하는 자연 — 다섯 가지의 해석 방향

내편 최후의 도달점은 운명대로 살자고 하는 것이다. 운명은 인간의 능력 밖에 있는 필연이고 자연이다. 따라서 내편의 주장은 '인간의 능력 밖에 있는 자연'에 따른다는 것이라 해도 좋다.

그런데 외편 · 잡편 중에는 일변해서 '인간 내부에 있는 자연'을 중시하는 것이 나타났다. 그런데 내부에 있는 자연이란 무엇인가? 그것은 인간의 천성이었다. 말하자면 인간의 자연적 본성대로 살아가야 한다는 것이다.

이 때문에 외편 · 잡편의 '자연으로 돌아간다'는 것은 '인간의 본성으로 돌아간다'는 것을 의미한다. '성(性)으로 돌아간다', '그 처음으로 돌아간다', '그 성정(性情)으로 돌아가, 그 원초로 되돌린다'(繕性篇), '그대의 성정(性情)으로 돌아가라'(庚桑楚篇), '명(命)에 돌아간다'(則天篇), '돌아가 그대의 천(天)에 따라라'(盜跖篇) 등의 표현이 많은 것은 그 때문이다. 이것들 중에 '복명(復命)'만은 "노자"에 보이지만, 기타의 복초(復初) · 반성(反性) · 반정성(反情性) 등의 말은 여기에서 비로소 보이는 것이다.

그러나 한마디로 자연의 본성으로 돌아간다 해도 구체적으로 무엇이 본성인가 하는 문제에 이르면, 논자 중에서도 견해가 여러 가지로 나누어진다. 여러 가지 견해 중에서 주요한 것을 다섯 개 방향으로 나눠보자.

(1) 성(性)을 허무로 보는 것 — 유(有)의 배제

우선 제일 먼저 취급해야 될 것은, 인간의 본성의 내용을 허무라고 보는 것이다. 이 견해에서 주장하는 것은, 감각의 대상이 되는 오색, 오미, 오성이나 희로애락의 감정의 대상이 되는 부귀나 명예, 인위의 지혜를 넓히는 학문, 그리고 인의예지 등의 도덕에 이르기까지 모두 인간의 본성을 마비시키는 것으로 배척한다. 이러한 것들은 노자가 이미 부정한 것이므로 이 입장이 노자에 가까운 것은 분명하다.

이처럼 인간으로부터 감각 · 감정 · 지식 · 도덕 등을 배제해버리면 무엇이 남는 것일까? 아무것도 남지 않을 것이다. 그렇게 보면 인간의 본성은 허무한 것이다. 말하자면 "허무염담, 적막무위(虛無恬淡, 寂漠無爲)"(天道篇)라는 욕망도 행동도 없는 상태가 인간의 자연적 본성이다.

이 입장은 분명히 노자가 설명한 허무를 그대로 인간의 본성으로 본 것이고 노자의 영향을 강하게 받고 있는 것이다. 물론 "장자" 내편에서도 허무를 역설하는 것이 보이지만, 그것은 모든 것을 받아들이기 위한 공간이었다. 따라서 노자의 무처럼, 유를 배제하는 것은 아니었다. 그런데 "장자" 외편 · 잡편에서는 장자의 무보다도 노자의 무에 가까운 입장을 취하여 감각 · 욕망 · 지식의 대상이 되는 유를 배제할 것을 강조하였다. 이것은 내편의 입장에서 보면 분명한 후퇴다.

(2) 성(性)을 천분(天分)으로 보는 것 — 자득(自得)의 사상

두 번째는 성을 성분, 즉 천(天)에서 주어진 배당이라고 하는 것이다. 이것을 '천분(天分)'이라고 바꾸어 말해도 좋다.

> 자연에서 받은 성이라면 거기에 그대로 만족하면 된다. 오리의 다리가 짧고, 학의 다리가 길지만, 이것을 무리하게 자르거나 이을 필요가 없다.(騈拇篇)

이것은 인간이 그 태어난 모양의 성대로 만족하면 된다고 하는 소위 지족안분(知足安分)을 역설한 것이고 '자득(自得)'이라고도 부른다. 자득이라 함은 스스로 얻은 것에 만족한다는 것이다. "장자"에 대한 주석서 중 가장 오래된 곽상의 주는 그 전편에 걸쳐 자득의 사상에 의해 해석을 하고 있다.

(3) 성(性)을 생(生)이라 하는 것 — 양생설(養生說)의 발생

세 번째는 성과 생을 똑같이 보고 인간의 본성을 생명현상에서 찾

고자 한 것이다.

본디 성은 '타고난 것'이고, 생은 '태어나다', '살다'의 뜻이다. 양자의 관계는 극히 가깝다. 현재는 보통 '생명(生命)'이라고 쓰지만, 과거에는 '성명(性命)'이라고 썼다. "장자" 외편 · 잡편에는 '성명(性命)', '성명(性命)의 정(情)'이라는 말이 자주 나타나는데, 이것은 '생명(生命)', '생명(生命)의 있는 그대로의 형태'의 의미라 해도 좋다.

외편 · 잡편에는 성명을 지킨다 하는 양성(養性)의 도가 설명된 것이 많은데, 이것은 현대어의 '양생법(養生法)'에 가까운 것이다. 단, 그 양생법은 현대의 그것과 달라서 욕망이나 감정을 가능한 한 적게 하고, 고목사회(枯木死灰)와 같은 상태가 되는 것을 이상으로 한다. 따라서 건강을 위해 약을 먹는다든가 운동이나 체조를 한다든가 하는 적극적인 양생법은, 부자연스런 것이므로 배척한다. 전국시대에는 이미 이 같은 적극적인 양생술을 주장하는 일파가 있었던 것 같은데, 외편 · 잡편 중에서는 인위적인 부자연스러운 것으로서 낮게 평가한다.

세간에는 심호흡을 해서 낡은 공기를 토하고 새 공기를 들여마시며 곰이 나무에 기어오르고 새가 목을 빼는 듯한 운동을 함으로써 오로지 장수하기를 바라는 사람이 있다. 이는 신선술에 의해 생명을 연장하려는 선비, 몸의 건강에 치중하여 팽조(彭祖)같이 장수하고자 하는 사람이 즐겨 행하는 일이다.(外篇 刻意篇)

(4) 성(性)을 천진(天眞)의 정(情)에서 찾는 것 — 유교도덕에의 접근

네 번째는 자연의 본성을 자기의 안에 있는 진실에서 구해, 소위 천진난만한 정을 여기에서 찾는 것이다.

진실이란 정성의 극치를 부르는 말이다. 정성스럽지 못한 마음으로는 남을 감동시키지 못한다. 그러므로 억지로 구하는 자는 목소리는 슬퍼

도 남을 슬프게 하지 못하고, 억지로 성내는 자는 무서워 보이긴 해도 두려운 느낌을 주지는 못한다.(漁父篇)

육조시대의 초기에 나타났던 죽림칠현(竹林七賢)의 한 사람인 완적(阮籍)은, 모(母)의 복상기간에도 술을 마셨지만, 드디어 출관 때가 되어 한번 소리를 내자 피를 토하였다고 한다. 또 마찬가지로 왕융(王戎)은 아버지의 상 중에 술과 고기를 금하지 않았지만 슬픔을 참으로 참지 못하고 야위고 넋을 잃어 죽게 되었던 것으로 세상에서 '사효(死孝)'의 이름을 얻었다고 한다. 둘 다 이 천진의 도를 실행한 것이었다.

이 천진의 입장은 세간적인 예의 형식을 부정하는 점에서는 확실히 반유교적이었다. 그러나 유교도 예의 형식만을 존중하고 그 정신을 무시하는 것은 아니다. "논어"에서도 예악의 본질이, 예는 공경의 마음, 악은 화합의 마음에 있다고 하듯이, 천진의 정을 중시한다는 것은, 그 깊은 곳에서는 유교와 일치하는 것이다. 왕융의 예악주의의 태도가 '사효(死孝)'라고 불리운 것도 이 때문이다.

외편 중의 천도편을 보면, 예악이 도의 표면적인 한 부분에 지나지 않는다고 언급하면서도, 천지의 도에는 춘하추동이나 선후존비와 같은 서열이 있는 것이므로 인간의 도에도 군신부자의 차별이 있는 것은 당연하다고 서술하고 있어 유교도덕으로의 두드러진 접근을 보이고 있다.

전국시대 말기부터 제자백가 사이에 서로 접근하는 경향이 보이는데, 장자학파도 유교사상에 대해 타협의 태도를 취하는 것이 보인다.

(5) 성(性)을 본능적 욕망으로 보는 입장 — 향락주의의 도(道)

다섯 번째는 자연의 본성을 본능적인 욕망에서 찾고자 하는 것이다. 잡편 중의 도척편(盜跖篇)이 바로 그것이다. 여기에서는 고대의 대도로 알려진 도척(盜跖)이 공자를 매도하는 것이 많이 나오는데, 그 중에 다음과 같은 말이 있다.

"나는 인간의 성정이라는 것이 어떤가에 대해서 말해주겠다. 눈은 아름다운 빛을 보려 하고 귀는 아리따운 소리 듣기를 좋아한다. 또 입은 맛있는 음식을 먹으려 들고 의지는 욕망의 충족을 추구한다. 이것이 인간의 자연스러운 모습이다. 그런데 인간의 일생이라는 것이 얼마나 된단 말인가, 사람이 아주 오래 산대야 기껏 백 세며, 웬만큼 오래 살아서는 팔십 세, 겨우 장수했다고 할까 말까 한 것이 육십 세 정도이다. 그리고 이것은 장수한 축에 속하는 것이다. 이 중에서 병과 조상하는 시간과 근심에 잠기는 기간을 제외하면 입을 열어 웃을 수 있는 것은 한 달에 겨우 너닷새뿐이다. 천지는 무궁하지만 사람은 죽을 시기가 정해져 있는 유한한 존재다. 이 유한한 몸을 이끌고 무궁한 천지 사이에 의지해 있는 인간의 운명을 비유하지면 문틈 사이를 천리마가 달려 지나가는 것과 같다고나 할까? 이 잠깐의 인생에서 그 뜻을 만족시키지 못하고, 그 목숨을 완전히 유지해가지 못하는 자는, 그가 누구이건 도에 통달하지 못하였음이 틀림없다."

또 같은 도척편은 무족(만족이 없다)이라는 가공인물의 입을 빌려서 다음과 같이 서술한다.

"아름다운 소리와 빛깔, 맛있는 음식, 권세 같은 것은 학문을 닦지 않아도 즐길 수 있으며, 무슨 본이 없이도 그것을 체득할 수 있다. 무릇 쾌락을 바라고 고통을 싫어하며, 해를 피하고 이익으로 나아가려는 것은 새삼 누구에게 배울 필요도 없는 인간의 본능이다."

이 무족의 주장은 지화(知和)라는 인물에 의해서 부정되지만, 이 무족의 말은 도척의 말과 일치하는 것이므로, 역시 이것이 도척편을 지은 이의 본뜻이라고 보인다.

이 도척편의 사상은, "열자" 양주편에 이어져 한층 철저함을 보인다.

차별의 입장에 빠진 외편 · 잡편

이처럼 외편 · 잡편의 대부분은 자연을 인간의 내부에 있는 것이라 하여, 이 인간성이 자연에 따르는 것을 이상적이라 한다. 여기까지는 모든 편이 일치하지만, 인간이 갖는 자연의 성의 구체적인 내용은 무엇인가 하는 문제에 이르러서는 그 해석은 극단적으로 분열된다. '성(性)을 허무라 하는 것'은 노자의 입장에 가깝고, '성(性)을 생(生)이라 하는 것'은 양생설이나 신선설에 결합될 가능성을 갖는다. '성(性)을 천진(天眞)의 정(情)에서 찾는 것'은 유교도덕에 가깝고 '성(性)을 본능적 욕망이라 하는 것'은 본능적 향락주의로 발전할 가능성이 있다.

왜 이 같은 분열이 생겼을까? 그것은 인간이 복잡한 방향을 가진 존재이기 때문이다. 인간이 갖는 자연의 성을 하나로 정의해서 규정하는 것은 어렵다. 왜냐하면 '자연'이라는 것만을 기준으로 하면, 인간의 성은 여러 가지로 포착되는 복잡성을 갖추고 있기 때문이다. 이것이 외편 · 잡편의 사상적인 분열을 가져온 근본적인 원인일 것이다.

똑같은 자연이라고 하면서 내편에는 이것이 인간의 밖에 있는 운명으로서 서술되었다. 이 밖에 있는 운명과 인간과의 합일을 이상화하여 거기에 '만물제동'의 사상을 강조하고 있다. 모든 것이 똑같으므로 물론 안과 밖의 구별도 없게 된다. 도리어 외편 · 잡편처럼, 자연을 오로지 인간 '내부'에서 찾는 입장은 '안'인 성을 중시하고 바깥의 사물을 경시하는 태도가 불가피하게 나타난다. 그것은 안과 밖의 차별이고 내편이 그토록 강조한 만물제동의 입장에 위배되는 것이다.

사상의 세계는 항상 진보가 있는 것만은 아니고 변질이나 타락도 있는 것이다.

⁑ 중국 사상사에서 노장 사상이 이룩한 역할은 크다. 진한 이후 2천년의 통일왕조시대에는 유교가 국가 공인의 가르침이 되었기 때문에, 노장은 그 뒤에 가려지지만 그 실세력은 여전히 유지되었다. 불교가 서역에서 전해졌을 때, 그 매개가 되었던 것은 노장 사상이고, 또 그 불교를 중국화해서 선이나 정토의 사상을 형성하는 데에도 커다란 역할을 했다.

9. 열자

열자의 전기와 그 책의 성격

도가 중에 노자 장자 다음가는 인물로서 알려진 자는 열자이다. 그러나 열자의 전기는 완전히 불명하여 "사기"에도 없다. 다만 장자의 책 중에 그 이름이 자주 나타나서 혹은 실재한 도가의 은사일지도 모른다.

그보다도 더욱 문제가 되는 것은 그 저서인 "열자"인데, 예부터 이것을 완전한 위서(僞書)라고 하는 설이 유력하다. 이 책을 최종적으로 한 권의 책으로서 편집한 자는 4세기 초, 동진(東晋)의 장담(張湛)인데, 그 내용으로 보면 한 초에서 동진에 이르기까지 약 5백 년간의 도가계(道家系) 사상가들의 문장을 모은 것이라고 보인다. 따라서 이것을 전국시대 제자백가의 책으로 볼 수는 없다. 그러나 그 사상 내용에는 특색이 있고, 한대 도가 사상의 전개를 이해하는 데 도움이 되므로 흥미있는 부분만 살펴보도록 하자.

인생은 좋은 집 · 좋은 옷 · 맛있는 음식 · 미녀일 뿐

열자의 양주편(楊朱篇)은 양주라는 제자백가 중 한 인물의 입을 통해서 다음처럼 의미있는 것을 서술하고 있다.

"백 년은 사람 수명의 최대한인데, 백세까지 살았다 해도 무심의 유년기나 노년기가 그 반은 된다. 그 나머지 반은 걱정이나 괴로움으로 소비한다. 그렇다면 겨우 남는 것은 십여 년에 지나지 않는다. 더욱 얼마 안 되는 기간 중에 마음껏 즐거움에 만족할 수 있는 것은 어느 정도일까? 도대체 인간이 이 세상에 태어나 무엇을 하고 무엇을 즐겁다고 하는 것일까? 미의(美衣), 미색(美色), 가무(歌舞)나 여색(女色) 외에 무엇이 있을까? 만약 도덕이나 법률에 얽매여 이 즐거움을 얻지 못한다고 하면 감옥에 갇힌 죄수와 무슨 차이점이 있는 것일까? 태고의 사람은 인생이 잠깐이라는 것을 깨달았으므로, 자연의 성대로 주유하여 사후의 명성에는 관심이 없었다. 살아 있을 때는, 성인의 요순과 폭군의 걸주(桀紂)가 구별되지만, 죽고 나서는 똑같이 부패한다. 사후의 명성에 끌리어 살아 있는 동안에 즐거움을 희생하는 것은 바보 같은 것이 아닐까?"

이처럼 양주편에는 인생의 무상함이 강조되어 자연의 욕망을 채우는 것을 유일한 삶의 보람이라고 서술하고 있다. 그러나 모든 욕망을 무차별로 긍정하는 것은 아니고, 거기에 독특한 선택이 있다. 수명·명성·지위·재화의 네 가지는 필연적인 운명에 의해 결정되는 것이므로 얻고자 해서 얻어지는 것이 아니다. 그러면 인간으로서 본능적인 욕망이라 하면 무엇일까?

좋은 집, 멋있는 옷, 맛있는 음식, 미녀 이 네 가지를 갖춘다면 그 밖의 무엇을 갖출 필요가 있을까? 이 네 가지를 가졌으면서 또 다른 것을 구하고자 하는 것은 있을 수 없는 욕망이다. 존재하지 않는 욕망은 인간이 갖는 자연의 본성을 해치는 것이다.

이 양주편의 주장은 앞서 '성(性)을 본능적 욕망으로 하는 것'에서

들었던 "장자" 잡편 중 도척편의 내용과 매우 유사하고 이것을 더욱 철저하게 한 것임을 알 수 있다. 이처럼 도가적 향락주의는 육조 초기의 위진시대에 특히 유행한 것으로, 진나라의 장한(張翰)이 "내가 죽은 뒤에 이름이 나는 것은 살아서 한 잔의 술에도 못 미친다"고 한 말이 이것을 대표하고 있다. 이 때문에 양주편은 위진시대의 작품이라는 설이 유력한데, 비록 그렇다 해도 그것이 "장자" 도척편의 향락주의의 연장선 상에 있는 것은 분명하다.

운명론에서 숙명론으로

또 열자의 역명편(力命篇)은 인력과 운명을 의인화하여 양자의 대화로 시작하여 전체적으로 운명을 논하고 있다. 그 논지는 앞서 서술한 장자의 운명순응의 사상에 이어지지만 그러나 여기에서는 운명의 지배력이 한층 강대한 것으로 묘사되고 있다.

그 하나로, 운명을 '숙명'으로 파악하고 있는 것을 들 수 있다. 장자는 운명을 반드시 예정된 것으로만 생각한 것은 아니었지만, 역명편에서는 "삶을 부여받고 형을 받았을 때, 이미 이것을 통제하는 자가 있다"고 하여 태어남과 동시에 미리 정하여진 운명, 즉 숙명이 존재하는 것을 주장하고 있다. 이와 같은 숙명론에서는 "역경"에서 보여지는 것처럼 운명을 예지하는 기술 내지 주술이 생길 가능성도 있다.

두 번째로는, 장자에게 운명은 인력과 대립하는 것인데, 역명편에서는 그 인력도 운명 중에 포함된다고 한다. 예컨대 소홀(召忽)은 주군을 위해 죽지만 그것은 자기의 의지에 의한 것이 아니고 죽어야 하는 운명에 의해서 죽는 것이다. 또 포숙(鮑叔)은 관중(管仲)을 천거하는데 이것은 의지에 의한 것이 아니고 천거되어야 하는 운명의 필연이 그렇게 한 것이라고 한다. 여기서 인력은 주관적인 의식에 지나지 않고 객관적으로는 무엇이든 운명의 힘에 달렸다고 하는 것이다. 그 결과 인력과 운명의 대립은 소멸되고 모두가 운명이 되는 것이다.

무위를 초월한 자연 — 대승도교(大乘道敎)의 사상

열자의 중니편(仲尼篇)은 종래의 노장의 입장을 벗어나 새로운 도가의 경지를 개척한 것으로서 주목해야 할 점이 있다. 이 편은 공자와 제자인 안회의 문답에서 시작한다.

어느 날 안회가 공자 앞으로 나아갔는데 공자는 침착하지 못한 얼굴을 하고 있었다. 안회가 "저는 선생님으로부터 '천(天)을 즐기고 명(命)을 안다. 고로 근심이 없다'는 것을 배워 따랐습니다. 그런데 선생님께서는 요즘 왜 그렇게 안절부절하십니까?" 하고 묻자 공자가 대답하였다. "그것은 옛날 말이고, 이제 내가 말하는 것이 정말이다. 전에는 낙천지명(樂天知命)에 근심이 없다는 것만을 알고 낙천지명(樂天知命)에도 근심이 있다는 중대한 사실을 알지 못하였느니라. 자기 몸만 닦고, 영달빈궁(榮達貧窮)의 운명에는 내가 관계하지 않는 태도를 취해 마음을 동요시키지 않는 것이 소위 낙천지명(樂天知命)에 근심이 없는 것이니라. 그런데 나는 시서예악(詩書禮樂)을 닦아서 천하를 다스리고자 노력하였음에도 불구하고 한 번도 그 효과가 나타날 조짐이 없었는데 나는 거기에서 비로소 시서예악이 도움이 되지 않는다는 것을 알았고, 그러면서도 대신할 유효한 방법을 찾지 못하였느니라. 이것이 낙천지명(樂天知命)한 자의 우(憂)인 것이니라. 그러나 나는 이제야 깨달을 수 있었구나. 낙천지명(樂天知命)의 즐기고 안다는 것은 상식의 즐기고 안다는 것이 아니고, 즐거운 것도 아니고 아는 것도 아닌 것이야말로 진락진지(眞樂眞知)인 것을. 그렇게 보면 즐겁다든가 안다든가 하는 것에 구애되지 않고 이 모든 것을 즐겁게 아는 것도 좋고, 모든 것을 우려해도 좋고, 하지 않아도 좋은 것이니라. 이처럼 모든 것을 달관하는 입장에 서면, 만약 그것이 만부득이한 길이라 도움이 되지 않는다고 해서 시서예악을 버릴 필요도 없고 이를 대신할 새로운 길을 찾을 필요도 없는 것이니라."

도가에서 자연이라고 한 것은 무위를 조건으로 해서 성립하는 것이었다. 그런데 이 열자의 중니편에는 무엇을 해도 좋고 무엇을 하지 않아도 좋은 것을 자연이라고 부른 것이어서, 무위나 유위를 초월한 자연을 주장하고 있음이 분명하다. 따라서 이 새로운 입장에서 보면, 인간이 좋은 것은 무엇을 해도 좋은 것이고 유교도덕이 좋은 것으로서는 시서예악을 배우는 것이 자연이라는 것이다. 만약 무위자연을 고수하는 것을 소승도가라 부르면, 이것은 결국 대승도가라고 불러야 할 것이다.

이 중니편의 대승도가의 입장은 그 끝맺음말에 의해서 유감없이 지적되고 있다.

사실을 아는 능력을 가졌으면서도 그 사실을 잊을 수 있고, 실행할 능력을 갖추었으면서도 그것을 실행하지 않는 것이야말로 진지진능(眞知眞能)이다. 만약 처음부터 아는 능력이 없었다면 사실을 아는 것도 있을 수 없고, 처음부터 실행할 능력이 없었다면 실행할 수 없는 것은 당연하다. 그것은 문자 그대로의 무지무능(無知無能)이지 진지진능(眞知眞能)은 아니다. 따라서 흙덩이가 굳은 것은 행동하지 않기 때문이라고 해도, 참된 무위라고는 말할 수 없다.

도가가 강조하는 무지무위는 어디까지나 부정에 중점이 두어졌던 것인데, 열자는 이것을 흙덩이의 무지무위에 지나지 않는다고 하여 그 전에 유지유위가 있어야 한다고 한다. 그 결과는 학문이나 수양의 필요를 인정하는 것이다. 앞서 공자의 입을 빌려서 시서예악의 가르침을 소극적으로나마 긍정한 것은 이 때문일 것이다. 다만 그와 같이 해서 얻은 학문이나 수양에 얽매이지 않는 자유로운 태도를 자연이라 한 것이다.

⁑ 이 열자 중니편에 있는 대승도가풍의 사상은, 후기 도가 사상에 공

통적으로 보인다. 예를 들면 "장자" 잡편에 있는 천하편은 후기 도가의 작품으로 보이는데, 그 안에 신도(愼到)를 비평한 문장이 있어 "신도(愼到)는 앎(知)을 버리고 흙덩이와 같은 모름(無知)의 사물을 이상으로 삼았다. 그 때문에 세간의 식자는 신도(愼到)의 도는 살아 있는 인간의 도가 아니라, 죽은 인간의 도라고 비평하였다"고 되어 있다. 이 '세간의 식자'의 입장이 그대로 천하편을 쓴 사람의 입장이고, 후기 도가 사람들의 입장이기도 하다. 이 후기 도가에서 보이는 적극성은 곧 유가나 법가에 접근할 수 있게 한다. "장자" 외편의 천운(天運)편도 "사람을 죽이고 살리는 것은 정치를 운용하기 위한 수단이지만, 그러한 수단을 참되게 활용하는 것은 자연의 도를 체득한 사람만이 가능하다"라고 쓰여 있다. 이것은 한비자풍의 법가 사상과 통하는 것으로, 겉은 도가이지만 속은 법가인 것이다. 이러한 도가와 법가의 접근은 이윽고 '황로 사상'을 만들어내어, 전한 초기에 크게 유행하였다.

10. 명가 — 논리와 궤변

논리학파가 생겨난 원인과 그 시기

제자백가 중에서 논리를 문제로 해서 취급한 사람들을 총칭해서 명가라고 부르고 있다. 명가라고 이름 한 것은, 명(名, 언어 내지 개념)과 실(實, 사실)의 일치 내지 불일치를 주된 문제로 삼았기 때문이다.

본디 중국어는 고립어의 전형이어서 단어에 어형의 변화가 없고 문법적인 기능은 오로지 문장 중에 놓인 단어의 위치, 즉 어순에 의해서 결정된다. 따라서 단어에는 고정된 품사가 없고 놓인 위치에 의해서 명사 · 동사 · 형용사 · 부사 등의 어느 것으로나 자유로이 변화한다. 어떤 의미로는 융통성이 많은 언어이지만, 직감에 의지하는 요소가 많고 논리적인 엄밀성이 결여되어 있다. 따라서 중국인은 예부터 논리적인 표현에 서툴다.

그런 중국인이 논리를 문제로 삼게 된 것은 전국시대의 중기이고, 제자백가 사이에 논쟁이 격화되었던 역사적인 사정이 있기 때문이었다. 이미 묵자에서 서술한 것처럼, 묵자가 죽은 후 그 학파는 분열해서 서로 자기가 정통이라고 주장하여 여러 가지 주장으로 논쟁하였다고 한다. "묵자"에 있는 경(經) · 경설(經說) · 대취(大取) · 소취(小取)의 여러 편은 이러한 묵가의 여러 파의 논리학을 전하는 것으로 보인다.

이 "묵자" 중 논리를 취급한 부분은, 묵자가 죽은 후 제자들에 의해서 쓰여졌던 것이었으므로, 물론 묵자 이후의 시기에 속한다. 더욱 그 논의 중에는 "견석(堅石)과 백석(白石)의 동이(同異)"나 "백마(白馬)는 마(馬)가 아니다"라는 등 명가의 논제가 나타나고 더욱 이것을 부정하는 주장이 보이고 있으므로 이미 명가 논리학이 세간에 광범위하게 유행하였으리라고 생각할 수 있다. 따라서 이 "묵자" 중의 여러 편은 명가의 선구가 되었던 것은 아니고, 그 전성기보다도 훨씬 뒤에 쓰인 것으로 보인다.

그러면 명가가 나타난 시기가 언제쯤일까? 명가의 주요한 인물 대부분이 맹자나 장자를 전후하여 활약한 것으로 미루어 보면 전국시대의 중기, 기원전 300년을 중심으로 한 시기였다고 생각된다.

* 호적(胡適)이 쓴 "선진명학사(先秦名學史)"나 담계보(譚戒甫)의 "묵경역해(墨經易解)", "묵경발미(墨經發微)"에서는, "묵자" 중 경 · 경설 · 대취 · 소취 등의 여러 편에 있는 논리가 불교의 인명(因明)과 비슷하다고 주장하였다.

혜시(惠施) — 역물십사(歷物十事)의 궤변

명가 중에서 가장 유명한 자는 혜시(惠施)와 공손룡(公孫龍)이다. 혜시는 장자와 같이 송나라 사람이라고 하며 장자와 친교를 맺었던 것은 이미 장자에서 서술하였다. 생존연대는 대강 기원전 360~310년경이라고 추정된다. 그 재능을 평가받아 위나라 혜왕의 재상이 되는데, 후에 추방되어서 초나라로 가고, 그 후에 또 송나라로 돌아왔다고 한다.

정치상의 주장은 전쟁을 반대하고 평화를 찾는 경향이 강하였던 것으로 그를 묵가계통의 사상가라고 보는 견해가 있다. 확증은 없지만 궤변자의 대부분이 묵가계열에서 나오고 있는 것을 생각하면, 그럴 가능성도 있다.

혜시의 논제는 "장자" 천하편에 소개되고 있다. 소위 '역물십사'이다. 역물십사라 함은 ㊀ 무한의 크기를 가진 것은, 그 외측으로 되는 것이 없다. 이것을 대일(大一)이라 한다. 무한히 작은 것은 그 내측으로 되는 것이 없다. 이것을 소일(小一)이라 한다. ㊁ 두터움이 없는 것은 아무리 겹겹이 쌓아도 두터울 수 없다. 다만 그 두터움이 없는 것은 천리의 크기를 가졌다고는 할 수 있다. ㊂ 하늘과 땅은 같은 높이에 있고, 산과 못도 같은 높이에 있다. ㊃ 태양은 하늘의 중심에 있고 동시에 동서의 어느 쪽으로든 기울어진다. 만물은 생김과 동시에 사라진다. ㊄ 커다란 유(類)개념에서 보면 똑같지만, 작은 종(種)개념에서 보면 다른 경우 이것을 소동이(小同異)라 한다. 만물은 근본적으로는 완전히 똑같지만 동시에 개물(個物)로서는 각각 다른데, 그 경우 이것을 대동이(大同異)라 한다. ㊅ 남방은 끝이 없음과 동시에 끝이 있다. ㊆ 오늘 월나라를 출발하는 것은 내일 월나라에 도착하는 것이다. ㊇ 쇠사슬처럼 이어진 지혜의 바퀴는 풀 수가 있다. ㊈ 나는 세계의 중앙에 해당하는 장소를 알고 있다. 그것은 북국인 연나라의 북쪽, 남국인 월나라의 남쪽에 있다. ㊉ 만물을 널리 사랑하면 천지 사이의 것은 모두 일체가 된다.

이 역물십사에는 명제만 게재되었을 뿐, 논증이 딸려 있지 않다. 논리로서 중요한 것은 논증 쪽이지만 가장 중요한 것이 빠져 있는 것이다. 거기에 근대의 연구자들은 여러 가지 해설을 붙이려 했지만 어느 것도 정설화되지 못하고 있다.

단지 한 가지 말할 수 있는 것은 시간 · 공간을 초월함과 동시에 이것을 내포하는 무한자의 입장에 서면 설명할 수 있는 것이 많아진다는 점이다. 예컨대 ㊂, ㊃, ㊅, ㊈는 무한의 공간인 경우에는 고저나 방위 등이 없고, 그것을 결정하는 것은 인간의 주관에 지나지 않는다는 것을 서술한 것이라고 해석된다.

또 ㊃와 ㊆은 무한의 시간에서 보면, 인간의 주관적인 시간인 과거 · 현재 · 미래 등은 그 의미가 없다는 것을 서술한 것으로 볼 수 있다.

만약 혜시의 논리 내지 궤변이, 상식의 상대차별을 무한자의 입장에서 부정하는 것이었다고 보면, 그것은 장자의 철학적 입장에 매우 가까운 것이 된다. 장자가 무한자의 입장에서 만물제동의 설을 제창한 것은 이미 서술한 대로이다. 그 "장자" 제물론편 논법이 명가의 논법으로 생각해도 무난하다. 혜시와 장자 사이에 친교가 있었으므로 상호 영향을 주었을 가능성은 충분히 있다.

흔히 이 역물십사는 "장자"의 천하편에 “혜시는 이 논법을 널리 변자(辯者)들에게 밝혀, 상호 논하며 즐겼다”라고 한 것처럼 다분히 오락적인 성격을 가진 궤변이 아니었는가 생각되고 있다. 아마 정치가로서 혜시의 임무는 다른 곳에 있었음에 틀림없다. 그렇지 않다면 한 나라 재상의 지위를 얻는 것은 불가능했을 것이다. 다만 당시는 열국의 공방이 격심한 시기였으므로, 외교에서 변론이 커다란 비중을 차지하였던 것은 인정해야 한다.

공손룡 — 백마는 말이 아니다

전국시대의 명가 중, 일부분이나마 현재 전해지고 있는 것은 이 공손룡뿐이다. 그러나 본문에 잘못되거나 빠진 글자가 많고, 연구자들이 이해하기 어렵다는 점은 "묵자"의 경 · 경설 등의 제편과 똑같다.

공손룡은 기원전 320~250년경의 사람이라고 추정되며 앞서의 혜시보다는 후배인 것 같다. 조나라 출신으로 각지를 유세하였으며, 연나라의 소왕이나 조나라의 혜문왕에게 전쟁을 그만둘 것을 주장한 적이 있으므로 정치적인 입장은 혜시와 공통된 점이 있다. 후에, 조나라 혜문왕의 아우로 실력자였던 평원군의 객이 되어 후한 대우를 받았고 평원군의 밑을 떠난 후 곧 사망한 것으로 추정된다.

"열자"의 중니편에는 공손룡의 득의에 찬 논제로서 다음의 일곱 가지가 나온다. ㊀ 뜻은 마음이 아니다. ㊁ 손가락은 사물에 도달할 수 없다. ㊂ 물(物)은 다함이 없다. ㊃ 그림자는 이동하지 않는다. ㊄ 머리털은 천 균(千鈞)* 의 물(物)을 끈다. ㊅ 백마(白馬)는 말이 아니다. ㊆ 고아인 송아지는 처음부터 어미가 없었다.

이것만으로는 너무 간단하여 논제를 잘 알 수 없다. 거기에 "장자" 천하편의 '변자(辯者) 21사(事)' 즉 당시의 변론자들이 좋아한 논제인 21조 중에서 위의 7조에 상당한 것을 취급해보면, ㊁ 손가락은 사물에 도달할 수 없다. 예컨대 도달한다고 해도, 물사(物事)는 무한하므로 대응할 수 없다. ㊂ 1척의 회초리를 매일 반씩 자른다 해도 영원히 없앨 수 없다. ㊃ 날아가는 새의 땅에 비친 그림자는 전혀 움직이지 않는다. ㊆ 고아인 말은 처음부터 어미가 없다 등이다.

이것들 중 공손룡을 유명하게 한 '백마는 말이 아니다'라는 논제만을 취급해보자. 이 논제는 그의 저서인 "公孫龍子"에도 보이고 있다. 그 논술의 대요를 정리하여 서술하면 다음과 같다. 보통은 '백마는 말이다'라고 한다. 그러나 이것은 올바르지 않다. 올바르게는 '백마는 말의 일종이다'라고 해야 한다. 왜냐하면 백마라고 하는 개념의 범위는 좁고, 말이라는 범위는 넓기 때문이다. 좁은 개념과 넓은 개념을 똑같이 놓는 것은 분명히 잘못이 아닐까? 따라서 상식의 '백마는 말이다'가 잘못이라고 하면 이것을 부정하는 '백마는 말이 아니다'가 옳아야 한다. 이것이 바로 공손룡이 말하려고 했던 것이라고 생각된다.

---

* 1균(鈞)은 30근의 무게

이것을 백마비마라는 충격적인 표현으로 주장하여 더욱 여러 가지 비유나 말을 돌려서 구사하였기 때문에 궤변가의 대표자가 된 것 같다.

견백동이(堅白同異)는 궤변의 대명사처럼 쓰이고 있는데, "公孫龍子"에도 보이고 있다. 견백은 '단단하고 하얀 돌'의 뜻으로, 견백석이라는 하나의 사물은 존재하지 않고, 견과 백과 석의 세 개가 각각 독립하든가, 혹은 견석과 백석으로 나뉘어 존재하든가를 논제로 한 것이다. 이 중에 견과 백을 분리시키는 이유는 비교적 알기 쉽다. 견이라는 성질은 손의 촉감에 의해서 아는 것이고, 백이라는 성질은 눈의 시각에 의해서 아는 것이므로 양자는 별개의 것이라고 생각하는 것도 가능하다. 그러나 논의는 거기에 그치지 않고 더욱 복잡하게 나뉘어서 진행된다. 공손룡도 혜시와 함께, 본래 역할은 정치고문이었던 것으로 논리를 순수학문적으로 추구하고자 하는 의지가 있었는지는 불분명하다. 따라서 그들로부터 체계적인 논리학이 생길 가능성은 없었고, 이따금 변론자들 사이를 떠돌아다니고, 혹은 외교활동시의 변론에 도움이 되는 것으로서 행하여진 것으로, 결국은 궤변으로 그칠 운명에 있었다고 할 수 있다.

⁑ 공손룡보다 후배인 유가의 순자가, 그 정명편에서 명가가 이름(名)을 어지럽게 한다고 비난 공격한 것이 보이는데, 변증법이 한창 유행하던 때를 지나, 진시황제의 천하통일 이후에는 그러한 논리가 완전히 사라졌다. 또 4세기 초 선진에 노승(魯勝)이라는 은사가 있어 "묵자"의 경(經) · 경설(經說)의 주인 "형명(刑名)" 두 편을 발표하여 오백 년 동안 끊어졌던 그 학문을 다시 일으키고자 했으나 찬동하는 이가 없어서, 그의 저서조차도 전해지지 않았다. 결국 중국의 논리학은 전국시대의 제자백가에서 맹아를 보일 뿐, 결실은 간신히 장자의 만물제동설로만 그쳤다. 역시 중국은 논리학에서는 불모지대일 수밖에 없었다. 여기에는 여러 가지 이유가 있겠으나 중국 지식인의 본래 영역이 정치면이므로 전문과학의 발달에 불리한 조건이라는 것이 가장 크다. M.

에바의 "인도에서는 중국과 대조적으로 모든 기술자가 전문화되었다"라고 한 것은 매우 시사하는 바가 크다.

11. 음양오행설

중국인의 세계관의 기초가 된 음양오행설

제자백가 중에 음양가라고 불리는 일파가 있는데, 그 시조는 전국시대 중기의 사람인 추연(鄒衍)이라고 한다. 그러나 음양설이 반드시 추연이 제창한 것만도 아니고, 또 음양가라고 하는 한 학파가 독점한 것만도 아니며, 당시의 사상계 전체에서 서서히 형성되었던 것으로 생각된다. 어쨌든 이 음양설 또는 오행설은 전국시대 말 이후, 중국의 사상계에 깊이 뿌리를 내리고 후세에 이르기까지 중국인의 세계관의 기초가 되었다. 그러므로 중국 사상을 이해하기 위해서는 음양오행설에 대한 이해가 선행되어야 한다.

일기(一氣)에서 음양의 이기(二氣)로

우선 음양설에 대해서 살펴보자. 음양이라고 하는 것은 기(氣)의 두 성격인 음기와 양기를 가리킨다. 그러므로 음양을 이해하기 위해서는 음양의 기본이 되는 기의 개념을 알아야 할 것이다. 이를 위해서 앞서 '천(天)의 비인격화와 범신론적 · 연속적 세계관'에서 서술하였던 기(氣)의 개념에 대해 다시 한 번 의미를 새겨보기로 하자.

기(氣)는 가스 상태의 미립자로 만물을 구성하는 인자와 같은 성격이다. 그 집합이 성기면 가볍기 때문에 위로 올라가서 천공(天空)을 구성한다. 그 집합이 빽빽해지면, 무거워져 굳게 되고, 물 · 흙 · 쇠 등의 액체나 고체가 된다. 생물도 똑같이 기에 의해서 구성된다. 인간은 호흡을 통해서 천기(天氣)를 흡수하고, 그것이 피 · 살 · 뼈가 되어서 신체를 이룬다. 정신도 똑같이 기에 의해서 구성된다. 맹자가 '호연지기'를 말하면서 자기 마음의 기를 기르면 그것이 천지간에 꽉 찰 정도로 크게 된다고 한 것은, 물론 비유적인 의미를 가진 것이지만 그 비유가 성립하는 이면에 음양 사상의 원초적인 세계관, 인간관이 내재해 있는 것으로 보인다.

이처럼 옛날에는 일기(一氣)에 의해서 만물이 구성된다고 하는 세계관이 지배적이었는데, 그러나 단일한 기의 개념만을 가지고 다양한 만물의 변화를 설명하는 것은 곤란하였다. 같은 기(氣)라 해도 두 가지 종류가 있다고 생각하는 쪽의 설명이 훨씬 합리적이지 않을까?

이러한 의문 속에서 음기와 양기가 발생한다. 이 음양설에 의하면 만물은 모두 음양으로 나뉜다. 그 대표적인 것을 예로 들면 다음과 같다.

陽	天 明 春 夏 晝	男 父 君 東 南 高 前 右 表	剛 動
陰	地 暗 秋 冬 夜	女 子 臣 西 北 下 後 左 裏	柔 靜

음양설을 조직화한 역경(易經)

이 음양설이 언제 생겼는지는 불분명하다. 일설에 의하면 음양설은 "논어"나 "맹자"에도 아직 나타나 있지 않으므로 전국시대의 말기에 가까워서야 비로소 생겼을 것이라 한다. 그러나 공자나 맹자 등의 유가는 철학이나 형이상학에는 그다지 관심이 없었으므로, 음양설이 이미 있었다 해도 언급하지 않았을 가능성이 다분히 있다. 여기에 반해서 "노자"나 "장자"에는 음양이라는 말이 보이므로, 전국시대 중기에 이미 있었던 것은 확실할 것이다. 더욱 소급하여 전국시대 초기 혹은 그 이전에서 기원을 찾는 것도 불가능하지 않을 것이다.

이 음양설을 가장 조직적으로 또 체계적으로 발전시킨 것으로 역경

(易經)을 들 수 있다. 역경(易經)에 대해서는 오경(五經)에서 다시 다루겠지만, 여기서는 음양설과 관련된 부분에 대하여 서술하겠다.

역경의 이론 내지 해설의 부분은 물론 한자로 쓰여져 있지만 중심이 되는 주제는 기호를 사용해서 나타내고 있다. 기호는 ━과 --이고 전자는 양효(陽爻), 후자는 음효(陰爻)라 부르며, 각각 양기(陽氣) · 음기(陰氣)를 나타낸다.

만물은 모두 양기와 음기의 조합에 의해서 성립하므로 이 두 개의 기호를 사용하면 사물의 구조를 분명히 할 수 있다. 가장 기초적인 것은 양효(陽爻)와 음효(陰爻)를 3단으로 겹치는 것이다. 두 종류의 것을 3단으로 조합시킨 최대한은, 2의 3승 즉 8이다. 이것을 팔괘라고 부른다.

따라서 만물은 팔괘의 구조식에 의해서 설명될 수 있지만, 팔괘의 원리만으로 모든 것을 설명하기에는 매우 부족하므로, 실제로는 이 팔괘를 한 번 더 2단으로 겹친 구조식을 이용한다. 여덟 종류인 것을 2단으로 겹친 경우, 그 조합의 최대한은 8의 제곱 즉 64이다. 이것을 64괘라 부른다.

인간이 처한 상황을 알기 위해 대나무로 만든 시초를 조작하여 최종적으로 얻은 숫자가 홀수이면 양효를 두고 짝수이면 음효를 둔다. 그것이 여섯 효에 이르면, 현재의 상황을 가리키는 괘가 얻어진다. 모든 것은 음양의 복잡한 조합에 의해서 결정되고 있는 것이므로, 그 구조식을 읽으면 거기에 대처할 길이 저절로 분명해질 것이다.

오행설 — 목화토금수(木火土金水)

음양설은 그 자체만으로도 단독적인 체계적 사상구조를 가지고 있을 수 있지만, 실제로는 오행설과 결합해서 유행하고 있다.

오행설이 언제쯤 생겼는지 정확히 알 수는 없지만, 아마도 음양설보다는 조금 뒤에 발생한 것이라고 생각된다. 오행(五行)이라 하는 것은 "서경" 홍범(洪範)에 비로소 나타나는 개념으로서 목화토금수(木火土金水)를 가리킨다. "서경"에서는 이를 인간 생활의 기초가 되는 물(物)로서 다루고 있는 듯하지만, 이것이 후대로 내려와 만물을 구성하는 다섯 가지 요소로 생각하게 되었다. 그러면 오행은 음양의 두 요소와 어떤 관계가 되는 것일까? 양자가 합쳐진 음양오행설에서는 음양이 가장 기초적인 요소, 오행은 음양의 조합에 의해서 생긴 보다 고차적인 요소라 한다. 이것을 그림으로 표시하면 다음과 같다.

○양(陽)　●음(陰)				
○ 火	◔ 木	◑ 土	◕ 金	● 水
순양 (純陽)	음소양다 (陰小陽多)	음양균 (陰陽均)	음다양소 (陰多陽小)	순음 (純陰)

따라서 오행은 분해하면 음양의 둘로 환원할 수 있는데, 5요소에서 출발하는 쪽이 편리한 경우도 있어서, 양자가 결합한 음양오행설의 형태로 삼라만상을 설명하는 경우가 많다.

그런데 음양설에서는 만물을 둘로 분류하지만, 오행설에서는 다섯 가지로 분류한다. 그 주요한 것을 열거하면 다음과 같은 도표로 나타낼 수 있다.

	목(木)	화(火)	토(土)	금(金)	수(水)
사계(四季)	춘(春)	하(夏)	토용(土用)	추(秋)	동(冬)
방위(方位)	동(東)	남(南)	중앙(中央)	서(西)	북(北)
색(色)	청(靑)	적(赤)	황(黃)	백(白)	흑(黑)
도덕(道德)	인(仁)	의(義)	예(禮)	지(智)	신(信)
신체(身體)	비(脾)	폐(肺)	심(心)	간(肝)	신(腎)

자연철학 및 역사철학의 기초이론으로서의 음양오행설

이 음양오행의 기(氣)는 만물의 모든 것을 구성하는 것인데, 그러나 그것은 정지하고 고정된 상태에 있는 것이 아니고, 일정의 법칙에 따라서 교대 변화하는 것이다. 예컨대 어느 시기에는 양기가 강성해져 지배적인 세력을 가지지만 최성기를 지나면 음기의 세력으로 교대하여 음양의 교대순환이 행해지게 된다.

오행도 또한 똑같아서 목·화·토·금·수의 각각이 일정의 주기에 따라서 교대순환하게 된다. 그 교대 법칙에 대해서는 두 가지 생각이 있는데 하나는 토·목·금·화·수의 순서로 교대한다는 것으로 목(木)은 토(土)를 이기고, 금(金)은 목(木)을 이기고, 화(火)는 금(金)을 이기고, 수(水)는 화(火)를 이긴다고 하는 소위 오행상극설(五行相克說)이다. 다른 하나는 목·화·토·금·수의 순서에 따라, 목(木)은 화(火)를 낳고, 화(火)는 토(土)를 낳고, 토(土)는 금(金)을 낳고, 금(金)은 수(水)를 낳는다고 하는 오행상생설(五行相生說)이다.

이처럼 음양오행의 교대순환의 법칙을 천문·지리·역사의 전반에 걸쳐 적용한 사람이 바로 전국시대 중기의 추연(鄒衍)이었다. 추연은 천문·지리에 대하여 대담한 새 학설을 주장하였는데 세간에서는 담천연(談天衍)이라고 불렀다. 왕조의 교대이론에서도 소위 오덕종시(五德終始)의 설을 주장하였다. 이것은 오행상승설(五行相勝說)로서 왕조의 교대를 설명하는 것으로 토덕(土德)의 왕조 다음에는 목덕(木德)의 왕조가 나타나 대신한다는 것이다.

우(虞)土 → 하(夏)木 → 은(殷)金 → 주(周)火 〈 진(秦)水 / 한(漢)水 → 한(漢)土

우(虞)에서 주(周)에 이르기까지의 왕조의 교대는 추연의 설에 의한다. 진·한(秦·漢)에 대해서는 양 설이 있다.

여기에서 살필 수 있는 점은 음양오행설이 자연철학임과 동시에 역사철학이라고 하는 것이다. 음양오행설은 주야나 사계의 자연 현상의 교대순환을 설명함과 동시에, 똑같은 법칙을 그대로 정치상의 지배자인 왕조의 교대순환에도 적용한다. 거기에서는 자연계와 인간계의 구별이 없고 자연의 법칙과 역사의 법칙과의 차별이 없다. 이것은 자연과 인간을 연속의 관계에서 포착하여 양자 사이에 단절이 없는 중국사상의 전통을 나타내고 있다.

이처럼 음양오행설은 사상의 모든 분야를 커버하는 성격을 갖추었던 것으로, 자연과학의 영역에서는 물론이고 송학(宋學) · 주자학(朱子學) 등의 신유학(新儒學)에서도 그 세계관을 구성하는 기초이론으로서 채용되었다. 한대 이후 2천 년에 걸쳐 음양오행설이 사상계에서 행한 역할은 매우 커다란 것이었다.

12. 잡가(雜家) — 전국시대 말의 제자백가의 교류

직하(稷下)의 학(學)과 유도법(儒道法)의 접근

초기에는 각각 독자의 주장을 가졌던 제자백가도 점차 전국시대 말기에 가까워짐에 따라 서로 영향을 끼치는 경향이 한층 뚜렷해졌고, 그 중에는 서로 양보하여 의견을 일치시키는 경우도 적지 않았다.

특히 이 경향을 조장한 것은 현재의 산동성에 있었던 제나라의 소위 직하의 학이었다. 제나라의 위왕(기원전 356~기원전 319)은 도성의 직문(稷門) 가까이에 기숙사를 만들어 제자백가로 유세하는 자들을 머물게 하였다. 다음의 선왕(기원전 319~기원전 300)은 이것을 더욱 확대하여 음양가의 추연, 도가의 신도(愼到) · 전병(田騈) · 접자(接子) · 환연(環淵) 등 76명에게 상대부의 자리를 주었는데, 그 나머지 제자(諸者)의 수만 해도 수백 명에 달하였다고 한다. 세상에서는 이들을 직하(稷下)의 학사(學士)라 일컬었다. 양왕(기원전 283~기원전 264) 때에는 유가의 순자도 여기를 방문하여 그 연구소장격인 지위에 올랐다고 한다. 그들에게 정치상의 직무를 지우지 않고, 오로지 강학의 편리를 봐주었기 때문에 아마도 상호 토론하는 것으로 날을 보냈던 것 같다.

이처럼 제자 사이에 접촉의 기회가 많아지자 서로 자극이나 영향을 주게 되었다. 예컨대 유가 순자의 사상은 도가에 대한 대립 의식에서 출발하였다고 보아도 과언이 아니다. 그가 가장 크게 주장한 인위의 예는, 도가풍의 자연주의에 대한 반발에서 생기고, 그의 성악설은 도가에서 말하는 자연의 성대로 태어난다는 주장의 부정에서 출발하였다고 볼 수 있다. "장자는 천(天)에 가리어, 인(人)을 알지 못한다"(解蔽篇)는 순자의 말은 그의 반자연주의의 입장을 잘 언급하고 있다. 도가의 자연주의에 대한 반발이 순자 사상의 출발점이 되었다고 해도 과언이 아니다.

순자가 도가에 반발한 것과는 반대로 법가의 입장에서 도가에 접근한 예도 많다. "한비자"에는 해로편(解老篇), 유로편(喩老篇)처럼 노자 사상을 빌린 여러 편이 있는데, 이것도 분명히 법가가 도가로 접근한 예이다. 반대로 또 도가가 법가로 접근한 예도 적지 않다. "장자"의 외편, 잡편 안에는 천운편(天運篇)처럼 "사람을 죽이고 살리는 것은 정치를 운용하기 위한 수단이지만, 그러한 수단을 참되게 활용하는 것은 자연의 도를 체득한 사람만이 가능하다"는 것이 있다. 또 직하의 학사 중에도 신도는 "사기"의 열전에서 도가 계통의 인물로 보고 있는 것에 반해 "순자"나 "한서" 예문지(藝文志)에서는 법가로 분류하여 소속이 분명하지 않다. 아마도 원래는 도가인데 법가로 접근한 인물인 듯하다.

이처럼 전국시대 말기에는 제자백가 사이에 교류가 왕성하게 된 결과 소위 '잡가'라는 것이 생겼다. 그 전형적인 예의 하나로서 "관자"

를 들 수 있다. "관자"는 춘추시대의 대정치가로서 알려진 관중(?~기원전 645)의 저서라 한다. 만약 이것이 사실이라면 "논어"보다 백년이나 이전의 책이 되지만, 내용으로 보면 전국시대 말 법가계 학자들의 논의를 편집한 것이라고 보인다. 그 사상은 법가를 주류로 하고 유가나 도가 등의 요소도 매우 많아 잡가로서의 성격이 강하다.

여씨춘추(呂氏春秋) — **전국시대 말의 잡가의 대표**

그러나 잡가의 대표적인 책으로는 역시 "여씨춘추"를 첫째로 들어야 한다. 이 책은 진시황제의 재상이었던 여불위(呂不韋, ?~기원전 235)가 그 문하에서 식객으로 길렀던 학자들의 논문을 편집해서 만든 것이다.

여불위는 본래 대상인이었지만, 진시황제의 아버지인 장양왕이 인질이 되어 조나라에 붙들린 것을 그가 여러모로 획책하여 운동을 거듭한 끝에 본국인 진나라 왕위에 앉히는 것에 성공하였다. 즉위 후 진나라 장양왕은 여불위에게 깊이 감사하여 그를 재상에 앉혔다. 얼마 안 되어 장양왕이 세상을 떠나자, 그 아들인 정(政), 즉 시황제가 13세에 즉위하였는데, 어렸기 때문에 정치의 모두를 재상인 여불위에게 맡겼다. 따라서 여불위의 권세는 당시 진나라에서 절대적인 것이었다.

당시의 풍습으로서는 열국의 실력자는 다수의 식객을 기르는 것이 예였다. 위나라의 신릉군(信陵君), 초나라의 춘신군(春申君), 조나라의 평원군(平原君), 제나라의 맹상군(孟嘗君) 등이 모두 그러하였다. 이 식객이라 하는 것은 앞서 든 제나라의 직하의 학사와 마찬가지로 지식인 유세객이었고 제자백가라고 불린 자들이다. 열국의 실력자들이 다투어서 이들을 객으로 길렀던 것은 무엇보다 명성을 높이고자 하는 허영심에서 비롯된 것 같지만, 동시에 두뇌 독점에 의한 효용을 인정했던 점도 있었던 것 같다.

물론 여불위도 대국의 실력자인 면목만으로도 다수의 식객을 포용할 필요가 있었던 것으로 그 수는 실로 삼천 명에 달하였다고 한다. 여불위는 이들 식객의 대표들에게 각각 논문을 쓰게 하여, 이것을 편집해서 "여씨춘추"라 이름붙였다. 이것을 보면 '천지만물고금(天地萬物古今)의 일'을 모두 알 수 있다고 했다. 이 책이 완성되었을 때, 이 책을 수도인 함양(咸陽)의 시문에 진열해서 천하의 유사빈객이 관람하도록 하여 "만약 한 자라도 증감할 수 있는 자가 있다면 일천금의 상금을 주겠다"고 포고하였다고 한다.

여불위는 전부터 진시황의 어머니 태후와 사통(私通)하였는데, 시황제의 나이가 많아져 이것을 알게 될까 두려워, 여러 가지로 숨기려던 것이 탄로나 결국 재상의 자리에서 해임되어 하남 땅으로 이주하였다. 2년 후에는 변경의 촉으로 옮겨지게 되자 죽음을 면할 수 없음을 알고서 자살하였다. 이때가 시황제가 천하통일을 하기 13년 전이었다.

현재 이 책을 보면 유 · 묵 · 법 · 도 기타 제가의 학설이 망라되었고 문자 그대로 잡가의 책인 것을 알 수 있다. 그러나 좀더 깊이 들어가 고찰해보면, 제가가 각기 자신의 고유 이론을 유지하지 못하고 대부분 상호 교류해서 절충적 성격을 나타내고 있음을 알 수 있다. 예컨대 "현명한 사람과 어리석은 사람은 부리는 방법이 각각 다르다. 어리석은 사람을 부릴 때는 상벌로 다루고 현명한 사람을 부릴 때에는 의로써 한다"(知分篇)는 말은 현명한 사람에게는 유가의 도덕으로써, 어리석은 사람에게는 법가의 상벌로써 대할 것을 주장하는 것으로 유가와 법가의 장점을 각각 인정하여 이것을 적당히 사용하라고 언급하였던 것이다. 여기에서도 전국시대 말 제자 사이에 교류가 있었음을 볼 수 있다.

이처럼 "여씨춘추"는 잡다한 사상을 모아서 완성한 것인데, 그 중에서도 가장 큰 비중을 차지하고 있는 것은 도가 사상이다. 진시황제가 법가만을 존중한 정책을 취하게 된 것은 천하통일 후의 일이고 "여씨춘추"가 쓰여진 것은 수십 년 전이므로 도가가 주류를 이루었다고 해도 이상할 것은 없다. 다만 도가가 주류의 위치를 차지했다고 해도 그 내용은 본래의 노자나 장자의 사상을 충실히 전해주는 것이 아니다. 노자에 대해서 보면 한비자류의 노자해석, 요컨대 무위를 위장하는 것이 군주의 최상의 계책이라는 해석을 한다. "아무리 많이 아는 군주라도 알지 못하는 것이 있는 것이다. 그런데 스스로를 지혜롭다고 생각하고 신하를 어리석다고 생각하여 무슨 일이나 독단으로 행하면 반드시 실패하게 된다. 그러면 군주의 위엄이 손상되게 된다."(知度篇) 그 근저에는 군주의 권력을 강화하고자 하는 법가적 의도가 숨어 있다고 할 수 있다.

또 "여씨춘추"에 나타난 장자의 사상에 대해서 보면 장자 사상의 본질적인 부분, 즉 내편의 만물제동의 이론, 생사가 같다고 하여 운명대로 산다고 하는 이론은, 거의 무시되고 있다고 해도 과언이 아니다. 그 대신에 장자 사상의 보다 뒤의 부분, 즉 외편 · 잡편의 사상에 중점을 두고 있다. 장자의 외편 · 잡편에는 인간 내부에 있는 자연의 성(性)을 중시하는 경향이 강한데, 그 중에는 성과 생명을 동일시해 생명을 양육함에 중심을 두는 것이 있다. "여씨춘추"에 보이는 장자적인 사상은 실은 이 양생설이다. 더욱 양생설을 정치에 결합시켜서 "천하를 다스리고자 하는 자는 우선 그 몸을 다스려야 한다. 몸을 다스린다 함은 신체의 신진대사를 왕성하게 하여 사기(邪氣)를 버리고 정기(精氣)를 새롭게 하여 천수(天壽)를 보존하는 것이다"(先己篇) 등이라 하여 군주의 양생이 중요하다고 설명하고 있다.

이처럼 "여씨춘추"에 보이는 도가 사상이라 하는 것은, 본래의 노장 사상의 형태를 잃고서 한층 더 정치색을 띠게 된다. 본래의 노장 사상을 충실하게 지켰다면, 재야의 은일군자로서 끝마쳐야 되지만, 전국시대 말의 도가 사람들은 한 나라의 군주나 실력자에게 접근하여 두

뇌집단의 일원이 되는 것을 희망했던 것이므로, 자연히 정치적이 되고 현실적이 되었다. 이것이 후기 도가의 일반적인 특징이었고 후의 한대 초기에 유행한 황로(黃老)사상의 기본이 된 것이었다.

제4장

진(秦)의 천하통일과 법가 사상의 승리

제4장 진(秦)의 천하통일과 법가 사상의 승리

진나라의 통제정책과 한비자

기원전 400년경에서 시작하여, 약 백오십 년간 계속되었던 전국시대도 기원전 221년 진시황제의 천하통일에 의해서 종결된다. 여기에서 제자백가의 활동도 종지부를 찍고 사상계도 크게 바뀌게 되는 때를 맞이하게 되었다.

시황제가 창설한 새로운 정치제도는 그 후 중국의 국가 형태에 결정적인 영향을 주었다. 그 중에서도 900년의 전통을 가진 봉건제를 폐지해서 새로이 군현제를 세운 것은, 단지 정치제도 상만이 아니고, 문화적으로, 사상적으로 중대한 변혁을 가져온 것이었다. 그러나 진나라는 겨우 15년 만에 종지부를 찍었기 때문에 이 제도상의 변혁이 실제로 그 효과를 거둔 것은 한대 이후이고, 따라서 이 문제에 대한 검토는 한대에서 하겠다.

무엇보다도 진대에 나타난 중요한 사상적인 사실로서는, 법가의 학문에 의한 강력한 사상통일이 손꼽힌다. 진나라는 춘추전국의 긴 분열의 뒤를 이어서, 정치제도에서나, 도량형 · 통화 · 문자 · 도로 등의 일상생활에 필수적인 제도에서도 철저한 통일을 시도하였다. 그것은 필연적으로 사상 면에도 영향을 미쳤다.

법가의 한비자는 나라를 해롭게 하는 것의 하나로서, 학자에 의한 국정의 비판을 들었다. 학자들은 시세의 변화를 알지 못하고, 오로지 고대를 이상화해서 현재를 비판한다. 도덕에 의한 정치는 태평무사의 상고시대에는 유효하였지만, 지금 같은 심한 실력경쟁의 시대에는 통용되지 않는다. 반드시 유묵을 비롯한 제가의 학설을 금지하여 학문은 오로지 법령을 배우는 것만으로 한정하고 관리로 하여금 교사가 되게 해야 할 것이다. 이것이 "한비자" 오두편(五蠹篇)의 대강이다.

한비자는 일찍이 이사(李斯)와 함께 순자의 문하에서 배웠고, 그후 시황제의 재상이 되었던 이사의 중상에 의해서 옥사하는데, 피상적으로나마 그 유지의 실현은 이사에 의해서 수행되었다.

분서갱유 — 제자백가의 소멸

시황제의 천하통일 8년 후(기원전 213), 함양궁(咸陽宮)에 주연을 베풀었을 때, 박사의 관직에 있던 70명이 축사를 한 적이 있었다. 박사 중 한 사람인 순우월(淳于越)이 나아가 "지금 폐하는 군현제를 채용하여 자제분은 제후가 되지 못하고 서민과 같은 지위에 계십니다. 만약 반란이 일어나면 폐하를 지켜야 할 제후가 없어서 위험하기 짝이 없습니다. 따라서 역시 주나라가 봉건제에 의해서 천년의 장수를 얻었던 것에 따라야 할 것입니다. 옛것을 본받지 않고 국가의 장구함이 유지된 적이 없습니다"라고 진언하였다. 거기에 시황제는 재상인 이사의 의견을 구하였다. 물론 이사는 시황제에게 군현제를 채용케 한 장본인이었으므로 이 의견에 반대하였다. 이것을 기회로 해서 전부터의 지론을 펴서 다음과 같이 말하였다.

"전국의 분열 시기에는 열국의 제후가 다투어 유세객을 초대해 후하게 대우하였습니다. 그러나 지금은 정세가 완전히 다르지 않습니까? 천하는 통일되고 존경해야 할 원리는 단 하나로 되었지요. 그런데 세상의 학자는 법령이 나오면 개인의 의견으로 이를 비판하고 그로써 자신을 높이고자 하는 자가 많습니다. 만약 이 같은 상태를 방치하게 되면 황제의 권위는 상실되고 서민의 마음은 동요할 것입니다. 마땅히 엄하게 금해야 할 것입니다. 구체적인 방법으로서는 우선 국가의 사관이 가지고 있는 서적 중에 진의 기록 이외의 것은 소각할 것. 다음에 박사(博士)의 관(官)이 소장하고 있는 것은 제출케 하여 모두 소각할 것. 또 도로상에서 시서를 논의하는 자가 있다면, 곧 사형에 처해서 사체를 저자에 걸어둘 것. 옛것으로써 지금을 비난하는 자가 있다면 일족을 모두 사형에 처할 것. 이러한 사실이 있는데도 검거에 태만한 관리는 범인과 같은 죄로 처형할 것. 이 법령 시행 후 30일 간을 거쳐 여전히 책을 태우지 않는 자가 있다면 자자를 해서 노역형에 처할 것. 예외로서 소각하지 않는 것은 의약 · 복서 · 종수(농업)에 관계된 서적일 것. 만약 법령을 배우고자 희망하는 자가 있다면 관리를 교사로 할 것 등입니다."

이 이사의 의견은 시황제에 의해 채용되어 그대로 실시되었다. 이것이 유명한 분서였다.

* 이 분서가 어느 정도로 철저하게 행해졌는지 기록이 없어서, 잘 알 수가 없다. 한편에서는 방대한 영토인데다, 교통도 발달하지 않았던 시대였기 때문에, 먼 지방까지 행하는 것은 곤란하였으리라고 말하여진다. 그러나 다른 한편으로 말하면, 당시는 아직 종이가 없어서, 책은 모두 죽간(竹簡)으로 되어 있었으므로, 일부의 책은 그 용적(容積)이 컸다. 따라서 그것은 사람의 눈으로 파악할 수 없는 모양으로 숨기는 것이 곤란했기 때문에 상당히 많은 양의 책이 불살라졌다고 보인다. 산동성에 있는 공자의 옛날 집에는, 그의 자손이 상서(尙書) · 예기(禮記) · 논어(論語) · 효경(孝經) 등을 벽 사이에 숨기고 덧칠하여 둔 것이 있어서 한대에 들어와 발견되었던 것이다.

이 분서의 다음해(기원전 212), 소위 '갱유'의 사건이 발생하였다. 시황제는 전국시대 말부터 생겼던 신선술을 믿고, 신선의 방술을 행하는 방사(方士)를 측근에 두었다. 그러나 찾고자 하는 선약은 좀체로 입수되지 않았다. 그대로 있으면 벌을 받을까 두려워한 노생 · 후생 등의 방사는 함께 도망하였다. 이것을 안 시황제는 크게 노하여 그의 은덕을 배신하고 민중을 혹해서 유언비어를 퍼뜨린 혐의를 두어 제생들을 일체 검거해서 취조하였다. 제생들은 자기의 죄를 면하기 위하여 타인을 죄에 끌어들여 법에 저촉된 자가 460여 명에 달하였다. 시황제는 이들 모두를 함양에 땅을 파고 묻었다. 이것을 '분서갱유'라 부르며, 시황제의 학문 탄압을 상징하는 것으로서 후세에 전해지게 되었다.

* 갱유라고 말한 것은 "사기"에는 '제생(諸生)'이라고 된 것에 주의할 필요가 있다. 제생은 학식을 갖춘 사람이라는 의미로 반드시 유자에 한하지는 않았다. 전후 사정을 보아 생각해보면, 땅에 묻었던 460여 명의 대부분은 신선술의 방사였을지 모른다. 시황제의 장자인 부소가 간했던 말 중에 "제생은 모두 공자를 섬긴다"가 있으므로 유자를 포함하였던 것은 사실일 것이다. '분서갱유'라는 말은 한대의 공안국(孔安國)의 '고문상서(古文尙書)의 서(序)'에 처음으로 보인다. 한대의 유자가 시황제에 대한 증오로 '갱유'라는 말을 사용한 것 같다.

정치적 무질서에 의한 사상의 자유

이와 같이 해서 제자백가의 시대는 진시황제의 통일과 함께 끝나고, 여기에 법가에 의한 통일시대가 찾아왔다. 그러나 이 법가의 왕좌도 겨우 15년 만에 붕괴해버리는 운명이 되었다. 그것은 법가정책의 엄혹함을 민중이 견디어낼 수 없었기 때문이었다.

진나라가 곧 멸망하고 각지에서 군웅이 일어나게 되었다. 이 진나라의 비극은 후세에 커다란 교훈을 남겼다. 법가가 전란과 분열의 시대를 수습하기 위해서는 위대한 효과를 발휘하였지만, 그 반면에 커다란 약점이 있었다. 그것은 오로지 국가권력의 강화를 겨냥하였을 뿐, 민중의 희생을 강요하였다는 점이다. 그 무리한 요구가 민중의 불만을 불러일으켜 대폭발을 일으켰다. 그것은 결국 지배자로서도 불이익이었다. 지배자는 현실의 정치를 운영하기 위해서 법치주의를 필요로 하였지만 이것을 노골적으로 드러내는 법가의 단점을 깨닫게 되었다.

진나라의 뒤를 이은 한(漢)왕조는 어느 정도 자유방임의 정책을 취하여 민심의 안정을 꾀하였다. 법가적 요소를 받아들인 도가 사상, 소위 황로 사상이 유행한 것도 이 시기였다. 그러나 그것도 70년 정도로 그치고 무제가 즉위해서 유교를 국가의 지도원리로 삼게 되어 유교통일의 시대를 맞이하게 되었다. 한대 이후 2천 년간에 걸친 통일왕조의 시대는 다소의 성함과 쇠함이 있었다고는 하지만, 유교의 지배가 계속되었다. 따라서 전국시대와 같은 제자백가의 성황이 다시 그 형태를 나타낼 수 없었다.

제자백가의 시대는 중국 사상사에서 아주 특이한 것이었다. 진한 이후의 사상계는 전국시대의 그것을 능가하는 깊이와 정밀함을 가지고 있었지만 전체적으로는 유교 일색이었고 제자백가 사상의 다채로운 맛을 볼 수 없었다. 만약 제자백가의 전통이 그대로 유지 발전되었다고 한다면, 중국의 사상사는 현재 보이는 것보다도 변화폭이 훨씬 컸을 것이다.

중국으로서 불행인 것은 유교라는 하나의 교가 2천 년의 장기간에 걸쳐서 사상계를 지배하였다는 사실이다. 물론 유교는 법가 등과는 달리 분서갱유라는 강경한 수단을 취하지는 않았다. 그러나 그 배후에는 왕조라고 하는 강대한 권력이 있다. 게다가 지식인이 모두 관리 내지는 관리지향형의 인간이었다고 하는, 중국 특유의 사정은 이 관제의 사상에 대한 저항을 극히 미약한 것으로 만들었다. 단지 겨우 육조(六朝)시대에만 지식인이 귀족화하였던 사정 덕택으로 노장 사상의 유행과 불교의 수용이 가능해져 제자백가 시대와 같은 현상이 나타났던 경우가 있었을 따름이다.

사상은 무엇보다도 자유를 요구한다. 강력한 왕조지배 하에서 참으로 생명이 있는 사상이 생기지 않는다. 전국시대나 육조시대는 분열의 시기이고 정치적으로는 암흑의 시대였다. 그럼에도 불구하고 많은 다채로운 사상이 생겼던 것은 무질서에 의한 자유가 있었기 때문이었다.

제5장
진한(秦漢) 대제국의 성립과 사상계의 동향

1. 한(漢) 초의 사상계
2. 유교의 승리와 경학의 성립
3. 한대(漢代)의 사상계의 흐름

제5장 진한(秦漢) 대제국의 성립과 사상계의 동향

1. 한(漢) 초의 사상계

군현제의 성립과 민간으로부터의 관리 등용

기원전 221년 진시황제는 장기에 걸친 춘추전국의 분열을 통일하여 중국 최초의 대제국을 실현하는 데 성공한다. 이로부터 중국은 2천 년간 통일왕조 시대로 들어간다. 물론 통일왕조의 시대라고 해도 왕조가 교체되는 때에는 분열과 전란이 있었지만, 크게 보면 일시적인 현상에 지나지 않고 왕조에 의한 천하지배의 기본체제가 성립되어 이 체제는 이후 2천 년간 각 왕조를 통해 계속 유지되었다. 뿐만 아니라 오랜 전통을 가진 봉건제를 폐지해서 새로이 군현제를 천하에 공포하였다. 군현제는 세습제에 있는 제후나 그 신하는 일체 두지 않고 천하의 지배는 모두 황제에 직속시킨다는 대원칙을 세운 제도이다. 물론 천자독재라고 해도 광대한 정무를 한 사람의 손으로 처리하는 것은 불가능하다. 거기에 천자의 수족으로서 관리를 임명해서 중앙의 정부에 둠과 동시에, 각지에 지방관을 두어서 황제지배를 침투시켰다. 그 때문에 천하를 36군으로 나누고 군 아래 복수의 현을 두고, 군에는 태수를, 현에는 영을, 각각 장관으로서 두는 제도를 확립하였다. 이것이 소위 군현제였다. 따라서 군현제는 실질적으로는 관리에 의한 정치제도였다.

진시황제의 정치제도는 그 후 2천 년에 걸쳐서 유지되는데, 진은 겨우 15년 만에 멸망하였고, 이것을 정비해서 확고한 제도로 만든 것은 진나라가 망한 후 들어섰던 한왕조였다. 한무제(B.C. 141~B.C. 87)는 민간에서 관리를 등용하는 제도, 소위 선거제도를 만들었다. 이것은 지방관의 추천을 주로 한 것으로, 각 군의 장관에게 그 지방의 주민 중 유학을 닦고 덕행에 뛰어난 자를 뽑아 효렴(孝廉)이라는 칭호를 주어서 조정에 추천하도록 한다. 조정은 이 지방관이 추천한 효렴을 관리로 임명하는 것이다. 효렴의 천거에는 유학과 덕행 이외에 문벌이나 재산의 유무 등은 일체 문제되지 아니하였으므로 원칙적으로는 서민에게도 개방되었다. 사실 한대의 재상 중에는 가난한 농민 출신도 있다. 그런 의미에서는 매우 민주적이고 근대적인 제도라고도 할 수 있다.

지식인=관리라는 공식의 성립

이 군현제의 확립은 2천 년 중국의 문화 및 사상사에 결정적인 성격을 부여했다. 첫째는 문화 내지 사상이 강한 정치색을 띠게 된 점, 둘째는 유학 일존(一尊)의 원칙이 고정되었기 때문에 사상의 세계는 물론이고 모든 학문 · 종교 · 문학 · 예술의 분야가 유교의 지배하로 들어갔다는 점이다.

이미 '중국 관리의 특수성'에서 서술한 것처럼 중국의 관리는 절대적인 매력을 가진 직업이었다. 권세나 명예는 물론이고 그 수입은 어떠한 실업가도 미치지 않을 정도로 막대하였다. 더욱 관리가 되는 길은 일반의 서민에게 광범위하게 열려 있었으므로 적어도 책을 읽을 수 있는 사람은 어떻게 해서든 관계에 들어가는 것을 열망하였다. 이 때문에 지식인의 모두가 관계로 흡수되어 지식인=관리라는 중국 특유의 공식이 성립하였다. 과거의 중국에 관리가 아닌 시인이나 예술가가 거의 없었던 것은 이 때문이다. 물론 관리의 수는 한정되어 있고 관계에 들어갈 수 없는 지식인도 다수였지만, 그러나 이들도 대부분

관리지향형의 의식을 가졌다. 이 때문에 중국의 문화 내지 사상이 강한 정치색을 띠게 되는 것이다.

둘째로 유학 일존이라는 것도 앞에서 들었던 사상의 정치일변도라는 것과 중복되는 사실이다. 본디 유교는 "수신제가 치국평천하"라 하여 개인이나 가족의 도덕을 중시하는 것에서부터 출발하지만 궁극적인 목적은 천하국가를 다스리는 데에 있다. 따라서 그것은 도덕의 가르침이면서 더 크게는 정치의 가르침이었다. 그것은 군현제 국가의 관리에게는 가장 적합한 학문이고 사상이었다. 유교가 2천 년 왕조시대의 이데올로기가 될 수 있었던 것은 이 때문이었다.

그러나 바로 그 점이 중국 사상에 대해서는 숙명적인 비극의 준비가 되었던 것을 그냥 지나쳐버릴 수는 없다. 정치에의 편중 때문에 중국에는 그리스의 철학이나 인도의 종교에 필적할 만한 것이 결국 발생하지 못했다고 할 수 있기 때문이다. 그것은 중국인에게 그 능력이 없었던 것이 아니고 사회적 조건이나 역사적 사정이 그렇게 만들었다고 보아야 할 것이다.

황로의 사상 — 한 초의 도가 사상의 유행

이처럼 한왕조는 무제 때 유학을 국교의 지위로 올려놓았는데, 그러나 초대의 고조에서 무제 이전까지 약 80년간은 도가 사상의 전성기였던 것에 주의해 둘 필요가 있다.

한나라 고조는 처음 천하를 통일하고 나서, 진이 멸망하게 된 것은 시황제의 탄압정책이 민중의 강한 반감을 산 때문이라고 보고, 될 수 있는 대로 자유방임의 정책을 취하는 데 힘을 기울였다. 처음 관중의 땅에 입성할 때 유명한 법삼장(法三章)을 반포하였던 것도 그 정책의 하나였다. 법삼장이라 함은 "사람을 살해한 자는 사형, 사람을 상해한 자 및 도적질한 자는 각각 그에 상당한 형에 처한다"는 것으로 그 이외의 법률은 폐지하는 것이다. 이것은 노자의 "대국(大國)을 다스리는 것은 조그만 생선을 끓이는 것과 같다"는 말처럼 일일이 간섭하지 않는 쪽이 좋다는 생각에 따른 것이다.

⁂ 이 고조의 방침은 뒤를 이은 문제(文帝) 대에도 그대로 지켜졌다. 어느 날 수석 재상인 주발(周勃)과 차석 재상인 진평(陳平)이 어전에 서 있을 때, 문제가 주발을 향하여 "현재 일 년간의 소송사건은 어느 정도인가?"라고 물었다. 주발이 "모릅니다"라고 대답하자 "현재 천하의 전곡(錢穀)의 세입 세출은 어느 정도인가?"라고 거듭 물었는데 이것도 "모릅니다"라고 답하였다. 주발은 황송해서 식은땀이 등에 배었다. 그러자 똑같은 질문을 진평에게 하자 진평은 "소송은 사법대신에게 전곡(錢穀)의 일은 대장대신(大藏大臣)에게 물으십시오"라고 대답하였다. 문제가 "그러면 그대의 임무는 무엇인가?"라고 묻자 진평은 "재상은 천자를 도와서 음양을 다스리고 사이(四夷)를 어루만지고 백성을 보살피고 관리가 그 직책을 잘 수행하는가를 감독하는 것입니다"라고 답하였다. 이것을 듣고서 문제는 매우 감격해서 진평을 칭찬하였다고 한다. 어전을 나간 뒤, 주발이 "그렇게 좋은 답변이 있으면서, 왜 처음부터 가르쳐주지 않았던가"라고 하자 진평은 웃으면서 "그런 질문에 일일이 대답하였다면, 현재에는 지금 장안에 있는 도적이 누구인가"라고 거듭 물었을 것이라고 하였다. 재상이면서 국가의 세입이나 세출을 알지 못한다는 것은 매우 지나친 말이지만, 한대 초기에는 몰론 그것이 당연한 것이었다. "사기"에 의하면 진평은 '황로'사상의 신봉자였다. 이 진평만이 아니라 전한 초기에는 이 황로 사상을 신봉하는 자가 많았다.

황로 사상의 내용

'황로'라 함은 황제(黃帝)와 노자를 가리킨다. 황제는 전설상의 옛 제왕의 이름인데, 고대존중(古代尊重)의 생각이 강한 중국에서는 그 학설이나 기술에 권위를 부여받기 위하여 자기 학설의 기원을 가능한

한 오래된 시대의 위인에게 결부시키는 경향이 강하였다. 유교도 그 기원을 공자나 주공(周公)보다도 앞선 요순 등의 옛 제왕에게 두는데, 도가에서도 여기에 대항하기 위해 노자보다도 오래된 황제를 끌어낸 것 같다. 한대 이전에는 황로라는 용어가 보이지 않았으므로 아마도 한대에 들어와서부터 만들어진 말이라고 생각된다.

그러면 황로 사상의 내용은 어떠한 것일까? 왕실의 일족인 유덕일(劉德一)은 황로의 술(術)을 좋아해 "항상 노자(老子)의 지족(知足)의 계(計)를 가졌다"고 일컬어지고, 또 급암(汲黯)이 지방관이 되어 "황로(黃老)의 말을 좋아해, 민(民)을 다스림에 청정을 지(旨)로 하고 대국을 셈할 뿐이므로, 소사(小事)에는 관계하지 않는다"라고 하여 구경(九卿)의 지위에 올라서고 나서도 무위를 섬겨 법률 조항에 구애되지 않고, 사법관인 장탕(張湯)과 충돌하였다고 전해지고 있다. 이 사례로부터 알 수 있는 것은 당시에는 노자풍의 무위의 정치를 이상으로 하였으리라는 것이다.

또 "사기"의 저자 사마천의 부친인 사마담은 "육가요지(六家要旨)"를 저술하였는데, 여기서 그는 음양가, 유가, 묵가, 법가, 명가가 각각 일장일단이 있지만 도가는 이러한 5가의 장점을 겸비하였고 더욱 간략하게 중요함을 터득하여, 무위로써 하지 않음이 없는 만능의 실용성을 가진 가장 우수한 것이라고 칭찬하고 있다. 이 사마담의 도가 사상에 대한 평가는 무제 이전의 한 초에 살았던 일반 지식인의 사상을 대표한다고 할 수 있다.

이 황로 사상에는 두태후(竇太后)라는 극히 유력한 지지자가 있었다. 두태후는 무제의 조부에 해당하는 문제의 황후로 그 아들 경제의 대에서 손자인 무제 대의 초반에 이르기까지, 황태후로서 보이지 않는 큰 세력이었다. 이 두태후는 열렬한 황로의 추종자였으므로, 그 아들 경제도 "노자"를 읽고 그 도를 존중하였다. 어느 날 박사로 있던 원고생(轅固生)이 노자의 책을 "재야의 서민의 말에 지나지 않는다"라고 하자, 두태후가 노하여 노역형(勞役刑)에 처하게 하고자 하였다. 경제가 간하여서 겨우 구하였다고 한다. 무제가 즉위 후, 유교를 중시하는 풍조가 나타나기 시작했는데, 두태후가 살아 있는 동안에는 이것을 이룰 수 없었고 기원전 135년에 태후가 죽고 나서 겨우 실현이 가능하게 되었다.

이 한나라 초기 80년간에 도가 사상이 전성을 누린 것은 그 당시에 성립한 유교의 경전이 노장 사상을 받아들이고 있던 사실에도 나타나 있다. 더 나아가 후세의 송학, 주자학이 무의식 중에 노장 사상의 깊은 영향을 받는 원인이 되고 있다.

* 유교의 경전 중에 특히 노장 사상이나 형이상학적인 요소를 받아들였다고 보이는 것으로, "역경"의 계사편(繫辭篇)이나 "예기"의 중용(中庸) · 악기(樂記) · 예운(禮運) 등의 여러 편을 들 수 있다. 이러한 것들은 모두 소학의 성립에 중요한 근거가 된 경전이다. 또 "사기"의 노자전에 공자가 노자에게 예를 묻는 대목이 있는데 이것도 공자보다는 노자를 위에 두었던 전한 초기의 풍조에서 생긴 전설일 것이다. 황로 사상의 유행은 무제 때 유교의 국교화와 함께 종지부를 찍는데, 그 후에도 '황로'라는 말은 여전히 사용되었다. 그러나 무제 이후의 황로는 노자에게 가탁한 '신선설(神仙說)'을 가리키고 있는 것이 많고 그 내용이 변질되어 있는 것에 주의할 필요가 있다.

2. 유교의 승리와 경학의 성립

한 초 유교의 상황

그러면 한 초의 유교는 어떤 상태에 있었던 것일까? 무제에 의해서 유학이 국교적인 성격을 부여받기까지의 경과를 살펴보자.

당시의 유자들은 공자의 출신지이기도 한 지금의 산동성 지방에 많이 모여 있었다. 그들의 생활을 지탱하게 하였던 것은 주로 관혼상제업이었던 것으로 생각된다. 비록 그늘의 생활이었지만, 한고조가 천하를 통일한 때에도 외곬으로 고치지 않았다.

한고조는 시골 지방의 촌장 출신이어서 호방한 성격을 갖고 있었지만, 유자와 같이 형식을 꾸미고, 예의나 도덕을 시끄럽게 떠드는 자를 매우 싫어했다. 어쩌다가 유자가 알현을 요청하여 방문하면, 고조는 그 특유의 유관(儒冠)을 뉘여서 앞에 두고, 그 가운데에 소변을 누었다고 한다. 그런데 이 호걸이었던 고조에게도 단 한 가지의 고뇌가 있었다. 즉 주변의 대신이나 장군이 무뢰한이고 야인이어서 예의가 없었기 때문에 과거의 동료였던 고조를 존경하지 않고, 연회석상에서 술을 마시면 예전 버릇이 나와서 칼을 뽑아 기둥을 치는 등 난폭함을 보였다. 이것에는 그 유명한 고조도 몹시 애를 먹었다. 이때 유자 중에서 숙손통(叔孫通)이라 하는 인물이 있었다. 그는 예사 유자와는 달리 처세술에 아주 뛰어났다. 그 때문에 유자들 중에서 "자네는 학문을 왜곡하여 세상에 아부하는 남자일세" 하고 매도한 이가 있을 정도였다. 숙손통은 고조가 묵묵히 있음을 보고 그가 유자를 싫어함을 알면서도 나아가 고조에게 그 문제점을 아뢰었다. "분명히 유자라 하는 것은 새로운 사업을 시작할 때에는 전혀 도움이 되지 않지만, 일단 완성한 것을 지키는 데에는 적합합니다. 한번 저에게 조정 의식의 모범을 행하게 해 주십시오." 그 말이 고조의 마음을 움직여 백관에게 명해서 숙손통의 제자들에 의한 조하의 의식을 견학시킨 뒤, 몇 번이고 연습을 반복케 하였다. 드디어 장락궁(長樂宮)에서 백관조하의 의식이 행하여졌을 때, 그 장엄함에 고조가 감격하였다.

이것을 계기로 고조는 유교의 이용가치를 인정하고 비로소 국가권력의 일각을 이루는 단서로 삼았다. 그러나 고조의 단계에서는 유교는 예라는 형식적인 면에서만 채용되었을 뿐, 그 사상의 가치가 인정되지는 못하였다. 사상계에서는 여전히 도가 사상이 압도적인 우세를 차지하였던 것이다.

유교 일존의 확립과 지식인에의 침투

이처럼 한 초의 약 80년간은 도가의 자유방임의 사상이 전성을 이루었지만, 한왕조의 기초가 아직 충분히 굳혀지지 않았다는 것과 진나라의 탄압정치에 대한 반동이 있었다는 배경이 있어서 가능했던 것이다. 그런데 고조의 증손 무제가 즉위하자 왕조의 기초도 훨씬 굳혀지고, 흉노정벌을 필두로 하는 적극 정책의 방향으로 전환하는 분위기가 무르익게 되었다. 이 단계가 되자 이미 자유방임의 도가 사상은 부적격한 것이 되고, 이를 대신할 강력한 통일정치의 원리를 요구하게 되었다.

그러나 법가의 형벌주의를 노골적으로 명확히 드러내면 불리하다는 것은 이미 진나라의 멸망에 의해 실험되었던 것이다. 여기에서 근본으로는 법가의 입장을 채택하면서 표면적으로는 부드럽게 할 수 있는 것이 가장 현명한 원리임에 틀림없었다. 곧 도덕에 의한 정치를 주장하는 유교를 표면상의 명목으로 삼는 것이 유리한 책략이다. 물론 정치는 힘을 원리로 하는 것으로 도덕이 현실에 도움이 되지 않는 것은 일단 인정하지만 앞서 숙손통이 말한 것처럼 "일단 완성한 것을 지킨다"는 것이 유교의 특기이다. 바로 이 점이 유교가 한왕조에 공인된 이유였다.

무제 아래에서 재상이 된 공손홍(公孫弘)이 "법률이나 실무에 능숙한 후에, 그것을 유술로 꾸민다"라고 한 말은 당시의 사정을 잘 말하고 있다. 알맹이의 대부분은 법가 정치사상으로 하고 가장자리는 유가 사상으로 꾸몄던 것이다.

그러나 유교가 국교의 지위로 올라간 것이 그처럼 자기 편리한 대로이고 소극적인 이유만으로 된 것은 아니다. 유교의 내용에도 천자독재 정치를 적극적으로 지지하는 면이 있었다. 맹자에서 언급한 것처럼, 유교는 가족주의를 국가 관리의 원리(原理)로 하는 소위 가부장제 국가를 이상으로 한다. 그리고 한 집에 아버지의 전제가 있는 것처럼, 한 나라의 아버지인 군주는 국민에 대해서 선의의 전제정치를 행해야 한다고 생각한다. 왜냐하면 민중은 미성년자와 같은 것이고 판단력도 가지지 않았기 때문이다. 소위 All for the people nothing by the people을 원리로 하는 것이다. 따라서 천자의 독재력에 도덕적인 근거를 주고 이것을 합리화하는데 커다란 역할을 한다. 유교가 2천 년에 걸쳐서 왕조시대의 지도 원리가 된 것은 이 같은 이유에서였다.

그런데 한무제 즉위 5년인 건원 5년(B.C. 136)에 무제는 오경박사의 관직을 설치하였다. 다음해 황로의 신봉자로 유학의 장애가 되었던 두태후가 죽자 무제는 황로나 법가 등을 비롯한 백가의 학문을 물리치고 유자 수백 인을 불러, 유자인 공손홍을 재상으로 임명했다. 그 다음해에는 효렴(孝廉)의 선거제도를 설치해, 민간에서 유학을 닦고 덕행이 있는 자는 지방관의 천거에 의해서 관리로 임용하여 유학이 말단까지 침투하는 길을 열었다.

이와 동시에 태상(太常)에 오경박사 5명과 제자 50명을 두어 유학을 연구하게 하고, 또한 자격시험에 급제한 자를 관리로 임명하였다. 이때는 아직 특정 명칭이 없었던 것 같은데, 곧 태학이라 불리게 되었고 그 규모도 급증해 다음의 소제 때에는 제자 백 명, 원제 때는 천 명, 성제 말에는 3천 명에 이르렀다. 말기에 가까운 환제(147~166년) 때에는 태학생의 수만 3만 인에 달하였다. 이 태학의 제자는 효렴선거제도와 함께, 유교의 정신을 지식인에게 침투시키는 데 절대적인 역할을 수행하였다고 할 수 있다.

⁑ 대학의 역사로 말하자면 아마도 중국의 그것이 세계에서 가장 오래되었을 것이다. 후한의 수도 낙양(洛陽)의 대학은 그 규모도 컸고 더욱 기숙사제도여서 순제 때에는 240동, 1850실의 설비가 있었다고 한

다. 학생수가 3만 명에 달할 때에는 더욱 대규모였으리라고 생각된다. 다만 가르치는 박사의 정원은 있지만 따로 강의하는 것도 아니고 학생은 자학자습을 한다든가 적당한 스승을 만나서 배우는 것이 보통이었다. 수업 연한도 없고 매년 실시되는 자격시험에 급제하면 그대로 대학을 떠나 관리가 되었다. 연령도 일정하지 않아 13세의 소년이 있는가 하면 60세를 넘는 자도 적지 않았다. 학내에는 학생의 향리 토산물을 교환하는 시장이 있고 학생간의 분쟁에 대비해서 재판소 겸 형무소의 설비도 있었다. 당시의 학생 아르바이트로서 가장 보편적이었던 것은 용서(傭書), 즉 책을 베껴 쓰는 것이었다. 학생운동으로서는 후한 말에 환관과 일반 관리와의 대립항쟁이 격화되었을 때, 대학생 수천 명이 일반관리의 아군이 되어 조정에 밀어닥쳐서 상소한 예 등이 유명하다.

오경의 성립

이처럼 유학이 국가 공인의 유일한 정통사상이 된 결과, 그것이 일종의 종교적인 권위를 가지게 된 것은 자연적인 추세였다. 본디 유교는 도덕이나 정치의 가르침이고 엄밀한 의미로 종교는 아니다. 그러나 천지를 비롯한 신이나 조상을 제사하는 예를 중시한 점으로는 종교와 통하는 일면도 있고, 또 성인의 숭배를 극단으로까지 밀어붙이면 신에 대한 숭배와 유사하게 될 가능성이 있다. 요컨대 유사 종교적인 성격을 가지는 것이다.

종교적인 권위를 가지는 것이 되려면 반드시 성전이 필요하게 된다. 그것이 경서 혹은 경전이라 불리는 것이다. 본디 '경'이라 하면 직물의 세로로, '위'가 가로인 것과 대(對)를 이룬다. 그런데 세로는 직물의 처음부터 최후까지 관통하는 것이므로, 경은 '상'인 것, 영구불변인 것이라는 의미가 생긴다. 따라서 '경서는 영구불변의 진리를 실은 책'이라는 해석이 성립한다. 또 경은 직물에 질서를 주는 것이므로

'경은 도이고, 법이고, 이(理)이다'라는 뜻이 생긴다. 또 이것을 동사적으로 하면 '다스린다, 정리한다'라는 의미가 된다. 경영, 경세제민, 경제라는 용례가 그것이다. 따라서 경서의 의미를 종합하면 '불변의 도리를 정해 세상을 다스리는 것을 목적으로 하는 책'이 될 것이다.

그런데 한무제는 오경박사의 관직을 두는데, 여기에서 '오경'의 내용이 확정된다. 일찍이 오경이나 육경이라는 명칭은 전국 말이 되고서부터 사용되었는데, 그 내용은 반드시 일정하지는 않았다. 그런데 한 이후의 오경이라 함은 시(詩)·서(書)·예(禮)·역(易)·춘추(春秋)를 가리키는 것이었다. 이것을 시경·서경·역경 등으로 경자를 붙여서 부르게 된 것은 송학이 성립된 연후였다.

⁑ 시(詩) : 이것은 중국 고대의 가요집이고 처음에는 3천 편이었던 것을 공자(孔子)가 순정(純正)한 것만을 뽑아서 현재의 3백 편으로 하였다고 일컬어지고 있는데, 이것은 공자(孔子)를 성인으로 만들기 위한 후세의 전설에 지나지 않는다. 현재의 시 3백 편은 풍(風)·아(雅)·송(頌)의 3개로 크게 구별되고 있다. '풍(風)'은 국풍(國風)이라고도 하며 주나라 초기부터 중기에 걸친 각국민요를 모은 것이라고 한다. '아(雅)'는 조정의 의식이나 연회 때에 부른 시로 여기에는 대아(大雅)와 소아(小雅)의 구별이 있다. '송(頌)'은 천자나 제후의 종묘 제사 때 부른 것으로 주송(周頌)·노송(魯頌)·상송(商頌)의 구별이 있다. 이처럼 고대의 가요를 모았고, 특히 국풍(國風) 등은 민요집이므로 연애의 노래도 포함되어 있다. 이것은 경전으로서 어울리지 않는다고 하는 점에서, 특히 한대의 주석가는 이것을 권선징악의 의미를 가진 교훈의 시로서 무리하게 해석하는 자가 많다.

서(書) 상서(尙書)라고도 부른다. 시(詩)가 가요집인 것에 대해서 이것은 고대 제왕의 조칙이나 사적을 모은 것이다. 따라서 고대의 사실이나 사상을 아는 데에 중요한 의미를 가지고 있다. 다만 요(堯)·순(舜)·우(禹)라는 옛날의 제왕에 관한 부분은 후세에 가필된 것으로 사실(史實)이라기보다는 전설이나 신화에 가깝다고 보인다. 이 책에는 금문(今文)과 고문(古文) 두 종류의 텍스트가 있고 그 진위(眞僞)를 둘러싸고 여러 가지 까다로운 문제가 많다.

역(易) : 주역(周易)이라고 한다. 역(易)은 본디 점서(占書)였다. 점(占)이라 하는 행위의 기원은 매우 오래되었지만, 현재의 역(易)이라는 책은 비교적 후대에 성립된 것이라고 보인다. 공자나 맹자의 시대에는 존재하지 않았다고 보는 설이 유력하고 전국 말의 순자가 열거하고 있는 오경 중에는 역이 들어 있지 않다. 따라서 역이 유교의 경전이 된 것은 한대에 들어온 연후의 일이라고 생각된다. 그러면 왜 한대가 되어서 역을 오경 중에 넣었던 것일까? 그것은 역이 인간의 운명을 예견하여, 여기에 대처하기 적당한 방법을 강구하는 것에 의해서 인생을 행복하게 한다는 기능을 가지고 있기 때문이었다. 본디 유교는 도덕론 위에 성립한 것으로 행복론에 대해서는 극히 냉담하였다. 이것은 유교 대중화의 장애가 되었다고 보인다. 이 결함을 보충하기 위해 새로이 덧붙여진 것이 역인 것 같다. 다만 역은 점복서(占卜書)이면서 형이상학적인 요소를 갖는다(형이상, 형이하라는 말의 출전은 역이다). 특히 역의 해설적인 부분인 계사편(繫辭篇)에는 그 경향이 강하다. 요컨대 음양설을 기본으로 하는 만물생성의 이론이 설명되어 있기 때문이다. 이 때문에 노장이나 불교가 성하였던 육조시대에는 역과 노장을 합쳐서 삼현(三玄)이라 부르고, 이것을 기본으로 한 현학(玄學)이 유행한다. 또 철학적 유학인 송학(宋學)·주자학(朱子學)에서도 역을 그 형이상학의 중요한 근거 중 하나로 삼고 있다(앞글 '음양설(陰陽說)을 조직화한 역경(易經)'을 참조).

예(禮) : 예라 불린 경전에는 의례(儀禮)·주례(周禮)·예기(禮記)의 3부가 있고, 이것을 3례라 부르고 있다. 이중 '의례(儀禮)'는 사대부의 신분을 가진 자가 치뤄야 할 관혼상제의 의식을 자세하게 서술한 것이다. 그 중에는 고대의 습속이나 가족제도를 아는 데에 도움이 되는 자료가 있다. 그러나 후세의 관혼상제는 반드시 의례의 규정대로 행해지지 않았고 일반에게 읽힌 것은 드물었으며 전문으로 연구하는 자도 적었다. '주례(周禮)'는 주대(周代)의 관제를 서술한 것으로 일명 주관(周官)이라고도 한다. 주대의 관제를 알기 위해 중요할 뿐만 아니라 정치사상이나 제례의 제도, 고공기(考工記) 등과 같은 차복기물(車服器物)의 제도까지도 기록되어 있어 주대(周代)의 문화를 아는 데에 도움이 된다. 단 주례는 주대의 사실을 그대로 충실히 기록한 것이 아니고 다분히 이상화한 요소를 가진 점에 주의할 필요가 있다. '예기(禮記)'는 그 내용이 광범위하고 나쁘게 말하면 잡다한 것이 많이 섞여 있다. 왕제편(王制篇)처럼 국가의 제도를 서술한 부분도 있다. 더욱이 중용편(中庸篇), 대학편(大學篇)처럼 철학적인 내용을 가진 것이 있는가 하면 예운편(禮運篇), 악기편(樂記篇)처럼 도가 사상의 영향을 강하게 받은 것도 있다. 사상사적인 입장에서 보면 삼례(三禮) 중에 가장 문제가 많은 책이라고 할 수 있다.

춘추(春秋) : 공자가 태어난 노국을 중심으로 한 기원전 722년부터 기원전 242년까지의 연대기이다. 저자는 공자라고 하는데 현재는 보통 부정되고 있다. 매우 간단하고 단편적인 기록에 지나지 않지만, 이미 맹자 때부터 "이것은 공자가 천하의 질서를 바로잡고자 하는 이상을 적은 책이고 아무렇지도 않게 쓰여져 있는 기사의 일언일구 속에 대의명분을 밝힌 깊은 의미가 포함되어 있다"라고 말하여졌다. 이른바 '춘추(春秋)의 필법'인 것이다. 그러나 보통 사람은 그 권계(勸戒)의 의미를 알 수 없으므로 이것을 해설하는 세 가지 '전(傳)'이 나타났다. 춘추의 3전이 그것이다. 3전은 본래 해설서이지만 이것 없이는 춘추의 깊은 뜻을 알 수 없으므로 사실상 '경'으로서의 취급을 받았다. 그 3전이라 함은 좌전(左傳) · 공양전(公羊傳) · 곡량전(穀梁傳)을 가리킨다. 좌전(左傳)은 좌씨전(左氏傳)이라고도 하며 후세에는 가장 널리 읽혔다. 좌전(左傳)은 다른 2전과 달리 이론보다도 역사적인 사실의 이면을 나타낸 것으로 현재 춘추시대의 역사를 알기 위한 가장 중요한 사료가 되고 있다. 공양전(公羊傳)은 곡량전(穀梁傳)과 함께 춘추에 감추어진 공자의 의도를 밝히는 것에 주안점을 두고, 일언일구에 독특한 해석을 내리고 있다. 그것이 너무나도 주관적인 자의(恣意)에 지나지 않기 때문에 전한시대에만 널리 유행하고 그 후에는 좌전(左傳)에 압도되어 그 연구자도 극히 없게 되었다. 단 후한 말기가 되어 지식인들 사이에 위기의식이 생김과 동시에 혁신을 꾀하고자 한 사람들 사이에 존중되어 소위 공양학파(公羊學派)의 성립이 이루어졌다.

경학의 성립

이 오경은 천하국가를 다스리는 원리를 설명한 책이라는 점에서는 '정전'으로서의 성격을 가지며, 다른 한편으로는 성인의 가르침을 기록했다는 점에서 종교적 권위를 갖춘 '성전'의 성격을 가지고 있다. 요컨대 정전임과 동시에 성전이라는 이중의 성격을 갖추고 있는 것이다. 따라서 한대 이후의 오경은 사상계에서 절대적인 권위를 가지고 군림하게 된다. 이 때문에 한대 이후 중국 사상계는 경서가 규정하는 범위에서 벗어나는 것이 극히 곤란하게 되고, 사상의 자유로운 전개라는 점에서 보면 매우 불행한 결과를 가져오게 되었다.

이처럼 경서의 권위가 확립됨과 동시에, 이 경서를 연구하고 해석하는 '경학(經學)'이 발생하였다. 이것은 그리스도교의 성서 내지 신학에 해당하는 것으로 한대 이후의 유학은 경학의 범위에서 벗어나지 못하게 된다. 예컨대 송나라의 주자학이나 명나라의 양명학 등은, 노장이나 불교의 영향을 강하게 받은 유학이지만, 최후의 근거가 된 것은 역시 경서여서 단지 그 해석이 종래와 다를 뿐이다. 따라서 주자학이나 양명학은, 경학의 내부에서 발생한 시대적인 변천이고 경학이 아닌 다른 것에서 튀어나온 것은 아니다.

한대 경학의 특색으로서는 금문학(今文學)과 고문학(古文學)의 대립이 있었던 점과, 경서 외에 참위(讖緯)라는 책이 나타나 이것이 경학과 결합된 것을 들 수 있다. 둘 다 경학사(經學史)로서 중요한 의미를 가지나 사상사로서는 그다지 큰 의미를 가졌다고 볼 수 없다.

⁑ 금고문(今古文)의 문제 : 전한 초기에 나타난 경서는, 모두 금문 즉 한대에 통용되는 자체(字體)로 쓰여졌다. 그런데 그 후 고문, 즉 예전의 글자체로 된 경서가 나타난다.

글자체의 상위(相違)뿐이라면 문제는 없는 것이지만, 금문상서(今文尙書)와 고문상서(古文尙書)에는 편(篇)의 차이가 있고, 주례는 고문밖에 없고, 춘추의 경우에는, 공양전은 금문, 좌전은 고문밖에는 없는 것으로, 내용의 상위(相違) 내지는 사상의 대립문제까지도 생긴다. 전한시대에는 금문이 일찍이 조정의 공인을 받을 만큼 압도적으로 우세를 보이지만, 후한시대에 들어와 둘 다 세상에서 인정되었다. 전한의 금문학을 대표하는 학자로 "춘추번로(春秋繁露)"를 지은 동중서(董仲舒)가 있다.

참위설(讖緯說) : 참이란 예언으로 특히 왕조의 교체 혁명에 관한 것이 많다. 진시황제 때 "진(秦)을 멸하는 것은 호(胡)이다"라는 예언이 유행하자 시황제는 흉노정벌군을 일으키는데, 예언의 호(胡)는 '오랑캐'가 아니고 2세 황제인 호해를 가리켰다고 한다. 후한의 광무제가 왕실의 부흥을 위해 병을 일으켰을 때도 이 참을 이용한다. '위(緯)'는 씨실의 의미로 날실인 '경(經)'의 보조 역할을 하는 책을 말한다. 위서가 생긴 것은 전한 말인데 그 내용은 제왕 탄생에 대해서 신화적인 말을 결부시키거나 공자를 신비화하는 것 등이다. 이 위서는 앞서의 참과는 발생상으로 별개의 것인데, 둘 다 신비적이라는 점에서 공통이 되어 참위설이라는 한 가지로 결합된다. 이 참위설은 한대에 성행했는데 그 후에 점차로 쇠퇴하여 수대에 금지되고부터는 여러 책이 인용되는 정도로만 남게 되었다.

3. 한대 사상계의 흐름

회남자(淮南子) — 한 초 도가 사상의 대표

유교의 경학이 성립된 것은 사상사에서 중대한 사건이었으나 경학은 유교의 권위를 무조건 신뢰하는 것에서 성립하는 신학과 같은 것이므로, 사상적인 내용은 결핍되었다고 할 수 있다. 한대 4백 년간은 경학의 전성기였지만, 경학 외에도 우수한 내용을 가진 사상이 없었던 것은 아니다. 그 중에서도 대표적인 것을 몇 가지 들어보자.

우선 제일 먼저 들 수 있는 것은 "회남자(淮南子)"이다. 이것은 한 사람의 저서는 아니고 한의 왕족인 회남왕(淮南王) 유안(劉安, ?~기원전 122)이 그 문하로 양성하였던 학자들의 논문을 편집한 것이다. 따라서 진시황제의 재상이었던 여불위가 편집한 "여씨춘추"와 매우 유사한 성격의 책이다. 여러 학자의 논문을 모은 것이므로 그 내용도 유가 · 도가 · 법가 등의 사상이 섞였고 소위 잡가로 이루어져 있는 것은 "여씨춘추"와 똑같다.

그러나 이 "회남자"의 주류를 이루고 있는 것은 도가 사상이어서 그 분량도 압도적으로 많다. 이 책이 완성된 것은 무제 때로 아직 유교의 권위가 충분히 확립되지 않았기 때문에 한 초의 도가 사상이 전성을 누리고 있었던 영향을 받은 것으로 보인다. 다만 한 초의 도가가 황로라고 불렸을 만큼 노자 정치사상이 중심이었던 것에 반해서, "회남자"에는 장자 사상의 색채가 강하다. 따라서 철학적이고 종교적이다. 그 예로서 전언훈(詮言訓)에 다음과 같은 말이 있다.

> 천지가 시작하고서 나라고 하는 인간이 태어나기까지는 무한한 시간이 걸렸을 것이다. 또 내가 죽고 난 뒤에도 천지는 그 무한의 존재를 계속할 것이다. 그렇게 보면 겨우 오륙십 년의 목숨밖에 되지 않는 인간이 이 광대한 천하의 어지러움을 우려하는 것은, 마치 황하의 수량

이 적다고 눈물로 보태고자 하는 것과 같다. 그것은 마치 3일밖에 살지 못하는 하루살이가 3천 년의 수명을 지닌 거북이를 위해 양생법(養生法)을 걱정하는 것과 같이 바보스럽고 웃기는 것이다. 그러므로 천하가 어지러워지는 것을 우려하지 않고 자기 몸이 다스려지는 것을 즐기는 자야말로, 함께 도(道)를 말할 수 있을 것이다.

이 말은 분명히 종교적 인간의 것이다. 만약 정치적 인간이라면 이 말이 가진 이기주의에 반발을 느끼지 않을 수 없을 것이다. 현재 중국에 전해진 불교는, 유교측에서 "불교는 이기주의다. 왜냐하면 자기 일신의 구원을 생각할 뿐 천하국가의 이해에 무관심하기 때문이다"라는 비난을 계속해서 받았다.

회남자에는 곳곳에 "장자" 외편 · 잡편의 용어인 '성명(性命)', '성명의 정(情)'이라는 말이 나타나 있다. 그것은 천성인 자연의 뜻대로 살아가라는 장자의 가르침을 충실히 지킨 것이다. 따라서 그것은 세속적으로 인위적인 도덕이나 예의의 속박을 받는 것이 아니고, 안에 있는 마음의 진실로 산다는 인생관과 결합된 것이다.

그러나 회남자의 집필자는 다수였기 때문에 똑같은 장자 철학을 계승하였으면서도 이것을 벗어나 새로운 국면을 열고자 하는 면이 보인다. 자연의 천성 안에 선이 포함되어 있고, 인의가 구비되어 있다는 주장이 바로 그것이다. 예컨대 "천성(天性), 자연의 정(情)에 철저하면 거기에는 인의(仁義)가 처음부터 구비되고 있는 것이다"(俶眞訓) "마음이 처음의 상태로 돌아가면 인간의 성(性)은 선(善)이다"(木經訓) 등이 그것이다. 더욱 인의나 선은 어디까지나 자연의 도에서 생긴 것이고, 유묵의 그것과는 차원을 달리하는 것이라고 한다(齊俗篇). 이 같은 생각은 실은 "장자"의 외편 · 잡편에서 이미 나왔던 것이고, 천도의 정의 발로는 그대로 부친의 죽음을 슬퍼하는 효의 도덕으로 되어 나타난다고 하는 주장과 결부된 것이다. 물론 천진의 정의 발로인

도덕은, 의식적으로 행하는 유교도덕과는 다른 것인데, 그러나 결과적으로는 세속적 도덕을 시인하는 것이 된다. 그런 의미에서 유교 도덕과의 타협이라고 할 수 있다.

유교와의 타협은 또 '자연'의 신해석으로 나타난다. 자연은 인위의 부정 · 무위를 의미하는 것인데, 수무훈(修務訓)에서는 여기에 반해서 자연을 인위에 결합시키려고 한다.

> 무위(無爲)라 함은 적연(寂然)해서 소리가 없고, 막연(漠然)해서 움직이지 않는 것을 가리킨다고 말하는 자가 있다. 그러나 나는 그렇게 생각하지 않는다. 옛날부터 신체를 움직이지 않고, 사려도 하지 않고 생활할 수 있는 자가 있었을까? 내가 말하는 무위는 그 같은 것이 아니다. 무위라 함은 사의(私意)로 자연의 이치를 왜곡하지 않는 것이다. 큰 못의 물을 산 위로 끌어올리고자 하는 것은 사의(私意)이고 유의(有意)이지만, 그 강의 물을 낮은 곳으로 흐르게 하고자 하는 것은 자연에 따르는 행위이다. 세상에서는 이 구별을 알지 못하는 자가 많다. 예컨대 학문은 인위이므로 무용이라고 한다. 그리고 인간의 자연의 성은 각각 장단이 있고 인위로 변하게 하는 것은 불가능하다고 주장한다. 그러나 야성의 사나운 말도 잘 길들이면 마차를 끌 수 있고 사람을 실어 나를 수도 있다. 인간도 교육에 의해서 자연의 성을 변화시킬 수 있다. 현재 성인도 아닌데 학문을 버리고 자연의 성을 그대로 따른다고 하는 것은 배를 버리고 물 위를 맨발로 걷는 것과 같다.

이것은 종래 도가의 '무위자연'에서 인위를 포함한 '유위자연'으로의 전환을 의미하는 것이고, 획기적인 뜻을 가지는 것이다. 그리고 이 입장은 후의 육조시대의 중인 지둔(支遁)의 "장자" 소요유편(逍遙遊篇)의 신해석에 그대로 통한다고 해도 과언이 아니다.

사기의 백이전(伯夷傳) — 도덕과 행복의 모순 문제

"회남자"와 아울러서 전한시대의 사상에서 중요한 위치를 차지하는 것은 사마천(司馬遷)의 "사기"였다. "사기"는 물론 역사책이고 사학사상(史學思想)의 각도에서 논해야 할 것이지만, 유교의 인생관이 가진 결함을 분명히 밝혀 중대한 문제 제기를 하였다는 의미에서 그 사상적인 역할은 크다.

사기의 열전 첫 번째는 백이전(伯夷傳)으로 시작한다. 백이는 그 아우 숙제와 함께 주무왕이 은의 주왕을 토벌해서 혁명을 단행하고자 하는 것을 반대해서 간하지만 듣지 않자, 결국 수양산에 들어가 굶어 죽었다고 전해지고 있다. 정의를 행하면서 더욱 불행한 일생을 보낸 인물이었다. 공자는 이 백이, 숙제의 생애에 대해서 어떤 의견을 가졌던 걸까? 어느 날 제자 한 사람이 "백이, 숙제는 자기의 운명을 원망하였습니까?"라고 질문하자 공자는 "인을 찾아서 인을 얻었다. 또 무엇을 원망하겠는가?"라고 답하고 있다(논어 述而篇). 그 의미에서 백이, 숙제는 인의 완성을 구해서 그 목적을 실현한 것이었으므로 원망하는 것은 아무것도 없었다고 하는 것이다.

그런데 사마천은 이 공자의 의견에 정면으로 반대한다. 백이, 숙제가 죽을 때에 남긴 시가 있는데 여기서는 올바른 군주가 세상에 없음을 한탄하여 서산(西山)에 고사리를 뜯어서 굶어죽는 자기의 신상을 서술해 "명(命)이 쇠하는구나"라고 맺고 있다. 천명을 원망하였던 것은 부정할 수 없는 사실이다.

세상에는 '천도는 반드시 선인의 편이 된다'는 말이 있다. 그럼에도 불구하고 백이 같은 선인이 왜 이 같은 불행을 만나지 않으면 안 되었을까? 더욱이 그것은 단지 백이만이 아니다. 공자의 제자 70명 중 가장 우수한 인물이었던 안회는 끼니조차 굶을 정도로 빈궁한 생활을 보내어 일찍 세상을 뜬다. 이것과는 반대로 도척과 같은 이는, 수천 인의 수하를 거느리고 천하를 횡행하여, 수많은 살인의 죄를 범하면서 천수를 누리고 있는 예가 있다. 이외에도 비슷한 경우를 무수히 볼 수 있다. 그러므로 천도의 섭리는 과연 올바른 것일까? 그보다도 잘못된 것은 아닐까 하는 점을 의심하게 된다.

이 사마천의 말 "천도(天道)는 옳은가, 그른가?"라는 절망적인 한 구절은 후세에 커다란 문제를 남겼다. "서경"의 "천도는 선에 복을 주고, 악에 화를 내린다"는 말은 세상의 도덕에 힘쓰는 자에게 용기를 주고, 위로가 되는 것이다. 그런데 사마천은 이것이 역사적 사실에 반하는 것이라고 부정한다. 그런데 공자도 선인이 세속의 행복을 받는 것은 믿지 않지만, 그 대신 인이라는 도덕을 실현함으로써 얻는 만족감을 행복으로 해석하는 길을 택하였다. "인을 찾아서 인을 얻었으면, 또 무엇을 원망하겠는가"라는 말은 이 입장의 표명이었다. 그럼에도 불구하고 사마천은, 공자의 주장에 반론을 가해, 이것을 부정한다. 결국 사마천은 유교가 생각한 행복론에 만족을 할 수 없었던 것이다.

본디 유교의 본질은 '이 인생을 어떻게 올바르게 살아갈 것인가?' 하는 도덕론이었던 것이어서 '이 인생을 어떻게 하면 행복하게 할 것인가?' 하는 행복론에 대해서는 냉담하였다. 이 때문에 유교의 행복론은 매우 허술하였고 커다란 결함이 있었다. 사마천처럼 정의감 때문에 흉노의 포로가 되었던 장군 이릉(李陵)의 변호에 앞장서서, 그로 인해 무제의 격노를 사서, 선비로서는 가장 치욕으로 여겨진 궁형(宮刑)을 받았던 비운의 입장에서는, 행복론에의 요구가 매우 강렬하였던 것은 당연한 것이었다. 유교의 행복론은 이러한 극한 상황 앞에서는 완전히 무력함을 노출시킬 수밖에 없었다.

이 사마천으로 대표되는 유교 행복론에 대한 불만은, 이윽고 사람들을 불교의 행복론으로 이끄는 원인이 되었다. 거기에는 아직도 4백년의 긴 세월을 필요로 하지만, 이 유교의 인생관에 대한 불만은 사람들의 마음 깊은 곳에 잠복하여 끊임없는 저류가 되어서 계속되었다고 보아야 할 것이다. 만약 그렇지 않다면 육조시대 사람들의 정열적인 불교에의 경사, 특히 삼세보응설(三世報應說)에 대한 깊은 찬양의 뜻을 설명하기 어려울 것이다.

⁑ 도덕과 행복의 모순 문제는 칸트의 "실천이성비판"에서 중요한 테마의 하나로 취급되고 있다. 칸트에 의하면 올바르게 존재하고 싶다는 소망과 행복하게 존재하고 싶다는 소망은 똑같은 권리를 가져야 한다. 그러나 현실에서는 이 두 개의 소망이 양립하는 것은 극히 곤란하다. 스토아학파의 사람들은 도덕을 실현하여 얻는 만족감이 행복이라고 하였다. 요컨대 행복이 독립할 권리를 인정하지 않고서, 이것을 도덕 중에 흡수시켜 해소시키고자 하는 길을 선택하였다. 이것은 앞서 든 공자의 '인을 찾아서 인을 얻었으니 또 무엇을 원망하랴'는 입장과 완전히 똑같은 것임을 알 수 있다.

그런데 칸트에 의하면 도덕과 행복은 이질적인 것이고, 이것을 강하게 하나로 융합시키고자 하는 스토아학파의 태도는 일종의 속임수에 지나지 않는다고 한다. 칸트의 의견으로는 인간의 입장, 윤리도덕의 입장으로는 도덕과 행복은 항상 일치시킬 수 없는 이율배반이고, 양자를 일치시키기 위해서는 신의 도움을 요청하는 길밖에는 없다고 한다.

여기에서 든 사마천의 도덕과 행복의 모순에 대한 논의는 육조시대의 삼세보응설(三世報應說) 중에 잘 인용된다. 그 중에도 안회와 도척의 예는 가장 잘 인용된다.

왕충의 논형(論衡) — 인생은 우연한 운명에 의해 결정된다

한대에 나타난 이색적인 사상가로서, 후한의 왕충(王充, 27?~100)을 들 수 있다. 그의 저서인 "논형"은 후한 말에서 육조시대에 걸쳐 많은 지지자를 얻었고, 커다란 영향을 주었다.

왕충은 독자적인 합리주의 입장에서 당시의 유행사상을 철저하게 비판한다. 그러면 우선 한대의 유행사상이 무엇인지에 대해서 간단히 언급할 필요가 있다.

한대의 사상문화를 대표하는 것은 유교인데, 그 한대의 유교에는 특수한 색채가 칠해져 있다. 그것은 일종의 종교적 신비적인 요소이다. 앞서 든 참위설도 그렇지만 여기에 부수해서 천인상관설(天人相關說)이라고 불리는 것이 있다. 이것은 지상에서 인간이 선하게 행동하느냐, 악하게 행동하느냐의 여부가 천(天), 즉 자연계의 길상(吉祥)이나 재해를 불러일으킨다고 하는 것이다. 특히 정치와 자연현상 사이에 대응의 관계가 있음을 설명하였다. 이 천인상관설을 최초로 조직적으로 논한 것으로서는 전한의 대유학자로 알려진 동중서(董仲舒, B.C. 176~B.C. 104)의 "춘추번로(春秋繁露)"가 있다. 이 천인상관설은 한대에 크게 유행한 것으로, 천재가 있을 때마다 천자에게 상소해서 실정을 논하는 자가 많았고, 재상이 책임을 지고 사직하는 경우도 있었다.

왕충은 이 같은 시대의 풍조에 대해서 격렬하게 비판하는 태도를 취하였다. 본디 그가 태어나 일생의 대부분을 보낸 강남은 당시에는 여전히 후진지대였고 더욱 지방의 관리로 일생을 마쳤으므로 유행사상에 대해서 일정한 거리를 두는 것이 가능했다고 보인다. 그러나 그의 비판적인 입장을 확립시킨 것은 그 특유의 합리주의였다. 왕충에 의하면 천(天)은 마음의 변화를 가지지 않는 자연이고 물체이다. 어떻게 해서 그것을 증명할 수 있을까? 천(天)은 입이나 눈 등의 감각기관을 가지지 않았기 때문이다. 감각기관을 가지지 못한 모든 것은 당연한 결과로 마음의 변화를 가질 수 없다. 그러면 어떻게 해서 멀리 떨어져 있는 천(天)에 입이나 눈이 없음을 알 수 있는가? 그것은 근처에 있는 대지를 보면 된다. 땅은 하늘과 부부와 같이 서로 유사한 것이므로 땅의 상태로 미루어 천(天)의 상태를 살필 수 있다. 그런데 땅에는 입이나 눈이 없다. 따라서 천(天)에도 눈이나 입이 없는 것을 알 수 있다는 것이다(自然篇).

이처럼 천(天)은 자연의 실체이고, 무의무심의 존재이므로 인간처럼 목적의식을 가지고 행동할 수는 없다. 그런 의미에서 천(天)은 '무위'이다. 그것은 인간이 '유위'인 것과는 반대이다. 그러나 무위라고 해서 운동하지 않는다는 것은 아니다. 운동해도 목적의식을 가지지 않는 경우는 이것을 무위라 한다. "분명히 천(天)은 운동하지 않으면서 만물을 낳는다는 변화를 만들지만, 천(天)이 만물을 낳고자 해서 낳은 것은 아니고 그 무심의 변화 중에서 만물이 자연히 생기는 것이다. 그 변화의 발생은 자연이고 무위이다"(自然篇).

이와 같이 왕충이 천(天)을 무위자연의 존재로 보았던 점에서 그것은 노장의 입장과 일치한다고도 할 수 있다. 사실 왕충도 이 점을 인정하여 "유가의 설과는 다르지만, 황로의 의(義)에는 맞는다"(自然篇)고 하고 있다. 그러나 왕충과 노자 사이에 있는 차이점 또한 감출 수 없다. 분명히 노자도 천(天)을 무위자연이라고 하지만, 그 천(天)의 무위자연은 동시에 인간의 생활방식에서 이상이 되는 것이고, 천(天)은 인간을 품는 어머니였다. 그런데 왕충은 천을 무위, 인간을 유위라고 규정해서 양자를 엄격히 구별하고 분리시킨다. 이 점에서는 물론 유가의 순자의 입장에 가까운 것이라고 할 수 있다.

이처럼 무의무심의 천과, 유의의 인간을 엄격히 분리함으로써 어떤 결과가 발생했을까? 그것은 한대에 유행했던 천인상관설을 전면적으로 부정하는 것이다. 그 논증은 여러 가지 각도에서 행해지고 있는데, 근본적으로는 천과 사람 사이에 인과관계가 성립하지 않는다는 한 점으로 귀결된다.

* 이외에 왕충은 한대의 미신을 모두 철저하게 비판하여 부정한다. 이 때문에 공산 정권의 중국에서는 왕충을 중국 최초의 무신론자로서 높이 평가한다.

왕충의 운명론 · 우연론 · 무신론

그러나 이 천인상관설의 부정보다도 더욱 중요한 사실이 있다. 그것은 왕충이 독자적인 성명론(性命論)을 전개함으로써, 인간의 운명이 우연에 의해서 결정된다고 분명하게 주장했다는 사실이다. 본디 성명이라는 말은 "장자"의 외편 · 잡편에 있는 것인데, 그 후에는 일반적으로 널리 사용되었다. 성은 천성이고 인간에 내재된 천을 가리킨다. 명은 천명이고 인간의 밖에 있어서 인간을 지배하는 운명을 가리킨다. 인간은 안팎으로 천(天)의 규정을 받고 있는 것이다. 따라서 생명이라는 말은 이 '성명'이 전화한 것이다.

그런데 종래에는 성과 명 사이에는 인과관계가 있는 것으로 보았다. 성에서 나타난 인간 행위의 선악이 원인이 되어 길흉의 천명이 결과로서 나타난다고 하는 것이다. 소위 선인선과(善因善果), 악인악과(惡因惡果)의 생각이다. 그것은 앞서의 천인상관설이 인간 행위의 선악이 천(天)의 서상(瑞祥)이나 재해를 불러일으킨다고 하는 주장과 완전히 똑같은 발상에서 생기고 있는 것이다.

천인 단절을 주장하는 왕충은 이 생각에 대해서 강한 부정의 태도를 취하는 것은 물론이다. 인간 행위의 선악은 그 성에서 나타나는 것이고, '성'의 계열에 속하는 사실이다. 이것에 비해 화복(禍福)의 운명은 천에서 나오는 것이고 '명'의 계열에 속하는 사실이다. 이 두 개의 다른 계열에 속하는 사실은 각각 독립한 이질의 것이므로 양자 사이에 인과관계가 성립할 가능성은 전혀 없다.

인간은 성의 계열에 따라서 어느 때에는 선을, 어느 때에는 악을 행한다. 천은 명의 계열을 따라 어느 때에는 복을 어느 때에는 화를 내린다. 이 선악과 화복 두 계열의 사실은, 분명히 무관계이고 평행선인 채로 전개된다. 따라서 인간이 선을 행할 때에 천이 복을 줄 때도 있고, 화를 줄 때도 있다. 그럼에도 불구하고 세상 사람들이 선인선과, 악인악과를 말하는 것은 무슨 까닭인가? 그것은 사실의 오인에 의한 것이다. 분명히 사람이 선을 행할 때에 행운이 내릴 때도 있고 악을 행할 때 불운에 빠지는 경우도 있다. 세상 사람들은 이 같은 사실을 포착하여 선이 복을 일으키고 악이 화를 일으킨다고 한다. 그러나 그것은 우연의 일치에 지나지 않는 것이고 필연적인 인과관계에 의한 것은 아니다.

여기에 왕충 특유의 '우연'의 이해가 나타나 있다. 우연이라 함은 두 개의 사물이 평행하는 것이다. 분명히 인과관계가 없는 것이 때로 장소를 같이해서 나타난 경우, 이것을 우연이라고 부르는 것이다. 양자 사이에 인과관계가 있는 것처럼 생각되는 것은 그 동시성에 이끌렸기 때문이다. 따라서 선과 복을 조합시키고 악과 화를 조합시킴은 우연에 의해서 얻어지는 것이고 선인선과 악인악과라는 법칙은 존재하지 않는다. 말하자면 인간의 행 · 불행의 운명은 모두 우연에 의해서 결정되는 것이다.

사마천은 선인이 불행한 생애를 끝마치는 사실을 들어서 천의 섭리의 존재를 의심하여 "천도는 과연 옳은가 그른가" 하는 절망적인 의문을 제출하였다. 만약 왕충의 논리를 따른다면 천의 섭리는 처음부터 존재하지 않고, 선인으로서 불행한 생애를 끝마치는 것은, 물론 세상에서 보통 존재하는 것이다. 인생은 모두 우연에 의해서 지배되고 모순으로 꽉 찬 것이다.

이처럼 현실의 인생이 불합리한 것이라고 하면, 사후의 세계에서 그 보상을 구할 길이 남아 있지 않을까? 그러나 그에 대한 왕충의 대답은 부정적이다. 왜냐하면 왕충은 죽은 후의 혼의 존재를 믿지 않았기 때문이다. 왕충은 말한다.

> 인간은 무엇에 의해서 살 수 있을까? 그것은 인간이 정기를 가지고 있기 때문이다. 그 정기는 혈맥 속에 머물고 있어서 인간의 생명을 지탱하고 있다. 그런데 인간이 죽으면 혈맥은 썩고 거기에 머무르는 정기

도 소실된다. 정기가 없게 되면, 신체는 물론, 정신의 움직임도 소멸해버린다. 따라서 사후의 영혼은 존재할 여지가 없다. 그럼에도 불구하고 세간에는 영혼, 즉 귀신이 존재한다고 주장하는 자가 많다. 그것이 불가능한 것임을 한두 가지 실례에 의해서 증명해보자. 태고로부터 지금에 이르기까지의 죽은 사람 수는 엄청나다. 현재 살아 있는 인간의 수보다 많아야 한다. 만약 귀신이 실재한다면 도처의 길이나 가옥마다 꽉 차 있어 한 걸음 걸을 때마다 귀신과 충돌해야 도리이다. 그런데 세간의 떠도는 말로 귀신을 만난 경우는 드물게 들릴 뿐이다. 또 만약 한 걸음 물러나 생전에 정기를 갖추었던 자가 사후에 귀신이 되어서 나타난다고 하면 귀신은 나체로 나타나야 한다. 왜냐하면 의복이나 신발에는 처음부터 정기가 없기 때문이다. 그런데 세간에서 귀신이라고 하면, 귀신은 모두 의복을 입고 신발을 신고 있다. 옷을 벗은 유령을 보았다는 말은 아직 들어보지 못했다. 이 사실만으로 생각해도 세간의 귀신이라고 하는 말은 모두 허위인 것이 분명하다.(論死篇)

이처럼 왕충은 그 특유의 합리주의의 입장에서 영혼의 존재를 부정한다. 그 결과로 얻어진 것은 무엇일까? 이 모순과 불행으로 얼룩진 인생은, 죽음과 함께 끝나버리고 그 생전의 불행이 보상될 길은 완전히 닫혀버린다. 그것은 완전히 구제할 수 없는 인생관이었다.

왕충의 인생관이 초래한 것

그러면 이 왕충의 인생론은 중국 사상사에서 어떤 역할을 하였을까? 그는 한대에 유행했던 사상의 모든 것을 철저하게 비판한다. 물론 유교에 대해서도 비판적이다. "논형"에는 문공편(問孔篇)이나 자맹편(刺孟篇)이 있는데, 예컨대 상대가 공자나 맹자일지라도 그 입장이 철저하지 못하면 즉시 비판을 가하였다. 이 책이 유교 비판의 성격이 강한 것은 분명하다. 그럼에도 불구하고 그는 유교를 부정한 것은 아니었다. 그가 비판하고 부정한 것은 실은 '한대의 유교'였다. 한대의 유교에는 공맹시대에 없었던 잡동사니가 대량으로 끼어 들어갔다. 참위설을 중심으로 하는 천인상관설이 그것이다. 그것은 미신적인 요소를 혼합한 사상이다. 공자의 "괴력난신(怪力亂神)을 말하지 않는다"라는 말처럼 그가 사후의 세계를 믿는 형적(形蹟)이 없는 점은 왕충과 가까운 입장에 있었다고 할 수 있다. 따라서 왕충은 한대의 유교를 비판하고 부정하여 그 잡동사니를 제거함으로써 본래의 유교의 형태로 돌리고자 한 것이었다. 그 유교 비판은 유교의 정신을 순수화하는 것이었다.

그러나 왕충의 역할이 그것만으로 그친 것은 아니었다. 그는 유교의 정신을 순수화하는 것에 의해서, 그 자신은 의도하지 않았음에도 불구하고 유교가 가진 한계를 분명히 한 것이다. 유교의 인생관에 서는 한, 올바른 인간이 반드시 행복을 누린다고 하는 보증은 어디에도 없다. 물론 도덕과 행복은 모순되는 것이 보통이고, 선인이 불행한 생활을 마치는 것도 세상에 흔한 일이다. 사마천이 한탄한 것도 거기에 있었다. 더욱이 죽음은 생의 단절이고, 사후의 세계는 허무이고, 영원의 어둠이다. 거기에는 생전의 불행을 보상해줄 길은 전혀 남아있지 않다. 이처럼 구제할 수 없는 인생관이야말로, 왕충의 철학의 결론이고 또 동시에 유교의 결론이었다. 왕충은 유교의 인생관 중에 숨어 있었던 비극성을 밝혀 표출한 것이다.

왕충의 "논형"이 지어지고서 약 100년간 그 존재는 세간에 알려지지 않고 지나갔다. 변경 땅의 무명인의 저서라는 것이 주된 이유였지만, 독자가 있었다고 하더라도 아마 깊게 주의를 끌지 못했을 것임에 틀림없다. 왜냐하면 정치에 대한 관심이 강하였던 한대 사람들은 이 같은 인간의 영원의 운명을 문제로 하고 있는 책에 관심을 가지지 않았기 때문이다. "논형"이 세인의 관심을 끌고 폭발적인 유행을 보이게 된 것은, 한의 왕조가 점차 쇠퇴하였던 후한의 말기였다.

"논형"을 읽을수록 새삼스럽게 유교의 구제될 수 없는 인생관을 깨우치게 하여 여기에 대신할 수 있는 생활의 원리가 필요함을 통감하게 한다. 육조시대에 노장 사상이 유교를 압도하고 더욱이 불교의 윤회설이 지식인의 마음을 깊이 사로잡았던 것은 바로 그 결과였다.

⁑ 한대에는 여기에서 취급한 "사기", "회남자", "논형" 외에 사상적인 내용을 가진 저술이 많았다. 전한대에는 육가(陸賈)의 "신어(新語)", 가의(賈誼)의 "신서(新書)", 동중서(董仲舒)의 "춘추번로(春秋繁露)", 양웅(揚雄)의 "법언(法言)", "태현(太玄)" 등이 있고 후한에는 환담(桓譚)의 "신론(新論)", 왕부(王符)의 "잠부론(潛夫論)", 순열(荀悅)의 "신감(申鑑)", 중장통(仲長統)의 "창언(昌言)" 등이 있다. 그러나 대부분은 한대의 정치적 현실에 밀착한 것이 많았고, 소위 일과성(一過性)의 사상에 지나지 않아 후세에의 영향은 작다. 또 경학자(經學者)로서는 전한의 유향(劉向)·유흠(劉歆)부자, 후한에는 정현(鄭玄), "설문해자(說文解子)"를 쓴 허신(許愼) 등이 있고 각각 경학사상(經學思想)에 불후의 저서를 남겼다. 그러한 경향은 소위 유교의 신학(神學)과 같은 것이고, 그 자체로서는 사상적 가치가 결여된 것이었다.

제6장
육조시대의 사상

1. 육조(六朝)문화의 대세
2. 삼국 위(魏)의 시대와 노장(老莊) 사상의 전성
3. 서진(西晋)의 천하통일과 향락주의 풍조
4. 동진(東晋)왕조와 불교의 수용
5. 불교의 중국풍의 이해
6. 도교의 성립

제6장 육조시대의 사상

1. 육조문화의 대세

정치의 암흑과 문화의 개화

후한이 220년에 멸망한 뒤 중국은 위 · 오 · 촉의 세 나라로 분열하였다. 이후 수나라가 589년에 천하를 통일하기까지의 약 370년간 육조라 불리는 분열의 시대가 계속되었다. 진한(秦漢) 이후 지금까지 약 2천여 년에서 이 시대는 예외적으로 장기의 혼란이 계속되었다. 더욱이 317년 서진이 멸망한 후에는 북방의 오랑캐부족이 중국 북부를 점령하여 한족 왕조는 현재의 남경을 도읍으로 하여 중국의 남반을 지배하는 데에 그쳤다.

중국의 사상사는 중국 특유의 지식인, 즉 사대부 사상의 역사이다. 이 사대부의 성격이나 생활조건의 변화는, 그대로 사상계에 반영되어 새로운 변화를 나타낸다. 육조시대의 특이한 사회경제적 변동은 육조 특유의 사상이나 문화를 탄생시켰던 것이다.

한대는 한 마디로 말하자면 정치문화의 시대이고, 유교사상 전성의 시대였다. 여기에 대해 육조는 정치적으로는 암흑시대였지만 그 대신에 협의의 문화, 즉 철학 · 종교 · 문학 · 예술의 분야에서는 눈부신 발전을 보였다. 서도 · 회화 · 음악이 사대부의 교양으로서 인정되고, 예술로서 의식된 것도 육조시대에 들어와서부터였다. 또 문학도 유교의 구속을 벗어나, 독자적 가치를 주장하게 되었다. 사상의 세계에서도 유교를 대신하여 노장 사상이 주류를 이루게 되었고 도교라 불리는 민중의 종교가 성립하였으며 또 후한 2백 년간을 통해서 발붙일 여지도 없었던 불교가 노도와 같은 세력으로 사회의 전반적인 분야에 영향을 미치게 된 것도 또한 이 무렵이었다. 도대체 어디에 그 근본원인이 있었던 것일까?

사대부 지식인의 귀족화

한대의 사대부, 즉 지식인임과 동시에 관리의 신분을 가진 자는 모두 유학과 덕행을 닦음으로써 지방관의 추천을 받고 조정으로부터 관직이 주어졌다. 관리의 신분은 원칙적으로 일대에 한한 것이었다. 이 때문에 한대의 사대부는 유교의 정신이 왕성하였고 천하국가에 대한 관심이 강하였다. 그 정치적 관심이 너무나도 강렬하였기 때문에 정치 이외의 문화가 위축되게 되었던 것이다. 더욱이 한대의 관리 등용제도는 커나라 결함이 하나 있었다. 그것은 인재본위를 원칙으로 하면서도 시험 실력에 의하지 않고 추천제도를 중심으로 선발하였다는 점이다. 추천에는 불가피하게 정실(情實)이 뒤따른다. 정실의 주된 내용은 지방관의 추천을 받고 관리가 된 자가 그 추천자의 자제를 또 추천해서 은혜를 갚는다는 것, 혹은 현재 고관의 지위에 있는 자의 자제를 추천하는 것 등이다. 이 같은 정실에 의한 추천이 수백 년간 계속되면 어떤 결과가 생길까? 그것은 관리를 낸 가문이 고정된다는 것이다. 소위 명문 명족이라 불리는 가문은 대대로 관리를 내는 집이고, 반대로 한문(寒門)으로 불리는 가문은 관리를 한 번도 내지 못하든지, 혹은 낮은 지위의 관리를 배출한 가문이었다. 본래 널리 만인에게 개방되어야 할 관리의 신분이 특정 가문에 집중되어 세습화되는 경향이 강했던 것이다. 한 마디로 말하자면 관리의 신분이 귀족화된 것이었다. 이 관리의 신분이 귀족화된 것은 정치나 문화에 심각한 영향을 미쳤다. 정치에 대해서 말하자면, 육조가 분열의 시대가 되었던 것도 그 근본적인 원인은 여기에 있다. 관리인 사대부가 귀족화해서 강력하게 되었기 때문에 지배자인 천자의 권력이 상대적으로 낮아져서 왕조의 통일이 극히 불안정해졌다. 이것이 오랑캐부족이 쳐들어와도 막지 못한 원인이었고 또한 왕조가 오래 가지 못하고 여러 왕조로 바뀌었던 이유였다.

또 문화를 독점한 사대부가 귀족화한 것은 문화의 성격에 결정적인 변화를 가져왔다. 귀족화한 육조의 사대부는 천하 국가의 정치나 유교도덕 등에는 관심이 없었다. 그보다도 인간미가 풍부하고 폭넓은 시야를 가진 철학 · 종교 · 문학 · 예술의 세계에 관심을 기울였다. 한대가 정치의 시대라고 하면, 육조는 문화의 시대였다. 그러한 시대적 주류의 전환을 가져온 최대의 원인은 이 사대부의 귀족화라고 할 수 있다.

⁑ 역사가 중에는 육조의 귀족제 성립을 경제적인 면에 원인이 있다고 하는 사람이 많다. 그러나 육조 귀족은 본질적으로는 관직귀족이고 재산귀족은 아니었다고 생각된다. 물론 중국 관리의 수입은 막대하므로 몇 번이나 관리를 낸 집안은 당연한 결과로서 광대한 토지 등 막대한 재산을 소유하는 호족이 된다. 그러나 그것은 귀족제의 결과이고 원인은 아니다. 사실 육조에는 명족이면서도 가난한 자가 적지 않았고, 반대로 지방관이 상당한 호족이면서도 관리를 배출하지 못하였기 때문에 '비류(非類)'로 낮게 취급되기도 했다.

2. 삼국 위(魏)의 시대와 노장 사상의 전성

청담(淸談)의 유행과 죽림칠현

후한이 멸망함과 동시에 천하는 위 · 오 · 촉의 세 나라로 분열되었다. 이 중 조조(曹操, 155~220년)에 의해서 그 기초가 이루어지고,

그 아들 문제(文帝, 재위 220~226년)에 의해서 창건된 위왕조는, 후한의 도읍을 그대로 도읍으로 정하고, 전통문화의 중심인 중원의 땅을 지배하였다. 따라서 40년간의 위나라 문화는 그대로 세 나라의 문화를 대표한다고 해도 좋다.

위나라의 사상계에 생긴 커다란 변화는 유교의 비중이 두드러지게 줄어드는 대신에 노장 사상이 크게 유행하였고, 귀족화한 사대부는 이미 유교에 구속되지 않고 노장이 가진 자연주의, 자유로운 생활의 태도에 빠지게 되었다는 것이다. 그러나 그것은 주로 일상행동에 나타난 것이어서, 노장 사상의 내용에 진전을 가져온 경우는 적었다.

이 노장 사상을 행동으로 옮긴 것으로 소위 청담의 유행을 들 수 있다. 청담은 세속에 물들지 않은 깨끗한 담화라는 의미인데 대부분 상식적인 유교 도덕을 넘어선 내용이었다. 그 배후에 노장의 자연사상이 있었던 것은 말할 것도 없다. 가장 일찍 출현한 것은 후한 말기로 공자의 자손인 공융(孔融)이 예형(禰衡)을 향하여 "부모의 은혜라 하지만, 부모는 단지 정욕에 이끌린 채로 자식을 낳았을 뿐 달리 은혜를 느낄 필요는 없다"고 하자, 예형은 "역시 공자의 자손답게 좋은 것을 말한다"고 감격하였다. 그러자 공융은 즉시 "그렇게 말하는 그대는 안회가 다시 내려온 것이다"라고 응답하였다(後漢書).

위의 시대에 청담가를 대표하는 사람들로서 유명한 죽림칠현이 있다. 7현이라 함은 완적(阮籍) · 혜강(嵇康) · 산도(山濤) · 향수(向秀) · 유령(劉伶) · 완함(阮咸) · 왕융(王戎)의 7인으로 대나무숲 속에서 청담의 회합을 열었다고 한다. 다만 이것은 전설이고, 역사적 사실은 아닌 것 같다. 당시는 귀족의 저택에서 청담의 회합이 열린 적이 많았고, 그 풍습의 대표적인 예가 된 것이다. 이 칠현은 각각 기행과 일화를 가지고 있는데 사상가라고 부를 만한 사람은 완적과 혜강 두 사람이다.

⁑ 완적(210~263년)은 귀족의 가문에서 태어나 노장을 좋아하여 유교

의 예법에 따르지 않고, 어머니의 상을 당하고서도 엎드리지 않고 술을 마시고 바둑을 두었다고 한다. 그 논저의 일부가 남아있는데 그 통역론(通易論)이나 악론(樂論)에는 유도(儒道) 절충의 경향이 보이며 달장론(達莊論), 대인선생전(大人先生傳)에는 도가 본래의 입장이 나타나 있다.

혜강(223~262년)은 위나라 왕실의 여자와 결혼했는데 이것이 재앙이 되어서 실력자인 사마소의 미움을 받고 친구의 사건에 연루되어서 사형에 처해졌다. 그는 완적 정도의 기행(奇行)을 했다고 전해지지는 않지만 처세가 졸렬하였기 때문에 재앙을 부른 것이라고 생각된다. 그의 석사론(釋私論), 난자연호학론(難自然好學論) 등의 일련의 논문에는 완적의 경우와 마찬가지로 유도(儒道) 절충의 경향이 강하다. 또 양생론(養生論)에는 불로장생의 신선에 대한 동경이 보여 주목된다. 그의 심경을 쓴 시문은 육조시대에 많이 읽혀졌다.

하안(何晏)**과 왕필**(王弼)

죽림칠현과 동시대의 사람으로 이들보다도 훨씬 명성이 높고 사회적 영향력도 컸던 하안과 왕필을 들지 않을 수 없다.

하안(?~249년)은 그 어머니가 조조에게 재가해서 그도 어려서부터 궁정 내에서 길러져, 전형적인 귀공자로 성장하였다. 더욱이 당시 귀족의 조건으로서는 가계나 교양 외에 용모의 준수함이 요구되었는데 그는 여자에게도 뒤지지 않을 정도로 미남자였기 때문에 귀족사회에서 선망의 대상이 되었다. 그는 일찍부터 노장에 심취하여 "노자"에 주를 붙였으나, 이것은 후의 왕필의 노자주에 미치지 못하였기 때문에 그다지 세상에 알려지지는 않았다. 그러나 그 밖의 저서 "논어집해"는 후한의 정주(鄭注)에 다음가는 것으로서 널리 읽혀지고, 현재까지 전해지게 되었다. 노자 신봉자가 "논어"에 주를 달았다는 것이 이상한 것 같지만, 위시대의 노장가는 죽림칠현과 마찬가지로 유도 절충의 경향이 강하였기 때문이다. 게다가 "논어"는 다른 유교의 경전에 비해서 인간미가 풍부하였기 때문에 노장 사상가에게도 애독되었다. 육조시대를 통해서 논어주가 쓰여진 것도 이 때문이다. 이외에 하안의 것으로 도덕론(道德論) 논문이 있는데 지금은 전해지지 않는다. 단지 그 요지를 소개한 "문장서록(文章敍錄)"에 의하면 "노자는 공자를 비웃고 예나 학문을 부정하지만, 하안의 주장에 의하면 노자와 공자의 설은 일치한다"라고 한 것에서 유도 절충의 방향이 있었음을 알 수 있다.

왕필(226~249년)은 어려서부터 신동이라고 소문이 나서 열 살이 넘으면서부터 노장학을 좋아하였다. 아직 미성년일 때 당시 학자들이 모여 청담을 나눴던 하안의 집을 찾아가 담론하여 담객들을 놀라게 하니 "후생이 두렵다"는 평을 들었다. 겨우 24세의 나이로 병사했는데, 그 사이에 명저로 일컬어지는 "역주(易注)" "노자주(老子注)"를 지었으니 가히 천재였음을 알 수 있다. 왕필의 "역주"는 한대 이래의 역학을 크게 변화시켰다. 한대의 역학은 소위 상수(象數)의 역(易)으로 기호의 설명이나 수리에 의한 추론이 주를 이루었지만, 왕필의 그것은 의리(義理) 즉 철학이론에 의한 것이었다. 그럼으로써 번잡한 상징에 의한 설명을 일소시켜 역을 사상 내지 철학의 책으로 누구나 이해하게 되었다. 바로 이 점이 왕필의 "역주"가 단지 육조시대만이 아니고, 훨씬 후대에 이르기까지 역학의 왕좌를 차지하였던 큰 이유였다.

그의 "노자주(老子注)"도 현존하는 노자주석으로서는 가장 오래되었고 가장 널리 읽혀지는 것이다. 다만 이 책은 주석서에 필요한 문자의 훈고를 생략하였고 오로지 노자의 정신을 간단하고 명료하게 서술하는 것에 치중하였다. 왕필의 노자가 하안의 해석보다도 우수한 것은 그 뛰어난 독창성과 참신함에 의한 것이다. 만약 왕필이 학문의 축적을 존중하는 다른 시대에 태어났으면 이 같은 높은 평가를 받지 못하고 끝났을지도 모른다.

위(魏)의 정시(正始)의 풍(風)

죽림칠현이나 하안, 왕필은 시대적으로 위나라의 정시 연간(正始年間)을 중심으로 활약하였으므로, 후세에서는 이를 '정시(正始)의 풍(風)'이라고 불러, 청담가의 황금시대로 이상화하였다. 그러나, 이 시대는 아직 과도기를 벗어나지 못해서 노장 사상이 충분히 육성되지 않았으며, 사회적인 영향력도 충분치 않아서 청담가들이 처세하는 데 많은 어려움이 뒤따랐다.

시기적으로 위는 후한 다음을 잇는 국가로서, 유학의 전성기였던 한대의 영향을 완전히 벗어나지 못한 때이다. 위의 시조인 조조는 난세의 영웅이라고 일컬어지는 인물이었고, 그 자신이 글재주도 있어서 학자들을 많이 포용했으나, 청담가에 대해서는 별로 관심이 없었다. 그의 아들 문제(文帝)는 문사들을 사랑하였고, 문예를 즐겼기 때문에 청담가들에게도 관심을 가져서, 이때 노장 사상은 일시 부흥하는 색채를 띠었다. 그러나 다음의 명제(明帝)는 법가정치를 이상으로 하였기 때문에, 하안 등 15명을 부화(浮華)의 무리라 하여 관직에서 물러나게 하는 탄압을 가했다. 이 명제의 아들 제왕(齊王)의 시대가 정시 연간이다. 제왕은 어려서 제위에 올라 실권이 없었다. 그래서 청담가들에게도 좋은 때가 온 것처럼 보였다. 그러나 얼마 안 되어 위나라 왕실을 지키고자 하는 조상(曹爽)과 왕위찬탄을 노린 사마씨 사이에 싸움이 벌어졌다. 청담가도 관리였으므로 싸움에 휩쓸리지 않을 수 없었다. 하안이나 죽림칠현의 혜강이 사형을 면할 수 없었던 것도 그 때문이다. 이러한 사건은 청담가가 가진 노장 사상에도 영향을 끼쳤다. 그것은 바로 유교와의 타협이다. 완적 · 혜강 · 하안 모두가 유도 절충의 입장이었던 것은 이미 서술하였다. 왕필이 사람들로부터 "만물의 근본이 되는 무(無)에 대해서 공자는 한 마디도 언급하지 않았는데, 노자가 이것을 강조한 까닭은 무엇입니까?"라는 질문을 받았을 때 "공자는 무(無)를 체득하였으므로 무(無)를 가르칠 필요를 느끼지 않았다. 따라서 항상 유(有)에 대해서 말하였다. 노장은 아직 유(有)에서 완전히 벗어나지 못하였기 때문에 자기 몸에 부족하였던 무(無)에 대해서 가르친 것이다"라고 답하고 있다("世說新語" 文學). 이것이 과연 왕필의 본심이었는가 아니었는가는 별도로 하고, 그 입장이 유도 절충의 방향으로 향했던 것을 나타내고 있음을 알 수 있다.

전체적으로 위의 정시시대는 노장풍의 청담가에게 수난과 시련의 시기였다고 할 수 있다. 따라서 노장 사상의 실천이라는 면에도 철저하지 못한 점이 많았다. 이것을 '정시(正始)의 풍(風)'으로서 이상화한 것은 그 다음의 서진(西晉) 때에 '원강(元康)의 풍(風)'이 너무나 지나쳐서 결국 나라가 망하게 되었다고 하는 반성에서 나온 것이다.

3. 서진(西晋)의 천하통일과 향락주의 풍조

서진의 왕조와 원강(元康)의 풍(風)

위왕조의 외척으로서 세력을 갖고 있던 사마씨는, 사마담(司馬談) 때에 결국 제위를 빼앗고 서진(265~316년) 왕조를 세웠다. 바로 진의 무제이다. 무제는 귀족계급의 지지를 받아서 제위에 올랐기 때문에 일반 귀족에 대해서 관용적인 태도를 취하였다. 이 때문에 위나라 시대에는 불안정한 상태에 있었던 청담귀족도 뜻대로 안정된 생활을 하는 것이 가능하였다. 특히 280년에는 오나라를 멸하여 천하를 통일함으로써 태평한 기운이 온 나라에 넘쳤다. 동시에 귀족에 대한 우대의 경향은 한층 더 조장되었다. 무제 다음에 제위에 오른 혜제(惠帝)의 원강년간(元康年間, 291~299년)에는 귀족들의 방종한 풍조가 극에 달해 세상에서는 '원강(元康)의 풍(風)'이라 불렀다. 이 단계에 이르자 이미 유도 절충이라는 고육지책은 불필요하게 되었고 "유·묵의 영향은 거부되어 버리고, 도가의 말이 드디어 성하게 되었다"("晋書"

向秀傳)라는 말처럼 노장 일변도의 세상이 되었다. 더욱이 이때의 노장 사상이라는 것은 무지무욕(無知無欲)을 자연의 상태라고 주장하는 도가 본래의 입장이 아니고, "장자" 도척편이나 "열자" 양주편에서 보이는 것처럼 자연의 성을 본능적 욕망에서 구하는 것, 따라서 향락주의와 결합된 것이었다.

⁑ 이 시대의 일화를 모은 것으로 "세설신어(世說新語)"가 있다. 그 중에서 한두 가지 예를 보자. 서진시대에 문인귀족의 모임으로서 유명했던 '금곡(金谷)의 회(會)'를 주최했던 석숭(石崇)은 호사스러운 생활을 과시하려고 빈객을 초대하여 여러 가지 취향을 보여주었다. 잔치자리에서 술을 사양하는 객이 있으면 그 술을 담당한 미인(美人)의 머리를 잘랐다. 이 때문에 술을 마시지 못하는 손님도 만취할 때까지 마시지 않을 수 없었다. 또 그와 경쟁하는 입장이었던 왕제(王濟)의 저택에 무제가 방문하였을 때에 찐 돼지요리를 내놓았는데, 그것이 매우 맛있자 무제가 그 맛있는 이유를 물었다. 왕제는 "이 돼지는 인간의 젖을 먹여서 키웠습니다"라고 답하였다.

장자의 곽상주(郭象注)의 출현

위나라 정시년간의 때에는 도가라고 해도 노자가 중심이었지만, 서진에 들어와서는 장자가 노자를 대신하게 되고, 장자해설서를 저술하는 자가 많아졌다. 그 대표적인 것이 곽상(郭象)의 장자주이고 현존하는 장자주 중에서 가장 오래된 것으로서 전해지고 있다. 곽상이 태어난 해는 불명하고, 그가 사망한 때는 영가(永嘉) 말(312년경)이었다. 그는 노장을 좋아하고 청담을 즐겼다. 처음에는 오로지 문장이나 논의를 즐기고 관리로 나아가지 않았지만, 만년에 당시의 실력자였던 동해왕(東海王) 사마월(司馬越)의 주부(主簿)로 발탁되어 커다란 권세를 누리고부터 과거의 명성을 잃게 되었다고 한다. 그의 친구로 똑같은 노장 사상가였던 수애(庾敳)는 '그 사람은 역시 정치가로 적합하다. 지금까지 존경했던 마음도 모두 없어졌다'고 하였으므로, 만년의 곽상은 권세욕에 빠졌으리라 짐작된다. 만약 이것이 사실이라고 하면 사상과 실천의 모순을 언급하는 데에 좋은 예가 될 것이다.

곽상의 장자주는 "장자"의 주석서라기보다도 장자를 빌어 자기의 사상을 전개하였다고 보여진다. 이 점은 그보다 앞의 노장 사상가였던 왕필의 노자주와 매우 비슷하다. 곽상주에 일관되게 나타난 원리는 '자득(自得)'이라 해야 할 것이다. 자득이라는 말은 장자의 본문에 두세 번 보이는 것인데, 곽상주에는 거의 전편에 걸쳐서 보인다. 자득이라 함은 자기에 만족하는 것, 자기충족하는 것, 따라서 '자족(自足)' 하는 것이다. 말하자면 다른 것에서 만족을 얻으려 하지 않고 자기 자신에게 주어진 것에 만족하는 것이고, 자기에 주어진 천분(天分)에 만족하는 것이므로 이것을 '안분(安分)'이라고 부르기도 한다. 곽상의 이 자득안분의 사상이야말로, 장자 전편을 통틀어 볼 때 그것을 대표하는 근본사상이라고 한다.

그런 관점에서 장자의 소요유편(逍遙遊篇)에 나오는 유명한 대붕(大鵬)과 소조(小鳥)의 비유에 대해서 그는 독특한 해석을 한다. 보통의 해석으로는, 구만리 상공을 나는 대붕은 장자의 심경을 표현한 것이고 나무의 가지에 머무르는 소조는 세상의 속인에 비유한 것이라고 한다. 그런데 곽상은 그렇게 생각하지 않는다. 대붕과 소조는 나는 거리에서 대소의 차이는 있지만 그것은 타고 나기를 다르게 타고 났기 때문이므로 각각 자신의 처지에 만족하면 소요(逍遙)의 경지에 도달한다는 면에서는 완전히 똑같은 것이다. 그러므로 소조는 대붕을 부러워하지 않고, 작은 가지에서 노는 것을 즐거워하면 된다. 이것이 자득이다.

이처럼 곽상의 자득 사상은 실은 '자연'에 대한 독자적 해석으로부터 나온다. 자연이란 무엇인가? 자연은 다른 것의 힘을 빌리지 않고서 그 자신의 내재하는 힘에 의해서 존재하는 것이다. 만약 다른 힘에 의해서 존재한다면 그것은 '타연(他然)'이지 자연은 아니다. 이와 같이 자연의 세계에서 인과관계는 성립하지 않는다. 왜냐하면 A라고 하는 사실이 B라고 하는 원인에 의해서 생긴 것이라고 하면, A는 B라는 힘을 빌리고 있는 것이 되고, 그것은 타연이지 자연이 아니기 때문이다.

이 같은 자연 해석에서 '자득(自得)'을 강조하는 곽상은, 또 "무(無)에서 유(有)가 생긴다"는 노자의 사상을 부정한다. 왜냐하면, 만약 무에서 유가 생긴다면 유는 무라는 다른 것의 규정을 받는 것이 되고, 타연이 되어서 자연이 아니기 때문이다. 그렇다면 "노장이 종종 무(無)를 제창한 것은 무슨 까닭인가? 그것은 물(物)을 낳는 것은 아무것도 없다는 것, 물(物)은 그 자체 내부에 있는 근거에서 생긴다는 것을 분명하게 하기 위해서였다."(在宥篇注)

이 같은 자연주의의 입장에서 인과율의 존재를 부정하는 것은, 실은 인도에도 있어서 무인논사(無因論師)라 불렸다("外道小乘涅槃論"). 그러나 곽상의 논리는 인도의 그 사상이 번역되어 나오기 약 100년 전의 것이므로 그의 독창적인 생각임이 분명하다. 수나라의 가상대사(嘉祥大師)는 "삼론현의(三論玄義)"에서 노장을 자연외도(自然外道)라 부르고 이것을 인도의 무인외도(無因外道)와 비교하여 "그 논리가 같지 않은 것도 있지만, 동일한 오류를 범한 경우도 있다"고 비판하였지만, 이것은 가상대사가 곽상의 주를 통해서 노장 사상을 이해했음을 나타내는 것이라 볼 수 있다.

* 곽상의 사상에 관해서, 이외에도 다루지 않으면 안 될 문제가 많지만, 여기에서는 그의 독창성이 가장 풍부하게 나타났던 한 부분만을 다뤘다. 장자에 대한 곽상의 주가 동시대의 사람이었던 향수(向秀)의 주를 그대로 베낀 것에 지나지 않는다는 설이 육조시대에 있었지만, 그것은 오늘날에는 부정되고 있다. 그와 같은 중상모략이 생긴 원인은 아마 말년의 곽상의 행동이 세인의 반감을 샀기 때문일 것이다.

4. 동진왕조(東晋王朝)와 불교의 수용

서진의 멸망과 5호 16국의 난

50년간 계속된 서진왕조가 멸망한 뒤, 같은 왕실의 한 사람이었던 원제(元帝)가 건강(建康, 남경)에 도읍을 정하였다. 이것이 동진(東晋, 317~420년)이다.

이 서진의 멸망과 동진의 성립이라는 왕조 교체는 단순히 한 왕조의 흥망이라는 면에서만 볼 수는 없다. 그것은 중국의 북방이 오랑캐 부족의 점령하로 들어갔다는, 중국 역사가 시작된 이래의 대동란으로 매듭지어졌다. 물론 나중에는 금에 의한 중국 북방의 점령, 원(元)이나 청(淸)에 의한 중국 전토의 지배가 있고, 이민족에 의한 통치가 그다지 진귀하지는 않았지만, 당시로서는 최초의 경험이었기 때문에 중국 민족이 받은 충격은 컸다.

* 물론 이러한 큰 사건이 돌발적으로 일어났던 것은 아니다. 전한의 무제가 서역과의 교통로를 열면서부터 서북지방의 오랑캐부족이 차츰 차츰 중국으로 흘러 들어왔는데, 특히 후한 말부터 3국의 분열기가 되면서, 위나라가 그 전력을 충실하게 하기 위해 적극적으로 서역의 백성을 불러들이는 정책을 썼기 때문에 선진시대에는, 관중(지금의 섬서성)은 인구 백만 중의 반을 오랑캐가 차지하게 되었다. 이것은 중국인에게는 위험하기 짝이 없는 것이다. 왜냐하면 오랑캐들은 평생 중국인의 멸시를 받아 항시 불만을 품고 있기 때문에, 무슨 일이 생기면 일시에 일어날 위험성이 있기 때문이다. 따라서 이를 감지한 지식계층 내부에서, 빨리 오랑캐를 내지에서 바깥으로 옮겨야 한다는 의견이 나왔는데, 실행되지는 않았다. 때마침 서진 말기의 내란이 도화선이 되어 내지에 섞여 살던 오랑캐부족의 대반란이 일어난 것이다.

서진 말기에 왕실의 일족이 각지에서 내란을 일으키는 '팔왕(八王)

의 난(亂)'이 발생하여, 천하는 무정부상태에 빠졌다. 이때에 중국 내지에 섞여 살던 많은 북방 부족이 일어난 소위 '영가(永嘉, 307~312년)의 난'이 발생하였다. 그 중 본디 몽골에 살다가 중국의 서북부로 이주해왔던 남흉노의 군대는 서진의 도읍 낙양성을 함락하여, 황제인 회제 및 황후 양씨를 포로로 끌고 갔다. 결국 그 나라 왕 유요(劉曜)는 황제를 죽이고 황후를 처로 삼았다. 이러한 난리는 낙양에만 있었던 것이 아니다. 황하 이북의 광대한 지역은 모두 유목민족인 흉노·갈·선비·강·저의 소위 5호의 부족에 의해 점령되어, 그들의 지배하로 들어갔다. 이 5호는 각각 국가를 건설하여 이 시대를 5호 16국이라고 부른다. 그들은 이르는 곳마다 파괴와 살해를 자행하는데 종래의 내전에서는 볼 수 없는 참혹한 것이었다.

이 때문에 황하유역의 중원에 거주하던 중국인은 대거 강남의 땅으로 이동하였다. 중원 땅은 한민족의 수천 년에 걸친 고향이었고, 강남은 당시 아직 후진지대였으므로 단장의 애를 금할 수 없었을 것이다. 거기에다가 이주지의 생활은 어려웠다. 서진의 원강년간에 행하여진 사치 경쟁시대와 이 시대를 비교하면 경쟁시대는 꿈같은 일이었다. 여기에 이르러 그 당시 방종의 풍조에 대한 반성이 생겼다. 낙양의 폐허를 바라다 본 환온(桓溫)은 "신주(神州)를 백 년의 폐허로 만든 책임은 재상인 왕연(王衍)을 필두로 하는 사람들이 책임을 져야 한다"라 하고, 왕연도 죽음을 맞이하여 "우리가 만약 부허(浮虛)를 좇지 않았다면 일이 여기에 이르지는 않았을 것이다" 하고 한탄하였다고 한다. 그 부허의 풍조에 대한 반성은, 그들의 노장 해석이 일면적이었다는 것을 느끼게 하는 기회가 되었을 것이다.

그보다도 더욱 중요한 의미를 가진 사실은, 이 영가의 난을 계기로 해서 불교가 비로소 중국의 지식인에게 수용되게 되었다는 점이다. 불교의 전파는 극히 빠르게 이루어져, 금세 육조를 불교의 황금시대로 만들었다. 이것은 큰 문화사적 사건이었다고 하지 않을 수 없다.

3백 년간 동결상태에 있었던 불교

불교가 처음 중국에 전해진 것은 대략 진한 말부터 후한 초에 걸친 기원 전후일 것으로 추측하는 것이 통설이다. 기원전 2세기 말에 전한의 무제가 흉노를 정벌해서 서역과의 교통로를 열고서부터, 서역의 사신이나 무역상인의 왕래가 점차 증가하게 되었는데, 그때부터 불교가 중국에 유입된 것이라고 생각된다.

그런데 여기에 이상한 점이 있다. 불교와 같은 유력한 세계 종교가 전래되면서, 그 후 오랫동안 중국의 지식인이 이것을 수용하고 신앙한 흔적이 없다는 점이다. 불교가 중국의 지식인에게 널리 보급된 것은 영가의 난 후에 즉위한 동진의 원제(재위 317~322년) 이후였다. 불교가 전래되고 나서 실로 3백 년의 세월이 흐른 후인 것이다. 장기간에 걸쳐 불교는 동결된 상태로 있었다고 보아도 과언이 아니다. 그러면 왜 이 같은 현상이 생긴 것일까? 거기에는 불교의 유통을 방해하는 중대한 장애가 있었다고 생각된다.

⁑ 중국의 정사를 중심으로 한 사료를 보면 후한시대에 불교가 전래되었다고 기록하고 있으며 2대의 명제(재위 58~75년) 때 서역의 사자가 경상(經像)을 백마에 싣고 와서 낙양에 백마사(白馬寺)를 건립하였다고 하는 전설을 언급하고 있는데, 이것은 현재에는 사실로서 인정되지 않는다. 명제의 이복동생인 초왕 영(楚王 英)이 영평(永平) 8년(65)에 내린 조서를 보면, 황로와 함께 부도(浮屠, 佛陀)를 제사한 사실이 나타나 있다. 또 후한 말의 환제 때 연희 9년(166)에 양해(襄楷)라 하는 자가 올린 상소에 의하면 환제는 궁중에 황로와 함께 부도(浮屠)를 제사지냈고, 앞서의 초왕 영(楚王 英)과 완전히 똑같은 것을 행하고 있다. 이보다 30년 뒤늦게 오(吳)의 토호 착융(笮融)이 부처의 동상을 만들고, 3천인을 수용할 수 있는 누각을 세워서 인근의 주민을 모아서 성대한 공양을 행하였다는 기사가 보인다. 이상이 후한 200년의 정사(正史)에 보이는 불교의 기사 모두라고 해도 좋다.

3국에서 서진 말까지의 백 년간에 대해서 보면, 겨우 한 가지 예를 들 수 있다. 그것은 "오지(吳志)"의 손침전(孫綝傳)에 보이는 것으로 오(吳)의 재상이었던 손침(孫綝, 231~258년)이 부도(浮屠)의 사(祠)를 파괴하고, 도인(道人)을 죽였다는 것이다. 이것은 정사(正史)가 아니다. 6세기에 들어와서부터 쓰여진 불교측의 사료인 "고승전(高僧傳)"이나 "출삼장기집(出三藏記集)"을 보면 영천(潁川) 출신의 주토행(朱土行)이란 자가 출가해서 사문(沙門)이 되고 위의 감로(甘露) 5년(260)에 장안을 출발해서, 멀리 우전국(于闐國)에 도달해서 반야경(般若經)을 입수하였다. 그 경전을 서진의 태강(太康) 3년(282)에 낙양으로 보냈다고 한다. 이것은 사실성이 높고 신용해도 좋을 것이다.

이상이 후한 초부터 서진 말까지 3백 년간의 정사(正史)를 중심으로 한 불교 관계 기사의 전부이다. 물론 기록이라고 해서 사실만 쓰는 것은 아니다. 특히 중국의 정사(正史)는 정치의 사료에 치우치는 경향이 강하며 불교에 대해서는 별로 취급하지 않는 것이 보통이었으므로, 정사에 나타나지 않은 사례가 상당히 많을 것으로 생각된다.

그러나 만약 지식인의 상당 부분이 불교를 수용하였다고 한다면, 그것이 정사에도 반영되어야 한다. 그것이 거의 보이지 않는다는 것은, 이 3백 년 동안에 지식인 불교신자가 거의 없었다든지 혹은 극히 예외적으로만 볼 수 있었음을 의미하는 것이다. 이때 불교를 지지한 신자는, 중국에 들어와 섞여 살았던 다수의 서역(西域) 귀화인이 대부분이었고, 그 영향을 받았던 중화민중의 일부 및 속신(俗信)을 받아들이기 쉬운 궁녀들 틈에서 자라난 제왕계급의 사람들이 약간 있었을 것이다. 따라서 동진의 습착치(習鑿齒 ?~384년)가 승려 도안(道安)에게 준 서신에 "불교가 중국에 전해진 지도 4백여 년, 그 사이에 번왕(藩王)이나 거사(居士)로 불법을 숭배하는 자가 때로 있다고 하더라도 중국의 전통적인 가르침이 예부터 행해졌기 때문에 세간에서는 불교를 이해하고자 하는 자가 없다"("高僧傳" 道安傳)고 하고 있는 것이 그 진상을 말하는 것 같다.

불교 전파를 막은 두 가지 원인 — 종교적 무관심과 중화의식

그러면 3백 년간의 장기간에 걸쳐, 불교 전파를 막았던 것은 무엇일까? 그것은 두 가지 사실을 들 수 있다. 첫째는 한대의 지식인이 종교에 무관심하였던 점이다. 둘째는 중국인 특유의 중화의식이 강렬하였기 때문에 오랑캐의 가르침인 불교에 관심을 가지지 않았던 점이다.

우선 첫 번째에 대해서 서술해보자. 한대 문화가 본질적으로 정치문화이고, 한대의 지식인이 강한 정치적 관심을 가진 것에 대해서는 이미 서술한 대로이다. 인간의 에너지에는 한도가 있으므로, 정치적 관심이 강한 인간은 종교적 관심이 줄어들 수밖에 없다. 한대에 유교가 전성을 누리자 노장 사상이 표면상 사라진 것도 그 때문이다. 후한 2백 년간에 불교가 수용되지 않았던 것도 같은 이유 때문인 것 같다. 육조 초기의 위진시대에 들어오자 지식인의 성격은 관리에서 귀족으로 변화하였다. 따라서 지식인의 정치적 관심이 쇠퇴하고 그에 대신해서 영원의 인생을 생각하는 종교적 철학적인 관심이 높아졌다. 유교의 세력이 쇠퇴하여, 노장 사상이 전성기를 맞이하게 되는 것은 이것을 단적으로 나타낸다.

그렇다면 불교도 노장과 마찬가지로 동시에 받아들여도 될 것인데 왜 백 년의 세월을 허비하고 영가의 난을 거쳐 동진의 개막을 기다리지 않으면 안 되었던 것일까? 실은 불교로서는 여전히 하나의 중대한 장애물이 남았기 때문이다. 그것은 다름 아닌 중화의식이었다. 중국인이 얼마나 중화의식을 강하게 갖고 있었는지는 너무나 잘 알려져 있다. 중국인에게 있어서 외국인은 오랑캐인 것이다. 오랑캐는 인간이 아니고, 인간과 동물의 중간 존재이다. 외국에서 나온 것은 혹시 형체 있는 것이라면 몰라도 사상이나 종교라면 일고의 가치도 없는 것이었다. 기독교의 선교를 담당했던 선교사는 “중국인이 외국인에 대해 갖는 업신여기는 태도는, 포교하는 데 큰 장애가 되었습니다. 그러한 태도는 하층민중조차도 갖고 있습니다. 그들은, 중국에 기원을 두지 않는 것에 대해서는 전혀 관심을 보이지 않습니다"라고 보고하고 있다. 그러니 사실상 기독교는 중국에 뿌리를 내리지 못하였으리라. 육조인의 중화사상에 어떤 변화가 생기지 않았던 한에서는, 불교도 역시 마찬가지 운명에 처하지 않을 수 없었다.

중화의식의 후퇴와 불교의 갑작스런 융성

영가의 난이 가져다준 역사적인 효과는, 그것이 중화의식에 큰 타격을 주어 중국인에게 외래의 불교를 수용시키는 기회를 가져다준 것이다. 고향을 뺏기고 강남으로 도망가지 못한 중국인은 오랑캐 왕조의 지배하에 들어가게 되었고 '일전한(一錢漢)'이나 '구한(狗漢)'이라 불리는 굴욕을 견뎌야 했다. 그것은 '일문(一文)의 가치밖에 안 되는 중국인', '개 같은 중국인'의 의미이다. 한(漢)은 중국인을 뜻하는데 이 같은 용법이 관용화되었기 때문에, 후세에는 '악한(惡漢)', '폭한(暴漢)', '치한(癡漢)' 등처럼 한이 '시시한 사내'의 뜻으로 전화한다. 어쨌든 이것에 의해서, 일시적으로나마 중화의식이 저하되었던 것은 분명하다.

게다가 화북을 지배한 오랑캐는 사막이나 초원으로부터 돌연히 침입한 만족(蠻族)이 아니다. 이미 오랜 시기에 걸쳐 중국인과 섞여 살던 귀화인이었으므로, 교양에서 중국인보다 우수한 자도 적지 않았다. 흉노족으로 전조국(前趙國)을 세운 유연(劉淵) · 유총(劉聰) 부자는 6경이나 사서(四書)는 물론 제자백가의 학문에 정통하여 그 시문은 중국인인 명사에게서도 절찬을 받을 정도였다. 남조를 방문한 이란계 승려인 고좌도인(高座道人)은 재상을 필두로 하는 고관 귀족의 환영을 받고 "위대한 천재는, 중화(中華)와 이적(夷狄)의 차별을 넘어서 태어나는 것이다"라는 탄성을 자아내게 한 적이 있었다.

이 중화의식의 후퇴와 함께 3백 년간이나 무시되었던 불교가 갑자기 중국 지식인들의 주목을 받게 되었다. 불교에 열성 신자가 된 남조의 종병(宗炳)은 “중국의 군자는 예의에 밝으면서도 인심을 아는 데 어둡다. 어찌 불심을 알겠느냐?”("明佛論")라고 하여 외형에 무게를 두는 중국의 유교보다도 인심의 내면에 중심을 두는 인도의 불교를 우위에 두었다. 이러한 지식인의 심경 변화와 함께 불교는 폭발적인 기세로 사회 구석구석에 퍼지고 그 전성시대를 누리게 되었다.

⁑ 남조의 양무제(재위 502~549년)는 재위 중에 수 차례에 걸쳐서 사신(捨身)을 행한다. 사원(寺院)의 노예가 되어서 봉사하는데 너무 불교에 빠진 나머지 나라가 망했다고 말해질 정도이다. 또 북조의 북위에는 운강(雲崗)이나 용문(龍門) 등에 대석굴을 남기고 있어 미술사에서 중요한 위치를 차지할 뿐만 아니라 서민의 불교신앙을 살피게 해주는 귀중한 자료가 되고 있다.

5. 불교의 중국풍의 이해

노장 사상을 통해서 본 불교 — 격의불교(格義佛教)

그러면 육조인은 불교 사상 중에 어떠한 부분에 마음이 이끌린 것일까? 육조의 지식인은 유교를 벗어나 노장 사상에 심취하였다. 이 노장 사상은 불교의 철학과 근본에서는 공통된 점을 가지고 있다. 그것은 불교의 근본사상이 ‘공(空)’인 것에 대해서 노장의 근본사상이 ‘무(無)’라는 점이다. 물론 양자가 완전히 똑같은 것은 아니지만 적어도 유(有)의 부정에서 출발하였다는 점에서는 일치한다. 그러므로 육조인이 친숙한 노장 사상을 통해서 불교 사상을 이해하고자 한 것은 극히 자연스러운 결과였다. 이 때문에 육조 초기의 불교에는 노장적인 색채가 강하다. 이 노장적 불교를 ‘격의불교(格義佛教)’라 부른다.

* 격의(格義)의 '격(格)'은 '량(量)', '헤아리다'의 뜻이다. 산스크리트의 원어와 노장 용어를 비교해서 후자를 전자에 맞춘 것이다. 예컨대 초기의 한어로는 '공(空)'을 '무(無)'로, '열반(涅槃)'을 '무위(無爲)'로, '보리(菩提)'를 '도(道)'로, '진여(眞如)'를 '본무(本無)'로 맞추었다. 이처럼 역경(譯經)을 읽으면 알게 모르게 노장적인 이해를 하게 된다.

동진 불교계의 중심인물이고 연사염불(蓮社念佛)의 시조로서 유명한 노산(蘆山)의 혜원(慧遠)은 본디 유학이나 노장의 학을 닦았는데, 후에 출가해서 도안(道安)을 스승으로 모셨다. 어느날 강석(講席)에서 청중 중에 질문하는 자가 있어서 여러 가지 설명을 했는데 하나도 통하지 않았다. 그래서 혜원(慧遠)이 "장자"의 말을 인용해서 설명하자 곧 이해하였다. 이 일이 있고 나서부터는 격의(格義)를 싫어했던 스승 도안(道安)도 특별히 혜원(慧遠)에게만은 노장의 속서(俗書)를 쓰는 것을 허락하였다고 한다. 그러나 이것은 혜원(慧遠)만이 아니고 일반적인 육조의 승려들 중에는 노장 사상에 통하는 자가 많았고 그 중에는 그 주해서를 발간하는 자도 있었을 정도였다.

이 격의(格義)불교도 401년에 구마라습(鳩摩羅什)이 서역에서 장안으로 들어온 후 차차 그 자취를 감추어 본격적인 불교의 이해가 시작되었다고 한다.

경이로운 생각으로 받아들인 윤회설

그러나 이 같은 불교의 철학적 이해는 전문가인 승려나 여기에 가까운 수준에 도달한 지식인에 한정되었고, 전체로 보면 소수에 지나지 않았다. 일반 지식인이나 민중은 이것과는 완전히 다른 각도에서 불교에 접근하였던 것이다. 그것은 다름 아닌 불교가 가져온 윤회설이었다. 윤회설에 의하면 인생은 이 현재의 일세만이 아니고 생전의 과거에 무한한 전세(前世)가 있는 것이고, 또 사후의 미래에도 무한한 내세가 계속된다고 한다. 더욱 이 삼세(三世)는 상호 무관한 것이 아니고, 전세 행위의 선악은 현세의 화복을 가져오고, 현세 행위의 선악은 내세의 화복을 불러일으킨다는 인과응보 관계에 있다. 따라서 중국인은 윤회설을 '삼세(三世)'의 설 또는 '삼세보응(三世報應)'의 설이라고 불렀다.

종래의 중국인은 현세밖에는 생각하지 않았고 전세나 내세의 현재 등은 꿈도 꾸지 않았으므로, 이 불교가 처음 삼세보응의 설을 가져왔을 때 커다란 충격을 받았다. 그것은 동진의 원굉(袁宏)이 지은 "후한기(後漢記)"의 기사에도 다음과 같이 잘 나타나 있다.

불교가 주장하는 것에 의하면 인간은 죽더라도 그 영혼은 없어지지 않고 재차 새로운 육체와 결합한다. 그 인간이 살았을 때에 행하였던 선악(善惡)은 사후의 세상에 반드시 보응을 받는다. 따라서 불교를 섬기는 것은 선(善)을 행하고, 도(道)를 닦고, 이것에 의해서 영혼을 닦는데 그치지 않고, 최후에는 무위(無爲)의 경지에 들어가 불(佛)이 되는 것이다. 이 같은 불교의 생사보응의 설에 접한 왕공대신은 모두 공포의 생각에 사로잡히어 낙담하지 않는 자가 없었다.

그것은 종래에 중국인의 인생관을 뿌리에서부터 뒤흔드는 경이로운 신설이었으므로, 이 삼세보응의 설이야말로, 불교의 중심사상이라고 보는 견해가 중국 사회에 만연하게 된 것은 당연한 결과였다.

윤회설에서 구원을 찾게 된 중국인

삼세보응의 설은 단순히 새로운 사상이었을 뿐만 아니라 유교적 인생관의 결함을 보충하는 커다란 장점을 갖춘 것이었다.

유교는 도덕의 가르침이고 정치의 가르침이었기 때문에 개인의 행복 문제에 대해서는 극히 냉담하였다. 고대의 현인이라고 하는 백이숙제 형제는 올바르게 살았으면서도 수양산에서 굶어 죽는 비참한 최후를 맞이하였다. 도덕과 행복이 올바르게 대응되지 않는 것은 세상의 일반적인 경우이다. 이 문제에 대해서 공자는 어떻게 생각하였을까? "논어"에 백이 · 숙제의 최후에 대해서 "인(仁)을 찾아서 인(仁)을 얻었으니 또 무엇을 원망하랴"라고 서술되어 있다. 인이라는 도덕을 완성하였으므로 죽어도 여한이 없다는 것이다. 이것은 행복을 도덕 중에 흡수시켜버리는 스토아학파의 입장과 통하는 것으로, 결국은 행복의 독립된 권리를 인정하지 않은 것이라고도 할 수 있다. 유교의 도덕만능의 태도를 잘 보여주는 것이다.

그러나 중국인의 대부분이, 이 공자의 도덕만능주의에 만족하였던 것은 아니다. 예를 들면 전한의 사마천이 그러하다. 사마천은 그의 저서 "사기" 열전의 처음에 백이전을 두었다. 그 내용에 대해서는 앞에서 이미 서술하였듯이, 백이는 죽으며 자기의 운명을 원망하는 시를 지었다고 했다. 그렇다면 공자의 "또 무엇을 원망하랴"는 말이 사실에 어긋나는 것이 아닐까? 도덕과 행복의 모순으로 고생한 이는 백이만 그랬던 것은 아니다. 공자의 문하생 중에서 제일의 제자였던 안회를 보아도 그렇다. 그는 비할 데 없이 학문을 좋아했음에도 불구하고, 그 생애가 빈곤하여 고생하였고, 더욱이 30세로 단명하지 않았는가? 반대로 도척은 나쁜 짓만 했지만 만족한 삶을 누렸다. 경서에 "천도는 선에 복을 주고, 악에 재앙을 준다"고 했지만, 그 사실은 한쪽으로만 나타나지 않는가? "나는 천도가 있는지 없는지 매우 의심스럽다"라고 사마천이 말한 것은 하늘의 섭리에 대해 절망적인 의문을 던진 것으로 유명하다.

이처럼 유교가 도덕과 행복의 일치에 성공하지 못했던 것은, 유교가 이 인생을 현세에만 그치는 것으로 한정했기 때문이다. 만약 인생이 한 번뿐이라고 하면 죽음이 찾아옴과 동시에 모든 것은 영원한 어둠 속에 소멸되어, 생전의 불행을 보상받을 길은 완전히 없어져버리고 만다. 유교적 세계관이 이러한 어려운 문제에 부딪쳤을 때 그것을 해결해주는 것은 다름 아닌 불교의 삼세보응의 설이었다.

사마천이 열거한 안회나 도척의 예에 대해서 북주(北周)의 승려 도안(道安)은 다음과 같이 설명하고 있다. 안회가 이 세상에서 선을 행하면서 불행에 빠진 것은, 그가 전세에 범한 악업의 보(報)에 의한 것이다. 그러나 안회는 현세에서 선을 행하였으므로 그 보는 내세에서 행복이 되어 나타날 것이다. 반대로 도척이 현세의 행복을 누린 것은 전세의 선업에 의한 것이나 대신에 현세에서 저지른 악행의 보는 반드시 내세의 보로 나타날 것이다(二教論).

불교가 가져온 윤회설, 삼세보응의 설은 이와같이 종래의 유교의 인생관이 가진 결함을 보충하고도 남음이 있는 것이었다. 이 때문에 대다수의 중국인이 삼세보응의 설이야말로 불교의 중심사상이라고 생각하였고 "불교는 삼세보응을 설하는 교이다"라는 이해가 널리 세상에 행해지게 되었다.

⁑ 예컨대 이 시대의 대표적 지식인의 한 사람인 안지추(顔之推)는 그의 저서 "안씨가훈(顔氏家訓)" 귀심편(歸心篇)에서 "삼세(三世)의 사(事)는 확실히 증거가 있는 것이다. 우리집에서는 대대로 이것을 신봉하고 있다"라고 하여 '삼세(三世)의 사(事)'와 '불교(佛教)'를 동의어처럼 사용하고 있다. 또 황예(皇侃)는 "논어의소(論語義疏)"의 '미지생언지사(未知生焉知死)'의 소(疏) 안에 "주공(周公)이나 공자(孔子)의 가르침에는 단지 현세(現世)만을 설명하였고 과거 미래를 분명히 하지 않았다"라고 하였다. 또한 유협(劉勰)이 "노자(老子)"에 있는 깊은 뜻을 인정하면서도 "그러나 삼세(三世)의 사(事)는 전혀 설명하지 않았고, 여기에 대처할 길도 언급하지 않았다. 따라서 세속(世俗)을 이끄는 양서는 되지만, 출세의 묘경(妙經)이라고는 할 수 없다"고 말한 것 등은 전부 '삼세보응'의 설을 불교의 근본사상이라고 하는 이해 위에서 말한 것이다.

그러나 이 같은 불교의 이해는 실은 올바른 것이라고는 할 수 없다.

첫 번째로 윤회설은 불교가 생기기 이전부터 있었던 인도의 사상이고, 불교의 고유한 사상이 아니라 힌두교나 자이나교에 잘 나타나 있는 것이기 때문이다. 두 번째로 윤회전생(輪回轉生)이라 하는 것은 인도인에게는 가장 두려운 사실이었던 것으로 이 윤회의 악순환에서 어떻게 탈출할 것인가, 그 '해탈(解脫)'이야말로 구제였다. 따라서 윤회에 구제를 받게 된 중국인의 생각은 윤회를 두려운 것으로 생각한 인도인과는 완전히 역방향에 있다고도 할 수 있다.

선종의 선구자 — 도생(道生)의 돈오설(頓悟說)

육조 후반기에 해당되는 남북조시대가 되면 불교의 융성과 함께 교리의 연구도 한층 진보를 보인다. 반야경(般若經)을 중심으로 하는 일체개공(一切皆空)의 사상, 열반경(涅槃經)을 중심으로 한 '일체(一切)의 중생은 모두가 불성(佛性)을 가지고 있는데, 이것을 자각함으로써 열반(涅槃)의 경지가 나타난다'는 사상 등이 유력해졌다. 이러한 것들은 모두 중국 불교에서 그 후의 발전에 기초를 제공한 것으로서 중요하다. 그러나 그보다 당나라 말기부터 최후의 청조에 이르기까지 1천년간의 중국 불교를 지배한 선과 정토의 두 사상이 이미 이 시기에 맹아하고 있었던 것에 주목할 필요가 있다.

축도생(竺道生, ?~434년)은 한문(寒門)의 선비의 가정에서 태어나 출가하여 북조로 가 구마라습(鳩摩羅什)에게 배운 후, 다시 남조의 도읍 건강으로 돌아왔다. 당시 출판되었던 소품열반경(小品涅槃經)의 명문(明文)을 부정하여 '어떠한 극악인도 불성을 갖는다'고 강하게 주장하는 바람에 당시 불교계의 배척을 받아 추방되었다. 그러나 그 후 대품열반경(大品涅槃經)이 출판되고부터 그의 학설이 옳았다는 것이 증명되었다고 한다. 독창성이 매우 풍부한 천재였음을 알 수 있다.

도생은 또 유명한 돈오성불설(頓悟成佛說)을 제창하였다. 돈오는 점오(漸悟)에 상대되는 말로 점오가 학문수행의 순서를 거쳐서 차차로 깨닫는 것에 비해 돈오는 한번에 깨달음에 도달하는 것을 말한다. 도생에 의하면 진리는 어디까지나 하나인 것이고 분할을 허락하지 않는 것이다. 따라서 진리를 나누어서 일부분씩 이해한다고 하는 것은 불가능하다. 진리는 깨닫든가 완전히 깨닫지 못하든가 어느 한 쪽이다. 즉 돈오이다.

이 도생의 돈오설은 진리의 인식방법을 문제로 하는 인식론으로서 극히 중대한 논리인 것이다. 보통 진리의 인식은 논리의 축적에 의해서 순서적으로 진리에 가까워진다고 하는 방법을 취한다. 곧 점오이다. 그런데 도생은 이 논리에 의한 진리에의 접근을 부정하는 것이었으므로 당연히 이 논리적 사고를 대신할 방법이 있어야 한다. 그것이 무엇인가? 다름 아닌 체험적인 직관이다. 그것은 곧 선종의 성립을 의미하는 것이었다.

본디 중국인은 논리에 약하다. 논리에 의한 추론보다도 직관에 의한 체득을 중시한 것은 그 때문이다. 그것은 '언어에 의한 진리의 표현'을 부정하는 것과 관련된다. 도생은 "아직 진리를 보지 못한 때에는 언어에 의한 중개 역할을 필요로 한다. 그러나 궁극적인 이(理)를 볼 때에는 이미 언어는 쓸모없다"("法華注")라고 한다. 이러한 도생의 주장은 위로는 "장자"의 사상을 계승하면서 아래로는 선종의 '불립문자(不立文字)'의 기원을 개척한 것이었다.

이 도생의 돈오설은 곧 사령운(謝靈運)이라는 당시 대표적인 문인 귀족의 열렬한 지지를 받았다. 그의 "변종론(辯宗論)"은 도생의 돈오설을 자세히 서술한 것이다. 또 송나라의 문제(재위 424~453년)도 역시 도생의 열렬한 지지자여서 도생의 제자를 후하게 대우하였다. 이와 같이 돈오설이 커다란 반향을 불러일으킨 것은 중국인의 성향에 잘 맞는 것이기 때문이었다.

보통 선종에서는 그 시조로서 육조 말기에 인도에서 건너왔다는 보리달마(菩提達磨)를 든다. 그러나 달마의 전기는 훨씬 후세에 만들어졌고, 전설적인 요소가 매우 많아 사실로 인정되지 않으므로 신용도가 낮다. 선종은 인도에 기원을 두었다기보다는 오히려 체험적 직관을 중시하는 중국인의 전통에서 생겼다고 보아야 하지 않을까? 그런 의미에서 도생이야말로 선종의 선구라고 할 수 있다.

* 도생은 선종의 선구가 될 뿐만 아니라 송학(宋學)의 '이일만수(理一萬殊)'의 사상도 준비하였다. 그의 "법화소(法華疏)"에는 "이(理)는 항상 하나이지만 그로부터 나타나는 현상은 매우 다르다"는 말이 있다. 또 그의 불성론(佛性論)은 '견성성불(見性成佛)'의 설과 연결되는 동시에 송학의 성리설(性理說)로 계승될 수 있는 가능성을 갖는다. 이것은 반드시 도생에 한정되지 않지만, 대체로 육조시대의 사상에는 후세의 송학 · 주자학 사상의 기반이 된 것이 많았던 점을 잊어서는 안 된다.

6. 도교(道教)의 성립

농민 간에 생겨난 오두미도(五斗米道)

육조시대의 종교적인 기운의 고조는, 외래의 불교를 받아들임과 동시에 중국 민족 고유의 종교인 도교를 성립시키게 되었다. 중국은 예부터 동부 아시아 일대에 널리 퍼졌던 샤머니즘권 안에 있었고, 무축(巫祝)을 중심으로 하는 다신교적인 신앙이 행하여졌다. 이 민간 신앙은 이론도 없고 체계도 없었다. 그것이 2세기 말 후한 말이 되면서 신흥종교에 의한 농민의 반란을 계기로 하여 하나의 종교체계로서 성립하게 되었다. 육조에 들어와 그 세력은 점점 커지게 되었고, 이것이 후세에서 말하는 도교의 골격을 형성하였다.

오두미도와 신선설의 결합 — 갈홍의 "포박자(抱朴子)"

이처럼 후한 말, 육조 초기에 농민을 중심으로 한 신흥종교가 생기고 도교를 성립시키는 현실적인 기반이 생기는데 그 이론적인 기초는 극히 불충분해서 이를 하나의 종교체계로 완성시킨 것이 신선설(神仙說)이었다.

불로불사의 선인(仙人)이 되는 것을 염원한 신선설은, 기원전 4세기 전국 말기부터 나타나 진시황제(재위 B.C. 247~B.C. 210)와 같은 열렬한 신자도 있었을 정도였다. 전한시대의 무제(재위 B.C. 141~B.C. 87)는 그보다 더 열심이었는데, 그는 신선술의 전문가인 방사(方士)의 권유에 따라서 여러 신들을 제사지내고, 연금술에 의해서 불사약을 얻고자 노력하였다. 그러나 한대까지의 신선설은, 천자나 고급관료와 같이 여유 있는 생활을 하는 사람들 사이에서만 유행했지 일반 지식인이나 서민과는 거리가 먼 것이었다. 그런데 후한 말부터 육조에 들어와 오두미도 등의 신흥종교가 성행하면서 신선술에 접근하여, 결국은 결합하게 되었다. 그 시초에 있었던 자가 진나라 갈홍(葛洪, 283~약 343년)이다. 갈홍은 강남 토착 명족 출신이고 지식인이었는데 그의 저서인 "포박자(抱朴子)"는 그 후 도교의 기초이론을 준비한 것으로서 중요하다. "포박자"는 여러 신의 존재나 그 제사 방법을 설명하고 있어서 그 점에서는 민간 신앙인 오두미도에 접근하고 있다. 그러나 그가 가장 중시한 것은 단약(丹藥)을 달여서 불로불사의 선약을 만드는 것인데 이 점에서는 신선설의 색채가 농후하다. 여기에 무술(巫術)을 중심으로 한 오두미도와 전통적인 신선설 등이 결합하여, 도교의 골격이 완성된 것이다.

도교의 성립과 노자의 교조화

도교라는 것은 원래 보통명사이고 '도(道)의 가르침'이라는 의미, 즉 진리에 대한 가르침이란 뜻이다. 아주 옛날에는 유교를 도교라 부른 예가 많았고 또 육조시대에는 불교를 가리켜 도교라 했다. 현재처럼 신선설과 민중신앙이 결합된 종교체계만을 도교라고 부르기 시작한 것은 육조의 말기 무렵부터이다.

북조(北朝)의 주(周)나라 무제(재위 560~578년)는, 중국 사상 두 번째로 배불을 단행한 것으로 유명한데, 건덕(建德) 2년에 발표한 조칙에 "유교를 선(先)으로 하고, 도교를 다음으로 하고 불교를 후(後)로 한다"라는 말이 보인다. 바로 이것이 '도교'를 현재의 의미로 사용한 최초의 예이다.

그런데 여기에서 말하는 '도교(道敎)'가 전국시대 제자백가의 하나인 '도가(道家)', 즉 노장 사상과 똑같은가 하면 그렇지 않다. 그 이유는 여러 가지이나 근본적으로 도교는 많은 인격신앙의 존재를 믿는 종교인 데 반해 도가 즉 노장 사상은 신의 존재를 역설하지 않고 본질에서는 무신론의 철학이기 때문이다.

그러나 둘 사이에 혼란이 없는 것은 아니다. 그것은 오두미도에서 보이는 것처럼, 민중종교로서의 도교를 논리를 약간 고쳐서 노자를 숭배하고 있기 때문이다. 이것은 오두미도의 단계에서 비롯된 것이 아니고, 그 전신인 신선설에서 시작된 것이다. 앞서 든 후한 초기 왕충의 "논형"에서도, 이미 당시의 신선설이 노자의 논리를 고쳐서 만든 것이라고 서술하고 있다. 오두미도가 신자들에게 "노자"를 외우게 한 것도, 이 신선설의 영향을 받았기 때문이다. 오두미도의 신앙을 지식계급에 적합하도록 고친 것으로 보이는 갈홍의 "포박자(抱朴子)" 등에서는 "노자는 은으로 계단이 만들어진 금루옥당에 있고, 신귀(神龜)를 허리에 두르고, 오색구름을 옷으로 입고 있다. 그 형태를 본 자는 장수를 얻을 뿐만 아니라 뛰어난 지혜를 얻는다"라고 쓰여 있다. 후한의 초왕 영이나 환제가 궁중에서 불상과 함께 제사하였다고 하는 노자의 상도 아마 이 같은 형태를 띠었을 것이다.

이처럼 신선설이나 도교는 노자를 교조로 할 뿐만 아니라, 완전히 신격화하였다. 육조시대에 성행하였던 도교는 유교나 불교에 대항할 필요를 느꼈기 때문에 공자나 부처에 대항할 만한 교조를 가져야 했다. 바로 이것이 노자를 도교의 신으로 받들게 된 근본적인 이유였다.

도교는 주로 민중에 의해서 신봉되었고, 일반 지식인은 여기에 강한 경멸의 뜻을 품는 것이 보통이었다. 그리고 도교를 도가, 즉 노장사상과 구분하는 것도 상식이 되었다. 다만 도교는 중국의 오랜 전통 위에 성립된, 민간신앙이나 무술을 배경으로 한 것이었던 만큼, 그 사회적 세력이 매우 강대했던 것이다. 그래서 불교의 강력한 상대가 되었을 뿐만 아니라, 서로 영향을 주게 되었고 근세 중국의 민중 사회에서 보인 것처럼 도 · 불 융합상태까지 가게 되었던 것이다.

제7장
수당시대의 사상

제7장 수당시대의 사상

당대 문화의 성격 — 육조 문화의 연장발전

육조의 4백 년에 가까운 분열시대의 뒤를 이어서 수당의 3백 년에 걸친 대제국의 통일시대가 들어섰다. 본디 수의 통일은 겨우 30여 년밖에 안 되므로 수당의 사상사라고 해도 실제로는 당대가 전부를 차지하고 있다.

당대 3백 년간의 사상계는 한마디로 말하면 육조의 연장발전이었다. 물론 육조가 정치적으로 분열된 시대였던 것에 반해, 당대는 대제국 통일이 완성되어 지속된 것이었으므로 그것이 사상적인 측면에도 반영되는 것은 당연하다. 육조 문화가 섬세우미하다고 하면 당대 문화는 호화찬란하다. 그럼에도 불구하고 양 대의 저류로 되어 있는 시대정신은 동질의 것이었다. 그것은 두 시대가 다 귀족주의 정신을 기초로 하였기 때문이다.

육조 문화를 주도하였던 지식인은 한대 이후 관리로서의 성격을 가지면서도, 그 관리의 신분이 세습화된 결과, 다분히 귀족적인 성격을 띠게 되었다. 이러한 지식인 관리의 귀족적 성격은, 그대로 수당시대에 들어와서도 지속되었다. 물론 지배층이었던 왕조측에서는 관리가 귀족화되는 것이 달갑지 않았기 때문에 극력 그 경향을 막으려고 하였다. 그러나 육조 4백 년의 전통을 가진 지식인 관리의 귀족적 성격을 바꾼다는 것은 아무리 당왕조가 힘을 가졌다 해도 쉬운 일은 아니었다. 그 때문에 전체적인 당대 문화는 육조와 같이 귀족적 색채가 농후했다.

지식인에게 정치적 관심이 부족하다고 하는 것, 따라서 사문을 중심으로 한 문학예술에 열심히 몰두한 것, 이상의 두 가지는 육조 문화의 특징이었고, 또한 당대 문화의 특징이기도 했다. 유교 정신의 쇠퇴, 불교나 노장의 융성, 그에 평행한 민간도교의 유행 등 모든 당대 문화는 육조 문화의 연장선상에 있는 것으로 보인다.

다만 당대 후반기, 즉 현종 때 안록산의 반란이 일어났던 그때부터 미묘한 변화가 생겨서 다음의 송대 문화의 맹아를 준비하는 경향이 보이기 시작한다. 여기에서는 당대의 사상사를 전반기와 후반기로 나눠서 보기로 하자.

1. 당의 전반기 — 안록산(安祿山)의 난까지

유교정신의 쇠퇴

당대 3백 년간의 유교는 육조의 영향으로 인해 쇠퇴하였다. 육조수당의 7백 년간은 중국 사상면에서 유교정신이 가장 쇠퇴했던 시대였다고 할 수 있다. 그 원인은 육조 이래의 전통을 이어받은 당대의 지식인 관리에게 정치적 관심이 희박해서 치국평천하를 궁극적인 목적으로 하는 유교에 흥미를 가지지 못하였기 때문이다.

이와 같은 풍조는 지배자에게 달갑지 않았던 것이어서 고조의 뒤를 이은 태종(재위 626~649년)은 공영달(孔穎達) 등에게 명해서 "오경정의"를 작성시키고, 역(易)·시(詩)·서(書)·예(禮)·춘추(春秋) 등 오경에 대한 표준해석을 하도록 하였다. "오경정의"는 육조 이래 분열되었던 경서 해석을 통일했고 표준해석에 따라서 과거시험이 행해졌다. 결국 관리 등용을 위해 표준해석을 만들었던 것이다. 그 목적이 성공하려면 관리신분을 열망하는 지식인 사이에 유학이 침투되어야 했지만, 결과는 실패로 끝났다. 유학에 흥미를 가지지 않은 당대의 지식인은 유학을 시험과목으로 하는 명경과에 모이지 않고 대부분이 시문을 주로 하는 진사과로 몰려버렸다. 당의 태종조차도 유교정신의 쇠퇴라는 육조 이래의 전통을 어떻게 할 수 없었던 것이다.

* 과거 즉 고등문관시험은 수나라 때 창설되었지만, 그것이 정비된 것은 당에 들어와서였다. 거기에는 명경과, 진사과, 명법과, 명산과 등의 시험과목이 있었는데, 압도적으로 많은 인재가 몰려든 것은 문학을 시험과목으로 한 진사과였다. 또 진사과에 급제하지 못하면 관리로서 영달을 할 수 없었다. 이처럼 당대에도 유학을 경시하고, 문학을 존중하는 육조 이래의 풍조가 나타났다.

당대 유학쇠퇴의 원인을, 태종이 "오경정의"라는 국정 표준해석을 만들어 자유로이 연구할 여지를 없앴다는 사실에서 찾으려는 견해도 있지만, 그것은 원인과 결과를 잘못 이해한 것이다. 오경정의는 유학을 중흥시키려고 만들었던 것인데, 그것이 성공하지 못했을 뿐이다.

수당왕조의 불교 보호 내지 이용

수당시대는 유교 쇠퇴의 시기이면서 불교의 황금시대였다. 그것은 왕조에 의한 불교의 보호 내지 이용이란 정책 때문이다. 왕조로서는 무력화된 유교만 갖고 인심을 모으는 것이 곤란하였기 때문에 불교의 힘을 빌리지 않을 수 없었다.

이미 육조의 양무제(梁武帝, 재위 502~549년)는 ─ 개인적인 신앙에 의한 것이지만 ─ 불교정신으로 국가를 다스린다는 선례를 열었다. 육조의 분열을 통일한 수문제(隋文帝, 재위 581~604년)는 천하의 여러 주 111개소에 불사리 탑을 세우게 하여 불교의 보급을 기도하는데, 여기에는 다분히 정책적인 의도가 있었다고 생각된다. 당고종(재위 649~683년)은 여러 주에 국립 사원과 도관(道觀, 도교의 사찰)을 하나씩 두었고, 측천무후(재위 690~705년)는 장안 · 낙양의 양경(兩京) 및 여러 주에 대운경사(大雲經寺)를 설립하였고, 현종(재위 712~756년)은 여러 주에 개원사(開元寺)·개원관(開元觀) 각 하나씩을 두었는데, 이러한 것도 수문제의 경우와 마찬가지로 종교를 통해서 인심을 조정으로 모으고자 하는 정치적인 의도에서 나온 것 같다. 그것이 순수한 불교신앙에서 나오지 않았음이 분명한 것은, 이러한 것이 관사(官寺)와 아울러 관립도관을 반드시 건립하고 있는 것으로 알 수 있다.

종파(宗派) 불교의 발생과 성행

이처럼 왕조에 의한 보호를 배경으로 해서 수당의 불교는 공전절후의 융성시대를 맞이한다. 그것을 알게 하는 대표적 사실로 이 시기에 중국 불교를 특정지우는 종파 불교가 다투어 일어난 것을 들 수 있다.

이미 육조 무렵부터 하나의 경전에 중심을 두는 학파가 나타났는데 수대로 들어와 "법화경(法華經)"을 중심으로 하는 천태대사 지의(智顗, 538~597년)의 천태종, "삼론(三論)"을 주로 하는 가상대사 길장(吉藏, 549~623년)의 삼론종이 성립하였다. 또 이때 성하게 된 종말론적 사상을 배경으로 해서 신행(信行, 540~594년)의 삼계교(三階敎)가 생겨난 것이 주목된다. 당대에 들어와서는 "정토삼부경(淨土三部經)"을 의거로 하는 도작(道綽, 562~645년)과 그의 제자 선도(善導, 613~681년)에 의한 정토교, 화엄경을 주로하는 현수대사 법장(法藏, 643~712년)의 화엄종, 오늘날의 선종의 본원이 되는 남종선(南宗禪)을 연 육조혜능(六祖慧能, 638~713년), 인도에서 17년간 유학하고서 돌아온 삼장법사 현장(玄奘, 600~664년)과 그 제자 규기(窺基)에 의해서 성립된 법상종, 또 현장이 가져온 "구사론(俱舍論)"을 토대로 하여 그 제자 보광(普光) 등이 성립시킨 구사종(俱舍宗) 등이 열거된다. 또 후반기에 들어와 인도 중부 사람 선무외(善無畏, 637~735년) 및 남인도 사람 금강지(金剛智, 671~741년)는 장안이나 낙양에 이르러 밀교를 전한다. 금강지(金剛智)의 제자였던 북인도 사람 불공(不空, 705~774년)은 더욱 많은 밀교경전을 가져와서 번역함과 동시에 주술이나 기도를 사용해서 당시의 권력자들 사이에 밀교를 성행하게 하였다.

⁑ 종파 불교는 중국의 특산물이고 인도에는 보이지 않는 것이다. 인도의 불교는 오랜 역사를 지내는 동안 사상내용이 계속 변했기 때문에 많은 경전들의 논리가 서로 모순되는 것이 많았다. 이 때문에 중국인은 많은 경전 중 어느 것이 부처의 진의를 실은 것인가의 판단에 혼란이 생기지 않을 수 없었다. 여러 경전 중에서 가장 정수라고 생각되는 것을 뽑아 그것을 중심으로 하고 주변에는 다른 경전을 배치하였다. 일종의 취사선택이다. 이것을 교상판석(教相判釋), 줄여서 교판이라고 한다. 이 교판에 의해서 종파가 성립된다. 그것은 선택이었으므로, 필연적으로 주관적인 판단이 뒤따른다. 게다가 그 종파의 시조 나름대로 주체적인 입장이 구축되어 있기 때문에 인도 불교와는 다른 중국 불교가 나타나게 되는 것이다.

천태종은 당대에 들어와서부터 교세 부진의 상태에 있었지만 당나라 중기의 잠연(湛然, 711~782년)에 의해서 재차 성하게 된다. 밀교는 7세기 후반 인도 불교의 최말기에 나타났는데, 힌두교의 영향을 상당히 받았다. 그 교의는 전형적인 범신론으로 대일여래(大日如來)라 하는 불(佛)의 편재(遍在)를 설명하는데, 인간도 부처와 상즉상입(相卽相入)의 관계에 있으므로 번뇌의 몸이 그대로 부처라 하는 즉신성불(卽身成佛)을 주장한다. 그런데 그것을 실현하려면 주술이나 기도와 같은 비의(秘儀)의 실천이 필요하다. 이 비의의 요소가 도교와 상통하는 점과, 불공(不空)이 정계의 실력자와 결탁한 것이 서로 맞아 떨어져, 일시적으로 왕실이나 일부 귀족 사이에 환영을 받았다. 그러나 불공의 죽음과 함께 급속히 쇠퇴하여 중국에서는 완전히 자취를 감추었다. 아마도 도교가 존재하는 이상 도교와 유사한 밀교의 필요를 느끼지 않았기 때문일 것이다.

중국 불교를 대표하는 정토종(淨土宗)과 선종(禪宗)

이처럼 당대의 전반기에는 대개의 종파 불교가 출현하는데, 이러한 것 중 정토종과 선종에 대해서는 특기할 필요가 있다. 이 두 개의 종파 불교는 모든 중국 불교 중에서도 가장 중국적인 특색을 가지며 중국인의 체질에 적합한 불교이기 때문이다. 이 때문에 다른 종파 불교의 대부분이 당대 이후 거의 그 자취를 감춘 것에 반해서 정토종과 선종은 계속 명맥을 유지했고 송나라 이후 일천 년간의 생명을 유지하였던 것이다.

정토종과 선종은 그 내용에 커다란 차이가 있음에도 불구하고 한 가지 공통점이 있다. 그것은 양자가 이론을 싫어하고 오로지 염불이나 좌선과 같은 실천을 중시한 점이다. 확실히 천태 · 화엄 · 법상 등 여러 학설의 철학적 이론은 심원하여 전문가인 승려나 일부 지식인들의 마음을 끌지만 다른 한편으로는 현실의 생활에서 벗어나 대중성이 결여되어 있다는 약점이 있었다. 무엇보다도 이론을 싫어하는 중국인은 간명하고 인심에 직접 호소하는 선과 염불을 선택하였다.

정토교의 전개 — 선도에 의한 대성

정토종이 발생할 수 있는 토대는 불교가 중국인에게 처음으로 수용되었던 육조의 동진 무렵에 이미 준비되었다. 불교의 윤회설에 마음이 이끌린 중국인은 현세에 적선함으로써 내세의 행복을 바란다는 방향으로 이끌어졌다. 이것은 분명히 정토종의 방향이다. 강남 불교계의 중진이 된 동진의 혜원(慧遠, 334~416년)은 노산에서 당시의 명사 123인과 함께 결사를 맺고, 소위 백련사(白蓮社)에서 염불을 행하였다. 이것은 후세의 정토종의 염불과는 격을 조금 달리하는 것이지만 중국의 정토종에서는 혜원을 그 시조로 하고 있다. 정토종이 탄생할 기운이 일찍부터 있었던 것을 언급한 실례이다. 그 후 북조의 담란(曇鸞, 467~547년)은 아미타불(阿彌陀佛)이 널리 중생을 정토에서 맞이하는 것을 말한 "무량수경(無量壽經)"을 근거로 하여, 오로지 아미타불(阿彌陀佛)을 믿음으로써 정토로 왕생하는 것이 가능하다고 설명하였다. 이것은 자력에 의한 어려운 수행을 필요로 하지 않는 것이었으므로 이것을 타력이행(他力易行)의 길이라고 하였다. 정토종의 골격은 이미 담란의 때에 완성되었다고 보아도 된다.

수대에 들어와 천태종이나 삼론종 등의 학승(學僧)도 정토사상에 관심을 가지게 되었고 일찍부터 정토종의 성립의 기운이 가득했다. 이때 나타난 자가 도작(道綽, 562~645년)이다. 도작은 현중사에 있던 담란의 비문에서 느낀 바 있어 정토종에 입문했다고 전해지는데, 도작도 말세에는 종래처럼 자력으로 학문을 닦아 깨달음을 얻고자 하는 성도문(聖道門)으로는 아무것도 얻을 수 없고, 아미타불의 힘에 의해서 왕생하는 정토문에 의해서만 복락을 얻을 수 있다고 했다. 여기에서 자기 종파를 정토문, 다른 종파를 성도문이라고 교상판석하여 정토문의 독립이 명확해졌다. 동시에 정토문에 있어서는 무엇보다도 염불이 가장 중요하다고 하여, 날마다 7만 번의 염불을 외워 작은 콩으로 횟수를 계산하였기 때문에 세상에서 소두염불(小豆念佛)이라고 불렀다고 한다. 이처럼 입으로 외우는 염불에 중심을 두었던 점에서 후세의 정토종의 기본을 이루었다. 그러나 도작은 동시에 관념의 염불, 즉 부처의 형상을 마음에 생각하는 염불도 필요하다고 하고, 또 염불 이외에 만선(萬善)을 행하여야 할 것도 역설하고 있는 점에서 여전히 성도문적(聖道門的)인 요소를 남기고 있다. 도작의 염불은, 그가 거주하였던 산동성의 민중 사이에 널리 행해졌지만, 여전히 한 지방의 유행에 그쳤다. 이것을 천하에 널리 전파하고 동시에 그 교의를 철저하게 해서 정토종을 대성한 자는 그 제자 선도(善導, 613~681년)였다.

다른 종파의 학승 중에도 정토왕생에 마음을 기울이는 자가 많아져서 정토론이 계속해서 논의되었는데, 그러한 것은 학승으로서의 과시였기 때문에, 어리석은 중생에게는 정토왕생을 인정하지 않았고, 또 간단한 염불 암송보다는 보다 심원한 관념의 염불을 중시하는 경향이 강하였다. 여기에 대해서 선도는 정토의 문은 말법탁세(末法濁世)의 세상에 태어난 평범한 사람을 위해 열려진 것임을 강력히 주장하였다. 왜냐하면 성인은 이미 경지에 도달하였으므로 구원의 필요가 없지만 물에 빠진 범인이야말로 정토의 구원을 가장 필요로 하고 있기 때문이다. "정토의 문은 분명히 범부를 위해서 있지, 성인을 위해서 있는 것이 아니다"라는 선도의 주장은 "선인도 계속해서 왕생하는데, 하물며 악인이야"라는 친란(親鸞)의 악인 정기(正機)의 설을 생각하게 하는 것이다.

또 선도는 스승 도작과 마찬가지로 구송염불 외에도 수행의 필요를 인정하였으나 구송염불은 정토왕생을 위한 정업(正業)이라 하고 다른 수행은 정업을 돕는 일에 지나지 않는다고 하였다. 조업(助業)을 인정한 점에서는 철저하지 못하다고 할 수 있지만 구송에 가장 중점을 두고 있는 점에서는 정토종으로서의 완성을 보았다고도 할 수 있다. 물론 구송은 단순히 입으로 외우는 것일 뿐 아니라, 아미타불에 대한 신앙의 표현이어야 한다. 이 때문에 선도는 지성심(至誠心) · 심심(深心) · 회향 발원심(廻向發願心)의 소위 세 가지 마음이 없어서는 안 된다고 강조했다. 정토종은 무엇보다도 '믿음(信)'의 불교라고 표명한 것이다.

선도는 정토종 이론의 대성자이면서 또한 열렬한 전도자였다. 그는 당나라 수도인 장안으로 진출해서 민중 사이에 정토의 복음을 전파하였다. 이때 서방정토를 바라는 자가 백여 인에 달하고 "아미타경"을 외우는 자는 수십만이었다고 한다. 여기에 이르러 정토종이 중국 민중 사이에 확고한 뿌리를 내리게 되었다.

⁑ 도작이나 선도 사상의 배경에 당시의 말법(末法)사상이 있었던 것은 물론이다. 중국의 말법사상은 승려들 사이에 믿어졌을 뿐으로 일반사회에는 퍼지지 않았다. 그 이유는 수당시대에는 사회적 변동이 그다지 심하지 않았기 때문이다. 그러나 중국의 일반사상은 승려의 분발을 일으켜 민중들 사이로 뛰어드는 동기를 가져왔다. 삼계교(三階敎)를 연 신행(信行)은 좋은 예이다. 그는 도작과 마찬가지로 수대의 사람인데 말법(末法)의 현세대에서는 종래처럼 일불일법(一佛一法)에 의지해서는 구원받을 수 없다고 하여 보편의 불(佛), 보편의 법(法)을 숭배하는 보불보법(普佛普法)을 주장하였다. 또 인간도 부처가 될 수 있다는 당래불(當來佛)이라고 하여 장안의 거리에서 걸어다니는 남녀를 예배하였다고 한다. 이것은 명(明)의 양명학(陽明學)의 '만가성인(滿街聖人)' 사상의 선구가 되는 것이다. 정토종이 일신교 형태를 취하는 것에 대해서 이것은 범신론의 전형일 것이다. 더욱이 신행(信行)은, 걸식해서 일일일식의 생활을 해, 민중에게 헌신적인 포교를 하는 것을 말한다. 이 때문에 삼계교(三階敎)는 수에서 당의 중기를 거치기까지 매우 융성하지만, 거듭되는 조정의 탄압에 의해서 결국 소멸해버렸다. 정토종의 도작이나 선도도 이 신행의 포교활동으로 인해 자극되었던 때가 적지 않았던 것 같다.

중국의 정토종은 선종과 아울러 근세에까지 가장 유력한 신앙이었음에도 불구하고, 선도 이후는 걸출한 지도자가 없어 결국 하나의 종파로서의 사회세력이 되지 못해 도리어 염불은, 다른 종의 학승에 의해서 지지되고 민중의 사이에 폭넓게 침투되었다.

선종(禪宗)의 성립 — 육조혜능(六祖慧能)에 이르기까지

정토종이 믿음과 염불의 불교라고 하면, 선종은 행함과 체험의 직관불교라고 할 수 있다. 본디 중국인은 이론보다도 사실을, 언어에 의한 논리적 사고보다도 체험적인 직관을 중시하는 경향이 강한데, 이러한 경향을 단적으로 드러낸 것이 선종이다.

선, 그것은 불교 일반에 널리 보이는 수행법의 하나이다. 그것은 보통 정려(靜慮)라고도 번역되는 것처럼 진리를 깨닫기 위하여 마음을 고요하게 하는 실천적인 방법인데, 이것을 가르침의 중심에 두었던 것이 선종이었다. 이 선종의 기초를 수립한 자는 육조 말기(6세기)에 인도에서 온 보리달마(菩提達磨)였다고 하며, 그는 하남성의 숭산에 있는 소림사에서 면벽 9년의 생활을 보냈다고 전해진다. 그러나 이러한 것은 후에 생긴 전설이고 그의 제자 혜가(慧可)의 전설과 함께 역사적 사실로 확인되지 않았다. 그것이 역사적으로 인정된 것은 수당시대에 들어와 사조(四祖) 도신(道信, 581~651년) 때부터일 것이다.

① 달마 (達磨)	—	② 혜가 (慧可)	—	③ 승찬 (僧璨)	—	④ 도신 (道信)	—	⑤ 홍인 (弘忍)	〈	신수(神秀) ⑥ 혜능(慧能)

도신은 양자강 가까운 호북성의 황매산에 있는 동산사에 있으면서 5백 명의 승려를 거느렸다고 한다. 이 때문에 도신은 좌선에 의한 관심(觀心)의 수행과 아울러, 작무(作務), 즉 노동을 중시하였다. 본래 인도의 불교에서는 승려의 생활노동을 금하고, 그 생활은 걸식(乞食)과 신자의 보시에 의해 꾸려나갔지만 5백 명의 집단이 산중에서 생활하게 되면, 이것은 불가능해진다. 거기에 자급자족의 생활을 위해, 좌선과 아울러 농사짓기를 적극적으로 수행에 포함시켜 후의 백장회해(百丈懷海)의 "하루를 일하지 않으면 하루를 먹지 않는다"란 말의 시초가 되었다. 이것이 선종에 동적인 성격을 부여해 일상생활 자체를 불법으로 하는 사상을 낳게 하였다.

5조 홍인(弘忍)의 밑에 신수(神秀)와 6조 혜능(慧能) 두 사람이 있었는데, 각각 북종선(北宗禪)과 남종선(南宗禪)의 시조가 되어, 여기에 선종이 비약적으로 발전하는 단계에 접어들었다.

신수(神秀, 606~706년)는 유 · 불 · 도의 3교에 통달해, 홍인 문하에서 상좌가 된 사람인데, 측천무후의 초청을 받아서 국사(國師)가 되어, 장안 낙양 양경의 귀족들로부터 절대적인 존경을 받았다. 신수가 죽은 후에도 그 제자들은 수도를 중심으로 많은 신자들을 얻어, 북종선은 당대 불교계의 왕좌를 점하고, 안록산의 난이 일어나기까지의 약 50년간 전성기를 누렸다.

한편 남종선의 시조가 되는 혜능(慧能, 638~713년)은 신수가 교양인이었던 것과는 반대로 당시 오랑캐땅이었던 남방 광동성의 농부 출신이었다. 멀리 황매산의 홍인을 찾아가 8개월 동안 쌀찧기 생활을 하던 중 6조의 인가를 받았다고 한다. 혜능은 인가받은 후 곧장 고향인 광동성으로 돌아가 조계에 있는 보림사에 머물면서 여기에서 남종선을 열었다.

남북 2종의 차이는 그 두 사람의 성격을 그대로 반영하고 있다. 똑같이 심성의 직관을 강조하면서도 신수의 북종선이 보다 학문적 요소를 많이 지니고 있는 것에 비해서, 혜능의 남종선은 "이심전심(以心傳心) 불립문자(不立文字)"의 경향이 강하다. 후에 소위 남돈북점(南頓北漸)의 말이 생긴 것도 이 때문이다. 그러나 당의 전반기까지는 북종선이 도시를 중심으로 하였기 때문에 압도적으로 우세하였고, 남종선은 세상에 알려지지 않았다. 이 형세가 역전되는 것은 당나라 후반기에 들어와서부터였다.

⁂ 선종의 특색은 "교외별전(教外別傳), 이심전심(以心傳心), 불립문자(不立文字), 직지인심(直指人心), 견성성불(見性成佛)"이라는 말에 가장 잘 표현되어 있다. 그것은 다른 불교처럼 경전에 의하지 않고 문자 언어에 의하지 않고, 자기 마음속에 있는 불성(佛性)을 체험적으로 직관함으로써 부처가 되는 것을 목표로 한다. 이처럼 마음을 중시하는 것 때문에 다른 말로는 '심종(心宗)'이라 부를 정도였다. 그러나 이 같

은 성격에 도달하기 위해서는 역사적인 발전을 필요로 한다. 초기의 선종은 "능가경(楞枷經)"에 의거한 것도 있고 또 삼론(三論)이나 화엄의 영향을 받은 것도 있다고 한다. 남북 2종의 차이는 북종선이 보다 초기의 성격을 띠었던 것에 비해서 남종선이 보다 실천적인 성격이 철저하다는 점에 있다.

'남돈북점(南頓北漸)'의 돈은 '일거에'라는 의미인데 북종선이 순서에 따라 점차로 깨달을 것을 강조한 것에 비해서 남종선은 체험적 직관에 의해서 깨닫는 것이다. 이 같은 돈오의 사상은, 이미 2백여 년 앞의 옛날에 육조의 축도생(竺道生)이 제창한 것이다. 그런 의미에서 선종의 맹아는 달마보다 이전에 준비되었다고 할 수 있다.

2. 당의 후반기

당대 문화의 성격에 나타난 변화

당 3백 년간의 전반기는 육조의 전통이 그대로 계승되어 귀족적 성격을 가진 관료사대부가 문화를 독점하였다. 이 때문에 당의 전반기 문화는 본질적으로 귀족문화이고 유학의 쇠퇴와 불교의 융성을 가져왔다.

그런데 당대 문화의 난숙기에 해당하는 현종 때부터 미묘한 변화가 나타나기 시작하였다. 그것은 귀족관료를 대신해서 무인 세력이 차츰 강화된 것이다. 안록산(安祿山)과 사사명(史思明)의 난, 소위 안사의 난(755~763년)은 이 시대에 하나의 전기가 되었다. 본디 외적을 막기 위해 설치되었던 절도사가 중앙의 내지까지 설치되고, 그것이 다음에 군벌적인 세력을 가지게 되었다. 조정의 중앙집권세력이 약화되고, 난세의 양상이 깊어졌다. 더구나 그것이 사회적 · 경제적 배경을 가진 것인 만큼, 일시적인 현상으로서 끝날 것은 아니었다. 매우 느리게 진행되었지만 문벌귀족의 몰락, 한문(寒門) 출신 무인의 대두가 시작되었다.

이 같은 시대의 변화는 사상적인 면에도 영향을 미쳤다. 당의 후반기부터는 사상면에도 미묘한 변화가 나타나 그것이 다음 송대의 새로운 사상의 탄생을 준비하였다.

유학 부흥의 맹아 — 한퇴지(韓退之)와 이고(李翶)

당대 후반기에 들어와서도 유교정신의 부진은 구태의연한 것이었다. 지식인 대부분이 불교 특히 선종에 관심을 가진 자가 많았고, 그 인생관은 불교적 색채를 띠게 되었다. 그 중에서도 극히 예외적으로 불교를 배척해서 유교정신의 부흥을 부르짖는 자가 나타났다. 한유(韓愈, 768~824년), 자는 퇴지(退之)가 바로 그 사람이었다.

한퇴지는 백낙천과 함께 당나라 중기를 대표하는 시문의 대가였고 고문부흥의 제창자로 알려져 있다. 그는 귀족적이고 형식주의적인 육조풍의 문장을 배격해서, 한대풍의 간결하고 힘있는 문장의 형태로 돌아갈 것을 주장하였다. 문학에서 귀족 취미의 배제는, 사상에서는 배불숭유의 주장으로 나타난다. 한퇴지는 원도(原道), 원성(原性), 원인(原人) 등의 제편을 지어, 유가의 도가 곧 군신부자의 인륜의 도이고, 이것을 무시하는 노장이나 불교의 도와는 다른 점을 강조하였다. 특히 그 당시 왕 현종이 봉고(鳳翔)의 법문사에 있는 불사리(佛舍利)를 궁전에 들여왔을 때에는 이것을 매우 반대해서 '논불골표(論佛骨表)'를 올려, 오랑캐의 부골(腐骨)은 물이나 불 속에 던져버리자고 적극 주장하였다. 이것이 헌종(憲宗)의 분노를 일으켜, 한퇴지는 남방의 조주자사(潮州刺史)로 좌천되었다.

한퇴지의 논리는 육조 이래 수없이 보였던 배불론에서 한치도 벗어난 것이 아니고, 그것에 비해서 조잡하기조차 하였다. 그러나 이 같은 역사적 시점에서 일대 문호의 주장이었던 만큼 그 논의가 불러일으킨

사회적 영향은 컸다. 그렇다고는 해도 시대의 대세는 한 사람의 손에 의해서 움직여지는 것은 아니다. 불교의 위협이 되는 신유학의 탄생을 보기에는 여전히 2백 년의 세월이 필요한 것이다.

훗날 송학의 선구가 되었다고 하는 의미에서 한퇴지보다도 그의 문하생인 이고(李翱)의 '복성서(復性書)' 쪽이 중요하다. 이것도 단편 논문이지만 독특한 인생론을 서술하고 있다. 그가 말하는 것에 의하면 인간의 성은 하늘로부터 받은 것이다. 받은 성대로이면 성인이 될 수 있다. 따라서 성인의 경지에 이르기 위해서는 성을 부동의 상태로 두는 것이 필요하다. 일체의 사려를 끊고, 성을 정지의 상태로 두면 정(情)의 유혹을 받을 수 없다. 이것이 '복성(復性)' 즉 성의 본래의 상태로 복귀하는 것이다. 이것이 한퇴지 논리의 요지이다.

그리고 이고의 이 복성의 생각은 "대학"이나 "중용" 등의 유서에 기초한 것이고, 유가 정통의 성명론(性命論)인데, 세상 사람들이 복성의 원리를 알지 못하고 노장이나 불교에 빠지는 자가 많다고 비판한다. 불교를 배척하면서 유가의 정통을 주장한 점에서는 그의 스승 한퇴지의 뒤를 이었고, 또 후의 송유(宋儒)와도 일치한다. 더구나 불교를 배척하면서도 주정(主靜)을 중심에 두는 논법은, 불교 특히 선학(禪學)의 영향이 있었음을 인정할 수밖에 없다. 이 또한 후세의 송유(宋儒)와 공통된 점이다.

이고는 몇 가지 점에서 송유에 유산을 남겼다. 불교나 노장을 배척하는 것을 목적으로 하면서도 그 사상을 무의식 중에 수용한 점, 이 점은 가장 기본적인 경향이었다. '복성(復性)' 혹은 '복초(復初)'라는 말은 본디 노장의 말이다. 후의 송유의 정주(程朱)도 이것을 그대로 사용하고 있다. 또 성을 정(靜)하게 한다는 이고의 주장은 선정(禪定) 혹은 좌선과 통하는 것이다. 이것 역시 주염계(周濂溪)의 '주정(主靜)'이 되어서 전해진다. 이 같은 점에서 보면, 이고는 송학의 선구자라고 부르기에 적합한 인물이라고 할 수 있겠다.

* 이외에 경학, 즉 경서 방면의 새로운 움직임으로서는 후반기에 나타난 담조(啖助) 및 그 문인(門人)으로 조광(趙匡)·육순(陸淳) 등이 있다. 그들은 춘추학자인데 좌전(左傳)·공양전(公羊傳)·곡량전(穀梁傳)의 삼전(三傳)이 반드시 춘추(春秋)의 본의를 계승한 것은 아니라고 하여, 삼전(三傳)에 의하지 않고 자기의 판단에 따라서 경서를 자유롭게 해석했다. 이처럼 자기 판단에 의해 경서를 취사선택하는 것은 송대에 들어오면 종종 있지만, 당시에는 독단적인 주관주의로서 비난을 받았다.

남종선(南宗禪)에 의한 불교계의 지배

당대 후반기의 불교계를 보면, 선종, 특히 혜능계의 남종선이 주류를 이루게 되고, 말기부터 다음의 오대까지는 결국 남종선이 전 불교계를 독점하였다 해도 과언이 아니다. 안사의 난 이후는 남종선이 북종선을 압도하게 된다. 이 때문에 북종선은 쇠퇴하여, 결국은 그 전승이 끊어지게 되었다. 그 이후 현재에 이르기까지 선종은 모두 혜능계의 남종선뿐이다.

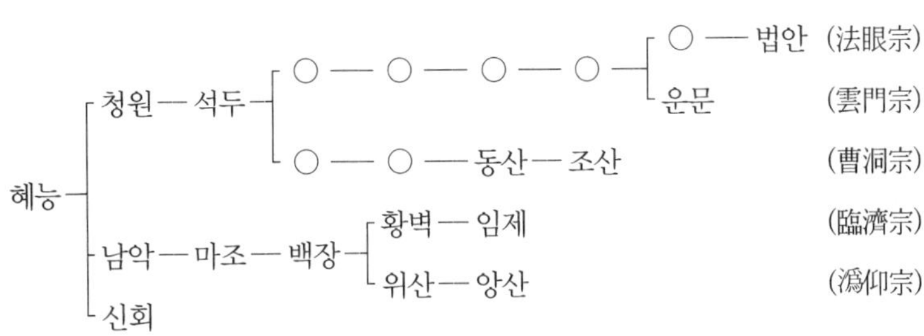

그 발단을 만든 사람은 혜능 문하에 있었던 신회(神會, 668~670년)였다. 그는 현종 때부터 북방으로 진출하여, 돈오를 역설하는 남종선이야말로 달마의 정신에 충실하다고 하고, 북종선은 점오라고 해서

배격하였다. 그 후 조정이 반란군에게 점령된 낙양을 다시 찾고자 했을 때, 중이 되고자 지망하는 사람들로부터 향수전(香水錢)을 받아들여 군비를 돕는데, 신회는 주재자의 한 사람이 되어서 다액의 향수전을 모았다. 그 공으로 인해서 신회는 입문(入門)의 영광을 받았다. 이것이 발단이 되어 그 후계자들은 도시를 중심으로 하는 북방 일대로 퍼졌다. 그러나 후세의 선종은 신회의 직접 후계자보다도 동문의 남악(南岳)이나 청원(靑原) 계통에서 커다란 발전을 보았다.

이리하여 당대에는 임제종(臨濟宗) · 위앙종(潙仰宗) · 조동종(曹洞宗)이 성립하였고, 오대에 들어와 운문종(雲門宗) · 법안종(法眼宗)이 생겼다. 이것을 오가(五家)라 부르는데, 송대에 들어와 임제종(臨濟宗)에서 양기파(楊岐派)와 황용문파(黃龍門派)가 발생했는데 전자와 합해서 오가칠종(五家七宗)이라 부른다. 바로 선종의 전성기를 맞이한 것이다. 당의 후반기에는 지식인이든 시인이든 많은 사대부가 불교에 마음을 두었는데 그들의 불교 내용은, 대부분의 경우 선종적인 색채를 띠고 있었다.

⁑ 마조(馬祖, 709~788년) 이름은 도일(道一). 속세의 성이 마씨였기 때문에 마조라고 한다. 청산(靑山)의 문(門)에서 배웠고 홍주(洪州, 강서성 남창)에서 살았다. 마조의 선(禪)의 특색은 "이 마음이 그대로 불심(佛心)이다", "평상심이 도(道)이다"라는 말에 나타나 있다. 이 몸 이대로 불(佛)이고 일상의 생활, 행주좌와(行住坐臥)가 그대로 불법(佛法)이다. 여기에서는 도를 닦는다든가 좌선을 행한다든가 할 필요는 없다. "악을 끊지 않고 도를 닦지 않고 마음이 가는 대로 맡기는 것이 해탈이다"라고 했다. 이 때문에 '그대로 선(禪)'이라 하는 비판도 있지만, 아마도 마조(馬祖)의 입장은 시비선악(是非善惡), 범인(凡人)과 부처 등의 대립을 초월한 무차별의 경지를 궁극으로 한 것 같다. 그 입장은 장자의 만물제동(萬物齊同)의 경지에 가까운 것이다. 주목해야 할 점은 이 마조의 선(禪)이 임제선(臨濟禪)으로 이어져 당대 선종의

주류가 되었던 점이다.

마조 문하의 백장회해(百丈懷海, 720~814년)는 강서성의 백장산(百丈山)에 거주하였다. 이미 마조 때, 그 아래 집단생활을 영위한 중은 5백 명이었다고 하므로 이때에는 사람 수가 그것을 넘었던 것 같다. 그러므로 당연히 그 집단을 다스리는 규율이나 제도가 필요하게 된다. 당시 선종은 아직 하나의 종파로서 독립된 사원을 가지지 못하고 일정한 의식도 없었다. 백장(百丈)은 우선 법당(法堂) · 승당(僧堂) · 방장(方丈) 등 선종 특유의 사원 형식을 정하고, 또 승려의 일상행동의 규율을 정하였다. 이것이 "백장청규(百丈淸規)"이다. 특히 4대조 도신 이래의 전통이 되었던 승려의 노동을 중시해 “하루를 일하지 않으면 하루를 먹지 않는다”라는 명언을 남겼다.

그 백장(百丈) 문하에서 나온 자가 임제의현(臨濟義玄, ?~866년)이다. 의현은 하북성 정정부에 있던 임제사에 거주하였다. 그 말을 모은 것으로 "임제록"이 있다. 그의 선(禪)은 마조의 선을 계승함과 동시에 한층 과격해졌다. 일상적인 본래대로의 인간이 부처이고 수행이나 좌선은 필요 없다. 예컨대 부처나 조사라 해도 우상화하면 번뇌가 될 뿐이다. “부처를 만나면 부처를 죽이고 조사(祖師)를 만나면 조사를 죽이고 부모를 만나면 부모를 죽인다. 그럼으로써 해탈이 얻어진다”고 했다. 후세의 소위 임제학에는 좌선을 유일무이의 것으로 하는 경향이 보이는데, 마조나 임제가 말하는 뜻은, 당대의 선(禪)이 좌선에서 벗어날 것을 강조한 것이었다고 생각된다.

정토신앙의 보급과 타종(他宗)과의 융화

당나라 초에 완성을 본 정토종은, 철저와 순수를 찾는 방향으로 나아가지 않고, 오히려 다른 종파와의 협력 · 융화의 길을 선택하였다. 물론 선도문류(善導門流)에 의한 정토선양이 있었고, 천태 · 화엄 · 법상을 필두로 하여, 각각의 입장에서 정토사상이나 염불을 채택하는 것이 많았다. 다른 종파뿐만 아니고 정토종 내에서도 적극적으로 다른 종파에 접근하였다. 자민(慈愍) · 삼장(三藏) · 혜일(慧日)은 그 대표적인 예이다.

혜일(680~748년)은 안사의 난 이전에 죽었는데, 엄밀하게는 전반기의 최후에 해당하는 사람이다. 뜻을 세워서 인도로 들어가 18년간의 수학을 한 뒤, 현종 개원(開元) 17년(719년)에 돌아왔다. 그는 그의 저서 "왕생정토집"에서 칭명염불(稱名念佛)만이 빨리 성불(成佛)할 수 있는 최상의 길임을 강조하였다. 이 점에서 보면, 혜일도 선도류(善導流)의 염불자임을 알 수 있다. 또 혜일은 당시의 선이라는 것을 "염불자는 서방정토에 왕생할 것을 원하지만, 이것도 하나의 집착에 지나지 않는다. 마음마저 깨끗하면, 이 땅이 그대로 정토이다"라고 하여 정토종을 조소한 풍조에 대해서 반론을 가하고 있다. 단 그 반론은 정토종이, 순수화되지 않고 도리어 선과 협조하는 역효과를 초래하였다.

혜일은 선종처럼 심성의 직관만으로 성불할 수 있다고 하여, 다른 수행의 필요를 인정하지 않는 것은 잘못이라고 했다. 불교에서 말하는 여러 선은 모두 성불할 수 있는 것이다. 따라서 하나의 종파에서 말하는 수행에 편중해서 다른 여러 수행을 배척해서는 안 된다. 정토종에서도 염불 외에 여러 가지 수행을 닦고 이것에 의해서 왕생을 기원하는 것이 성불의 길이라고 하여, 소위 제행왕생(諸行往生)의 설을 제창한 것이다. 이것은 여러 종파가 융합하는 풍조를 배경으로 해서 생긴 사상이고, 후의 송나라 초기 선가(禪家)에 속한 영명연수(永明延壽)의 선정쌍수설(禪淨雙修說)의 선구를 이루는 것이다.

이처럼 전문가인 승려의 사상과는 달리 정토왕생의 사상은 널리 민중들 사이에 침투하였다. 이미 당의 초기부터 정토나 지옥의 형상을 그린 변상도(變相圖)가 민간에 유포되어, 인과응보를 두려워하고, 염불에 의한 정토왕생에의 동경이 성하게 되었다. 또 민중들에게 염불을 보급한 승려도 많았고, 소강(少康, ?~805년)처럼 남방의 절강땅에다 정토도량(淨土道場)을 차려 후선도(後善導)의 이름을 얻은 자도 있었다. 이처럼 정토종은 불교계에서는 하나의 종파로서 독립하지 못했지만, 지하에서 민중들 사이로 파고들어 확고한 세력을 넓혔다.

이와 같이 해서 당나라 말기 이후의 중국 불교는, 선과 정토 두 파가 주류를 이루었다고 해도 과언이 아닌 상태였다.

⁑ 당 말 이후 선 · 정의 두 파가 압도적인 세력을 가지게 된 원인에 대해서, 종래는 당무종이 회창(會昌) 5년(845년)에 행하였던 배불을 드는 자가 많았다. 확실히 그 배불은 중국 역사상 보인 4회의 배불 사건 중 최대의 규모였던 것은 분명하다. 폐기된 사원 중 커다란 것은 4,600개, 작은 것은 4만, 환속을 명령받은 승려가 26만 명에 달하였다고 한다. 바로 이것이 불교계 전반에 대타격을 준 것은 상상하기 어렵지 않다. 그럼에도 불구하고 오로지 선 · 정 두 파만이 번영한 것은 무슨 까닭인가? 논자에 의하면 이 불교 배척 정책에 의해서 많은 불교경전이 불살라졌기 때문에 경전에 의거하여 성립하는 종파들은 그 학문적 계승이 끊긴 반면에 경전을 필요로 하지 않는 선 · 정 두 파는 상대적으로 피해가 적었기 때문이라고 한다. 이 견해는 매우 표면적이며 기계적으로 파악한 것에 불과하다. 육조의 말기, 북주의 무제가 건덕(建德) 3년(574년)에 대규모의 불교 배척 정책을 단행하였음에도 불구하고 이 정책은 도리어 북주(北周)의 불교에게는 좋은 자극이 되어 수당시대의 불교융성을 준비하게 된 선례도 있다.

안사의 난 후 문벌귀족 소유의 장원을 무인에 의해서 빼앗겨 그 경제적인 기반이 줄어들었기 때문에 왕실이나 귀족의 기증에 의존하였던 불교종파의 세력이 쇠퇴하였던 것은 당연한 것이다. 여기에 반해서 자급자족의 생활을 하였던 선종이나 민중을 기본으로 하였던 정토종으로서는 그 피해가 경미했을 것으로 생각된다. 바로 이 점이 역사적인 직접적 원인이었다. 그러나 보다 근본적으로는, 이론보다도 실천을 중시하는 선 · 정 두 종파가 중국 민족의 체질에 맞았던 것이야말로 당 말 이후 일천 년간 두 종파가 지속된 이유일 것이다.

당대의 도교

후한 말의 오두미도(五斗米道)에서 시작한 도교는, 육조시대에 들어와 그 세력을 증대시켰다. 도교는 주로 민중을 대상으로 했는데, 어느 정도까지는 지식인 사이에도 수용되었다. 서성(書聖)으로 유명한 왕희지(王羲之, 약 307~365년) 일가는 대대로 열렬한 도교신자였다. 불교 천자로 유명한 양무제도 어느 시기까지는 불교와 함께 도교를 신봉하였다. 특히 중국 역사상 최초로 불교 배척 정책을 단행했던 북위의 태무제(太武帝)의 경우는, 자신의 도교에 대한 신앙 때문에 불교를 배척했다. 그러나 전체적으로 육조시대의 도교세력은 불교세력에 훨씬 미치지 못하는 실정이었다.

그런데 당대에 들어와 도교는 왕실이라는 강대한 세력과 결합하였다. 본디 당의 왕실은 농서(隴西) 이씨(李氏) 출신이었다고 자칭하고 있다. 농서의 이씨라면, 일단 명문이라고 하지만 실은 북방 부족계 출신인 듯하다. 육조 이래 문벌존중의 풍조가 강하게 남았던 당대에는 이것은 커다란 열등감을 느끼게 하는 사실임에 틀림없었다. 거기에 누군가를 이씨 성으로 끌어들일 필요가 있었다. 다행히 도교 시조인 노자의 본명은 이이(李耳)로, 당의 왕실과는 동성이었다. 중국에서는 동성은 피로 연결된다고 하는 의식이 강하였으므로 이 노자를 당 왕실의 조상으로 해도 된다. 따라서 당 왕실의 권위가 비약적으로 상승할 것이라는 동기에서, 초대의 고조(재위 618~626년) 때에 노자를 당 왕실의 시조로 하여 노자묘(老子廟)를 세웠다. 다음의 태종(재위 626~649년)도 왕실에 종교 서열상 도교를 앞에 두고 불교를 뒤에 두도록 하였다. 태종은 불교나 도교에 대한 특별한 신앙이 있었던 것은 아니다. 이 도선불후(道先佛後)의 서열도 조상인 노자를 우선으로 한다는 정도의 의미였을 것이다.

그런데 현종(재위 712~756년) 때에 갑자기 도교의 신앙이 본격화되었다. 천태산의 도사 사마승정(司馬承禎)을 궁중으로 불러들여, 도교의 면허장인 법록(法籙)을 준 것을 필두로 하여 모든 집마다 "노자도덕경" 한 권을 갖추게 하였고, 또 스스로 "도덕경"에 주를 달았다. 더욱 노자에게 현원황제(玄元皇帝)의 존호를 주어 장안 · 낙양 외 여러 주에 각각 현원황제묘를 설치하여, 매년 1회의 관제를 행하였다. 동시에 숭현학(崇玄學)이라는 학교를 설치해 박사 · 조교를 각 한 사람, 학생 100명의 정원을 두어 학생에게 "도덕경", "장자", "열자" 등 도가의 전적(典籍)을 배우게 하였다. 학업을 마친 자에게는 과거(科擧)의 명경과에 준하는 국가시험을 행하여 합격자는 관리로 임명하였다. 이것을 도거(道擧)라 한다. 이처럼 왕실의 보호를 받았으니 당대에 도교가 융성했던 것은 당연한 것이었다.

도교의 전문가, 즉 도사(道士)의 사상에 대해서 살펴보면, 대체로 도사 중에는 무학한 사람이 많아서 볼 것이 없는 편이나, 그 중에 사마승정(司馬承禎)이나 오균(吳筠)의 사상이 조금 볼 만하다.

제8장

송대(宋代)의 사상

1. 송대(宋代)의 사회와 신유학(新儒學)의 탄생
2. 북송(北宋)에 생긴 유학
3. 남송(南宋)의 주자학
4. 주자학의 대립자 육상산(陸象山)
5. 송대(宋代)의 불교와 도교

제8장　송대(宋代)의 사상

1. 송대의 사회와 신유학의 탄생

오대의 전란과 문벌귀족의 몰락

당왕조 후반기 안사의 난 이후, 절도사 즉 지방 군단사령관의 세력은 점점 증대하여 약 3백 년간 계속되었던 당왕조도 907년에 멸망하였고, 그 후 약 70년간 5대의 난세가 출현하였다.

이 시대를 오대라 부르는 것은 황하유역을 중심으로 해서 후량 · 후당 · 후진 · 후한 · 후주의 5국이 서로 번갈아 흥망하였기 때문이다. 물론 황하유역 이외에도 남당이나 오월 등의 나라들이 있었으므로 오대십국이라고도 불린다. 분열의 시대였고 전국시대였다.

이 오대 칠십 년간의 시기는 역사상 커다란 전환을 준비했다는 점에서 중요한 의미를 갖는다. 육조 수당 7백 년의 문화는 문벌귀족화한 사대부의 문화였고 본질적으로 귀족문화의 성격을 갖는 것이었다. 그 귀족의 세력은 중당 이후 조금씩 변모를 보이게 되는데, 이 오대의 전란에 의해서 완전히 그 자취를 감추게 되었다. 오대의 군주는 모두 절도사, 즉 군인 출신이었고 그 국내의 정치체제에서도 군인 지배의 색채가 압도적으로 강하였다. 실력 본위의 전국시대에서 문벌은 어떠한 역할도 하지 못했고 문벌귀족은 몰락하였다. 문벌귀족의 경제적 기반이었던 장원은 전란 중에 대부분이 소멸되었다. 이 때문에 7백 년의 전통을 가진 귀족은 그 형태를 완전히 감추게 되었다. 그에 따라

문화나 사상의 세계에도 커다란 전환을 가져오게 되었다.

송학이 발생한 사회적 배경

오대의 뒤를 이어받은 송은 남북을 합쳐서 3백 년의 통일을 이룩하였는데 그 정치와 문화를 담당한 사대부는 이미 문벌귀족의 성격을 가지지 못하고, 관리가 되어도 자식에게 세습하지 못했으며, 원칙적으로 일반서민 사이에서 등용되었다. 수당시대부터 문벌주의를 타파하기 위해서 설치한 과거 제도는 송대에 들어와서부터 그 실효를 발휘하게 되었다. 일대에 한하여 관리가 되면 사대부(士大夫)도 국가를 위해 봉사한다고 하는 의식을 가지지 않을 수 없게 되고 정치에 대한 관심 또한 높아지는 것은 당연한 결과였다.

거기에 송대 3백 년간은 지식인이 정치에 관심을 가지지 않을 수 없는 여러 가지 조건이 있었다. 북송은 천하를 통일하고 북동으로는 요(遼), 북서로는 서하(西夏)라는 이적(夷狄)의 2대 강국을 두고, 때로는 굴욕외교를 강요받기도 하였다. 당연한 결과로 군비를 강화할 필요에 의하여 행정이나 재정의 합리화를 꾀하지 않을 수 없었다. 유명한 왕안석(王安石, 1021~1086년)의 신법도 그러한 것 중의 하나였다. 그러나 왕안석의 신법은 너무나도 이상주의적이고 급진적이었기 때문에 동시대의 사람인 사마광(司馬光)을 수령으로 하는 구법당(舊法黨)과의 대립을 초래하였다. 그리하여 신법당에서 재상이 나와 정권을 잡으면 구법당의 인물을 중앙이나 지방의 관계에서 내쫓고, 역으로 구법당이 천하를 잡으면 신법당을 일소하는 정변이 반복되었다.

이처럼 북송시대는 정당의 다툼이 계속되는 상태였는데, 이것이 관리인 사대부의 정치의식을 높이고, 치국평천하의 학문인 유학을 진흥시키는 결과가 되었다. 송학이라는 신유학이 생긴 것도 이 같은 사회적 배경이 있었기 때문이었다.

더욱이 남송에 들어와 새로운 상황이 발생하였다. 동북방에 있던 만주족의 요국을 대신해서 같은 종족, 금국(金國)이 유력해지면서 결국 1127년 북송이 멸망하였다. 이 때문에 송 왕실은 그 수도를 변경(汴京, 하남성 개봉의 옛 지명)에서 강남의 임안(臨安, 절강성 항주의 옛 지명)으로 천도하였다. 오랜 전통을 가진 중원 땅은 북경에 수도를 둔 금나라의 지배하에 들어가 버렸다. 더욱이 금나라의 세력은 강대하여 남송에 끊임없는 위협을 주었으므로, 남송에는 현실주의파인 강화론자와 이상주의파인 주전론자와의 사이에 격렬한 대립이 생겼다. 이것도 지식인의 정치적 관심을 높이는 원인이 되었다. 송학의 대성자인 주자(朱子, 1130~1200년)가 태어난 것도 이 시대였다.

불교에서 유교로

육조 수당의 7백 년간이 중국 불교의 황금시대였던 것은 그 시대의 주역이 정치와 문화의 담당자인 사대부와 문벌귀족이었던 사실의 영향이 크다. 그들은 관리이면서도 정치에 대한 관심이 적고 반대로 문학예술이나 철학종교와 같은 보다 개인주의적인 것에 관심이 많았다. 바로 이 점이 불교의 전성을 가져다준 근본적인 원인이었다고 할 수 있다.

그러나 송대의 사대부는 귀족적 성격을 청산해서 그 자신의 대에 한하여 관리가 되었다. 더욱이 국가 안팎 모두에 해결해야 할 문제가 산재하였고 또한 그것이 국가의 흥망에 연결되는 성질의 것이었기 때문에, 사대부(士大夫)의 위기감을 불러일으키게 되었다. 영원의 문제보다도 현실적인 문제 해결의 쪽이 한층 중요하였다. 이 같은 문제 의식이 송대의 사대부를 종교적인 인간에서 정치적인 인간으로 전환시키는 원인이 되었다.

본디 불교는 개인 영혼의 구원을 목표로 하는 것이고 천하 국가를 다스리는 것은 아니다. 대승불교는 개인의 구제만이 아니고 중생의 제도를 목적으로 한다고 하지만 그것은 동시에 국가이념도 어느 정도 거부하는 것이므로 현실의 정치적 관심과 거리가 먼 것이었다. 육조 이래 배불론자는 불교가 개인적 이기주의를 조장하는 경향이 강하다고 주장하였는데, 그것은 불교가 개인과 인간적 종교 차원의 구원만을 원하고 천하국가의 정치 · 경제적 일에 무관심한 점을 지적한 것이다.

위기의 시대에 직면한 송대의 사대부들은 바야흐로 불교에서 벗어나 치국평천하를 주장하는 유교로 복귀하는 경향을 보이기 시작하였다. 한마디로 말하면 송학은 불교에 대한 유교의 반격으로 생긴 결과인 것이다.

2. 북송(北宋)에서 발생한 유학

주염계(周濂溪) — **무극**(無極)**으로서의 태극**(太極) · **주정**(主靜)

송대의 신유학, 소위 송학은 이미 북송의 초기에 그 태동을 보이는데, 남송의 주자학에 깊은 영향을 준 사람들을 보자면 주장이정(周張二程)의 네 사람을 들어야 한다.

주염계(周濂溪, 1017~1073년)는 이름이 돈이(惇頤), 자는 무숙(茂叔), 염계(濂溪)는 그의 고향집 서재의 이름이다. 그는 지방의 하급관리를 역임하는데 후에 여산의 산기슭에 은거해서 생애를 마친다. 소위 도학의 시조로 받들어진 것은, 후에 주자가 추존하여 높인 것에서 기인한다. 그의 논저로서는 "태극도설(太極圖說)"과 "통서(通書)"의 단편을 들 수 있다.

그의 "태극도설"은 옛날 도사들 사이에서 전해졌다고 하는 태극도(太極圖)에 설명을 가한 것인데, 이것에 의해서 그는 천지생성의 우주론 골격을 살피고 있다. 우선 우주만물의 근원이 되는 것으로서 '무극(無極)으로서의 태극(太極)'을 들 수 있다. '무극'은 극한이 없는 것, 무한한 것이라는 뜻인데, 이것은 노장 사상에서 보이는 용어이다. '태극'은 우주의 극한에 있는 것, 그 근원이 되는 존재란 뜻이고, 이것은 오경의 하나인 "역경"에서 보이는 말이다. 거기에서 문제가 되는 것은, 만약 우주의 근원이 되는 존재를 말하는 것이라면 태극으로 충분한 것인데, 왜 그 위에 또 무극을 부가했는가 하는 점이다. 그 자신은 어떠한 설명도 하지 않아서 그 진의는 불분명하지만 주자의 해설에 의하면 태극만이라고 하면, 태극이 하나의 물(物)이 되어 버려 만물의 근원이 되는 원리가 없어지게 될 위험이 있다. 따라서 태극이 무형무색의 원리인 것을 나타내기 위해 그 위에 무극의 두 글자를 씌운 것이라고 한다. 유교적인 유(有)의 입장으로는 불충분하다는 것을 의식하여 노장적인 무의 사상으로 보강한 것이라고 보아야 할 것이다.

"태극도설"에 의하면, 태극이 움직여 양기가 발생한다. 동(動)이 극에 이르면 정(靜)의 상태가 생기고 그 정에서 음기가 생긴다. 이 음양 이기가 교차함에 따라 수화금목토(水火金木土) 오행(五行)의 기(氣)가 생기고 거기에서 만물이 생성한다. 이것을 그려서 표현하면 태극(太極)→동정(動靜)→음양(陰陽)→오행(五行)→만물(萬物)이라는 순서가 된다. 이처럼 만물은 모두 태극에서 파생하고 있는 것이므로, 만물은 각각의 안에 태극을 가지고 있는 것이 된다.

그 이전의 우주생성설은 전통적인 음양오행설을 근간으로 하여 여기에 "역"의 태극이나 "예기" 악기편(樂記篇)의 동정(動靜)의 설을 조합시킨 것으로 그다지 독창적인 설이라고는 생각되지 않는다. 주염계의 특색은 이 우주생성설에서 '주정무욕(主靜無欲)'의 윤리설을 도출한 것에 있다. 인간도 만물의 하나이고 만물과 똑같은 근원에서 태어나 만물과 똑같은 구조를 갖는다. 이것은 중국의 전통적인 생각이고 주염계도 또 여기에 따른다. 따라서 인간도 만물과 똑같이 그 안에 태극을 가지고 있다. 단지 인간의 내에 있는 태극은 "예기" 중용편(中庸篇)에 따라 이것을 '성(誠)'이라고 해도 된다. 요컨대 인간의 마음의 순수한 상태가 '성(誠)'이고 태극(太極)인 것이다. 태극에는 아직 '동

(動)'이 없으므로 '정(靜)'이고 '무위(無爲)'이다. 그러나 그 정인 마음의 태극이 외물과 접할 때 여기에 동이 생긴다. 이 정에서 동으로 옮기는 미묘한 때가 기(幾)로 이때에 비로소 악과 선이 분리된다. 따라서 '기(幾)'의 때에, 힘써 '중정(中正)'을 지킬 필요가 있다. '중정'이 되기 위해서는 '정'을 주로 하고 '무욕(無欲)'이어야 한다.

이처럼 주염계는 태극을 근원으로 하는 우주생성설을 주장하여 그 태극으로 들어가는 길로서 '주정무욕(主靜無欲)'을 설하였다. 그 용어나 발상에서는 극히 노장적이고 또 정을 강조하는 점에서는 당시의 풍조인 좌선(坐禪)의 유행을 생각하게 한다. 다만 노장이나 선이 '정'에 의해서 선악을 초월하고자 한 것에 대해서, 어디까지나 선을 지키고 악을 제거하는 것에 안목을 둔 점은 유가의 영역을 지켰다고 할 수 있다.

⁑ 송학(宋學)의 목적은 불교나 노장철학을 극복해서 유교의 철학을 건설하는 데에 있다. 이 때문에 유교의 경전을 근거로 해서 독자적인 이론을 구성하는 것에 힘썼는데 이미 노장이나 불교의 사상이 지식인의 교양 속에 침투하였기 때문에 무의식적으로 이것을 포섭하는 결과를 낳았다. 특히 주염계에서 주자에 이르기까지 송학자는 당시의 풍조가 되었던 선승(禪僧)과의 교류가 드물지 않았으므로 그 영향을 많이 받았다. 이 때문에 '송학(宋學)의 무리는 불교를 겉으로 추방하면서, 속으로는 이것을 받아들였다'라는 비평도 있을 정도이다. 그러나 불교나 노장이 세간을 벗어나는 경향이 강하였던 데 반해서 송학(宋學)은 우주론이나 인생론을 도덕이나 정치의 세계에 연속시키고자 노력하였으므로 거기에 질적인 차이가 있음을 놓치면 안 될 것이다.

정명도(程明道) — **천리**(天理) · **만물일체의 인**(仁)

정명도(程明道, 1032~1085년)는 이름이 호(顥), 자는 백순(伯淳), 명도(明道)는 그 호이다. 아우 이천(伊川)과 함께 이정자(二程子)라 불리며, 주자의 철학에 끼친 영향이 극히 컸다. 단, 형제의 성격이 상반되는 점이 있어서, 형인 명도는 온후관화(溫厚寬和)하고, 아우 이천은 엄격하였다고 한다. 두 사람의 철학은 공통된 점이 적지 않은데, 그 성격 차이가 자연히 두 사람 간의 철학의 차이로 나타난다.

명도는 주염계가 태극을 천지의 근원으로 한 것에 대해서, '천리(天理)'로써 이것을 대신하였다. 명도는 "나의 학문은 선인에게서 받은 것이지만, 다만 천리의 두 글자만큼은 스스로 체득한 것이다"라 말했다. 송학에서 가장 기본이 되는 '이(理)'의 개념이 여기에 비로소 그 형태가 나타나는 것이다. 그러나 명도의 이는 정이천이나 주자의 그것과 성격을 달리한다. 정이천이나 주자의 이는 기(氣)에 대립하는 차갑고 엄격한 성격의 것이지만, 정명도의 이는 기도 포용하는 넓고 따뜻함을 갖춘 것이었다.

천리는 천지가 가진 법칙이며 도리인데, 그것을 가장 잘 나타내고 있는 것은 "역경"의 "천지는 커다란 덕을 낳는다"고 하는 말이다. 하늘의 이치는 만물을 생육해서 끊임없이 생생한 작용 속에 드러내는 자연 현상에 내재하며, 생생한 작용은 인간 개인 내부에서 충족된 자기 확인 안에서 규정될 수 있는 것이므로, 이것을 '인(仁)'이라고 할 수 있다. 천지의 대덕인 생생한 인은 인간을 필두로 하는 만물 속에 흐르고 있다. 사람으로서의 도(道)는, 자기 속에 있는 만물일체의 인(仁)을 자각하여 이것을 실현하는 것이다.

이처럼 만물일체가 천리라고 하면 천리의 속에는 모든 만물이 포함되어 있는 것이 된다. 극단적인 예를 들면 악도 천리 속에 있는 것이다. "사(事)에 선악이 있는 것은 모두 천리이다. 천리 속의 물에는 미와 악이 있는데 부동(不同)이 있는 것이 물의 실성(實性)이고 당연(當然)이다"라고 한다. 정명도의 생각으로는 악은 선에 대립하는 독자성을 가진 것이 아니다. "천하의 선악은 모두 천지의 이치이다. 악이라 하는 것은 그것이 본래 악인 것이 아니고, 혹은 지나치고 혹은 부족한 것을 가리키고 있음에 지나지 않는다." 악은 선에 지나친 것, 또는 부족한 것이다. 즉, 선과 질적으로 다른 것은 아니고, 정도나 양을 달리하는 것을 말한다. 소위 악은 "불완전한 선"인 것이다.

이 생각은 그대로 인간의 본성론에도 적용된다. 성(性)은 인간이 태어나 지니는 것이고 천(天)에서 받은 기(氣)이다. 인간이 받은 기에는 본디 선과 악이 있다. 선인 것은 물론 성이지만, 악인 것도 성이 아니라고는 할 수 없다. 성의 선악은 물의 청탁과 같은 것이고, 악한 성도 이것을 깨끗하게 하면, 곧 선한 성으로 돌아간다. 선악은 대립하는 두 가지가 아니고 단순한 청탁의 상태에 지나지 않는 것이다.

이 같은 입장에 선 정명도는 수양법에서도 극히 온화한 방법을 취한다. 만물일체의 인(仁)은 이미 내 몸에 갖추고 있는 것이므로 이것을 자각하고 실행한다고 해도 궁색 · 사도로부터 몸을 속박하는 것은 필요하지 않다. 단지 서서히 자기 안에 있는 인을 기르는 것만으로 충분하다. 이것이 인의 자득이다.

또 안에 있는 성품을 외부 사물의 유혹에서 지킨다고 하는 것에 대해서도 특유의 견해를 언급하고 있다. 성인의 커다란 마음은 어떠한 외적 사물이 온다고 해도 이것을 거부하지 않고 이것을 받아들인다. 다만 일정한 사물에 마음을 빼앗기지 않고, 사사로운 정념을 가지지 않을 뿐이다. 헛되이 내외의 구별을 해서 외부 사물의 유혹을 물리치는 것이 아니다. 본디 외부 사물에 대해서 희노애락의 정념을 가진 것은 인간 성품의 자연이다. 단지 노할 것은 노하고 기뻐해야 할 것은 기뻐할 뿐이다. 성인은 천지의 마음을 자신의 내면적 뿌리로 하는 것이다. 천지는 사심을 가지고 선악의 차별을 하는 것이 아니고, 일체를 그대로 포용한다. 만약 선한 자만을 친하고 불선한 자를 멀리한다고 하면 천지의 밖으로 벗어나는 것이 많게 될 것이다.

이상에서 서술한 것처럼 만물일체의 인이라 하는 사상을 근본으로 하여, 천지이치를 설명하면서도 이것을 인간욕심에 대립시키는 것이 아니고, 선악이나 내외의 차별을 벗어나는 것으로 해석하여, 그 수양법에서도 미덕을 서서히 기르는 것에 중점을 두는 정명도의 온화한 태도는, 아우인 정이천이나 주자와 매우 뜻을 달리하는 모습으로 나타난다. 도리어 주자와 동시대의 육상산이나 명나라 왕양명의 철학에 통하는 점이 적지 않다.

* 주자(朱子)의 철학은 이정자(二程子)의 사상을 상당히 많이 포섭하고 있으며, 이정자(二程子)를 매우 존경하고 있는데, 사상적으로는 이천(伊川)의 계보를 보다 많이 계승하고 있다. 명도(明道)에 대해서는 "그 학문은 모든 것을 포함한 원만함을 가지는데 그 입장이 너무나도 높아서 초학자로서는 이해하기 어려운 점이 있다. 이 때문에 그의 제자인 사상채(謝上蔡)ㆍ유정부(遊定夫)ㆍ양귀산(楊龜山) 등은 모두 선학(禪學)에 들어가 버렸다"고 서술하고 있다. 명도(明道)는 당시의 사대부(士大夫)가 그러했던 것처럼 어려서부터 선학(禪學)과의 교유(交遊)가 있었다. 일찍이 선사(禪寺)에 가서 그 식사 의례의 장중함을 보고 "삼대(三代)의 위의(威儀)가 모두 여기에 있다"고 찬탄하였다고 한다. 물론 송학(宋學)의 사람이었고 선학(禪學)에 대해서 비판적이었지만 무의식 중에 그 영향을 받는 것은 피할 수 없었다.

명도(明道)의 학문이 육상산(陸象山)이나 왕양명(王陽明)의 학문으로 결부된 것은 주관주의 경향이 강하였기 때문이다. 한마디로 말하면 '심학(心學)'의 경향이 강하다는 특색, 이것이 명도(明道)가 육(陸)ㆍ왕(王)에 결부된 점이다.

정이천(程伊川) — 성즉리(性卽理)ㆍ이기이원론

정이천(程伊川, 1033~1107년)은, 이름이 이(頤), 자는 정숙(正叔), 이천은 그 호이다. 정명도의 한 살 아래 동생인데, 형이 45세에 죽었는데 비하여, 그는 75세까지 살았고, 또 형은 비교적 낮은 관직에서 시종한 데에 비해 정이천은 천자의 시강(侍講)이라는 고관에 이르러,

그 문인의 수도 많고 학문의 영역도 넓었다. 정치적인 입장은 소위 구법당에 속하는데, 구법당 내에서도 정이천을 수령으로 하는 낙당(洛黨)과 문장가 소식을 수령으로 하는 촉당(蜀黨)과의 파벌항쟁이 일어나 파란 속에 생애를 마쳤다. 그 성격도 형인 정명도와는 달리 추상과 같이 엄하였다고 한다. 이 성격의 차이가 자연히 학문의 내용 차이로 나타났다.

정이천 철학의 근본은 '성즉리(性卽理)'이다. 형인 정명도도 인간의 본성을 천지이치의 현시라 하였으므로 그런 의미에서 성즉리라고 할 수 있지만, 그러나 그의 경우에는 이와 기로 엄격히 양분된다. 여기에 정이천 철학의 특색이 있으며 이것이 나중에 주자학의 근간이 된다.

정이천에 의하면 기는 "역경"에서 말하는 '형이하'인 것, 즉 형태가 있는 것, 물질적인 것이다. 만물은 이 기를 소재로 해서 구성되어 있다. 그러나 만물은 기만으로 구성되어 있는 것은 아니다. 기의 근거인 이가 존재한다. 이는 '형이상'의 것이고 형태가 없는데, 유형의 기의 안에서 기의 근거가 되고, 그 본체가 되어 있는 것이다.

기에는 음양의 두 종류가 있고 "역경"에도 "일음일양 이것을 도라 한다"고 하는데, 정이천에 의하면 음양은 기이고, 그대로는 도, 즉 이는 아니다. 음양의 근거가 도이고 이이다. 기는 존재하는 것이지만 이는 존재를 가능하게 하는 근거이다. 이 같은 이와 기의 구별은 곧 이기이원론으로 발전하는 것을 예상하게 하는 것으로, 주자학은 바로 그러한 철학적 사색을 가지게 된다.

이 이는 일사일물(一事一物)의 내에 내재하는 것인데, 특히 인간 속에 있는 이를 '성'이라고 부른다. '사물에서는 이라 하고, 사람에서는 성이라 한다'고 하는 것이 그것이고, 여기에 '성즉리'의 주장이 나타난다.

인간의 본성은 이치이고, 이성(理性)이다. 그러나 이는 단독으로 존재하는 것이 아니고 반드시 기에 부수되는 것이므로 현실 인간의 마음은 이와 기를 겸비하고 있다. 이 경우, 기는 신체적 요소를 의미한다. 기는 이와는 다르고, 음양이나 청탁 등의 속성을 갖추고 있다. 이 경우 마음이 정지의 상태에 있을 때에는 성이고, 이이고, 선이지만, 일단 사려의 작용을 하게 되면, 거기에 기의 요소가 나타나고 희노애락의 정념을 낳고 선악의 차가 생긴다. 기가 청정하면 선으로 되지만, 기가 탁하면 악으로 된다.

이에 따라 어떻게 하면 인간의 성인 이를 순수하게 하고 완전하게 하는 것이 가능한가가 문제가 된다. 앞에서 주염계는 '주정(主靜)'을 윤리학의 근본으로 한다. 그것은 마음의 본성인 태극이 동(動)으로 옮기고자 할 때 선악이 나뉜다고 하였기 때문이다. 정이천은 이를 보다 유교적인 말인 '경(敬)'을 사용한다. 경은 신(愼)하다, 경(警)하다 등의 뜻을 가진 말이다. 정이천 자신의 말에 의하면 '사(邪)를 막는 도'이고, 또 이것을 '주일무적(主一無敵)'이라고도 하였다. 주일은 한 가지 일에 전념하는 것이고, 무적은 다른 일에 마음을 기울이지 않는 것이다. 이 말도 다음에 주자가 애용하는 것이 되었다.

그런데 인격을 완전한 것으로 하기 위해서 경(敬) 내지 주일무적(主一無敵)이라 하는 주관적인 방법만으로 충분한가 하면, 결코 그렇지 않다. 분명히 이는 천지만물을 통해서 하나이며 내 마음의 안에 있는 이를 깨달으면 동시에 만물의 이도 깨달을 수 있을 것이다. 그러나 그것은 내 마음의 이성이 완전하고 순수한 경우에 비로소 가능한 것이다. 그런데 현실의 인간은 신체를 갖추고 있기 때문에, 필연적으로 기의 영향을 받고 선악을 낳는다. 말하자면 인간의 이성은 불완전한 상태에 놓여 있는 것이다.

이 주관이 가진 불완전을 보충하기 위해서는 외부 세계의 이를 알 필요가 있다. 거기에 경이라는 주관적인 방법 외에 객관적인 사물의 이를 궁구할 방법이 필요하게 된다. 정이천에 의하면 "대학"의 '격물치지'라 하는 말은 바로 이것을 가리킨다. 여기에 정이천의 철학은 단순한 주관의 내적 반성에 한정되지 않고 밖에 있는 객관적인 사물의 이를 궁구하는 것으로 나아간 것이다. 주자학이 노장이나 선학과 본질적으로 다른 유교철학이 될 수 있었던 것도 이 정이천의 '격물치지'의 설을 계승하였기 때문이다. 그 근본적인 동기는 인간 주관의 불완전함을 자각한 것이다.

그러나 사물의 이를 궁구한다고 해도 사물은 무한한 것이므로 이것을 추구하고 있는 사이에 가장 중요한 자기의 본성을 잃어버리고 마는 두려움이 있다. 이 의문은 정이천의 당시에도 있었고 또 주자학의 반성자 속에도 적지 않았다. 그러나 그 우려는 쓸데없는 기우이다. 정이천에 의하면 사물의 지식이 어느 정도까지 쌓이게 되면 '문득 자신으로부터 관통'이라는 경지를 경험하게 된다.

남종선처럼 처음부터 돈오를 구할 수는 없지만, 어느 단계에 도달하면 거기에 가까울 수 있다. 이 점도 주자에 의해 계승되어서 '일단 넓게 되어 관통한다'는 말로 표현된다.

만약 사물의 이의 탐구가 자연계에까지 미친다고 하면, 혹은 자연과학의 맹아를 준비했을지도 모른다. 정이천에 의하면, 책을 읽고서 의리를 규명하여, 고금의 인물을 논해서 그 시비를 판정하고, 혹은 사물에 접해서 정당한 판단이나 대처를 하는 것 등이 이의 탐구에 해당한다. 그리고 도덕에 관계없는 사물에 탐닉하는 것은 완물상지(玩物喪志) 즉 사물을 아낌으로써 뜻을 잃는다고 하여 피하였다. 객관적인 세계에 발을 밟고 들어선다 해도 그것은 도학의 범위에서 벗어나는 것은 아니었다.

⁑ 정이천(程伊川)이 격물궁리(格物窮理)를 제창하여 객관의 세계에 관심을 두었던 것은 심학적(心學的)인 경향이 강하였던 송학(宋學)을 역사(歷史)의 세계, 정치의 세계와 결부시킨다고 하는 매우 획기적인 의미를 가진 것으로서 높이 평가되는 것이었다. 이것에 의해서 유학은 논리학임과 동시에 정치학이라는 영역으로 돌아와 노장이나 불교에서

독립하는 것이 가능하게 되었다. 다만 이천(伊川)은 그 통로를 여는 데에 그치고 그 발전은 남송의 주자를 기다려야 했다.

장횡거 — 기일원론 · 민포물여(民胞物與)

장횡거(張橫渠, 1020~1077)는 이름은 재(載), 자는 자후(子厚), 횡거(橫渠)는 출생지에 의한 호이다. 처음에는 노장이나 불교에 출입했지만 곧 유학에 전념하였다. 그 친척인 두 정씨 형제를 만나 크게 그 학문에 심복한 적이 있었다. 후에 진사과의 시험에 급제해서 관리가 되었는데 왕안석과 의견이 맞지 않자 은퇴해서 향리로 돌아가 독서와 문인의 교육에 전념하면서 생애를 마쳤다. 저서로서는 "정몽(正蒙)"과 그 철학관을 축소한 "서명(西銘)"의 단편 등이 있다. 정이천은 "서명"을 '맹자 이후 처음 보는 책'이라고 칭찬하고, 주자도 이것과 "정몽"의 일부에 주해를 하고 있다.

우주의 근원이 되는 것을 주염계는 태극, 정명도는 천리라 했지만 그에게는 '태허(太虛)'였다. 태허는 또 '허(虛)'와 '허공(虛空)'으로도 불리었다. 그것은 전우주의 공간을 가리킨다고 볼 수 있다. 다만, 이 태허는 단순한 공간, 즉 무는 아니다. 왜냐하면 허는 마땅히 기로 충만되어 있기 때문이다. 모든 태허가 기에 의해서 충만되어 있다고 하는 것도 정확하지 않다. 횡거에 의하면, 태허 그대로 기인 것이다. 기는 무형무색이고 그 집합이 허이다. 기가 존재하지 않는 공간, 즉 무는 존재하지 않는다. 그러므로 노자가 "유는 무에서 생긴다"고 하였던 것은 잘못이다.

이 태허를 구성하고 있는 기는, 집합에 의해서 만물을 형성한다. 그 만물은 또 흩어져서 원래의 태허로 돌아간다. 이것은 필연의 법칙이고, 어느 무엇도 좌우하는 것은 불가능하다. 강하게 유형의 것에 집착하는 것은 잘못임과 동시에, 모두가 적멸로 돌아간다고 하는 불교는 이러한 순환의 법칙을 알지 못하는 것이므로 이 또한 잘못이다. 기가 모인 것이 내 신체라고 하면, 흩어진 기도 또 내 신체라고 해야 한다. 죽음을 멸망이라고 볼 필요는 없다. 여기에 횡거의 사생관이 나타나 있는데, 장자가 생사를 한 기운의 집합과 분산으로 설명한 것과 매우 유사하다. 아마도 그 영향을 받은 것 같다.

그런데 이 태허는 천, 또는 천지라고도 불린다. 양자는 무한한 기에 의해서 구성되어 있는 것이므로, 동일한 것을 가리킨다고 보아도 좋을 듯하다. 이 천지의 사이에 채워져 있는 기에 의해서 구성된 것이 자기 신체이다. 이 천지의 기를 통수하는 사명을 가진 것이 자기 성이다. 이처럼 인간은 만물의 영장이라는 특수한 지위를 부여받고 있지만, 그러나 똑같은 천지의 기를 받고 있는 점에서는 변함이 없다. 거기에 "민(民)은 동포이고 물(物)은 함께 한다"는 대담한 발언이 나타난다. 이것은 신분의 차별을 초월한 동포애, 평등애를 가리키는 것으로 되어 '민포물여(民胞物與)'의 말로 보통 쓰이게 되었다.

이 같은 일시동인(一視同仁)의 인류애는, 애(愛)에 등차를 두는 유교 도덕에 반대하는 것이고, 물론 묵자의 겸애설과 가까운 것이다. 사실 또 그 같은 비난이 일부에 있었다. 그러나 횡거는 '대군은 내 부모인 천지의 장자이고, 대신은 그 장자의 보좌역이다. 나이 많은 자를 존경하는 것은, 그 연장을 존경하기 때문이다'고 하여, '봉건적인 질서를 무시할 수는 없고 다만 천하의 병자나 불구자, 자식 없이 나이든 노인 등은, 고난에 허덕이면서도 그 호소하는 길이 끊겨버린 내 형제들이다'라고 하여 구제의 이유를 형제애에서 구하고 있는 것이 이색적이라고 할 수 있다. '천지를 위해 마음을 세우고, 백성을 위해 명(命)을 세운다. 성인의 학문을 이으며 후세를 위해 태평을 연다'라고 하는 유명한 말이 있는데, 이것이 그의 구세제민 뜻을 강하게 표현하고 있다.

횡거의 학문은 이처럼 오로지 기의 위에 세워져 있다. 그러나 이정자와의 친교가 있었던 횡거가 이(理)에 대해서 완전히 무관심하였던 것은 아니고, 사실 또 이에 대해서 부분적으로 언급한 것이 있다. 예컨대 '만물은 모두 이이다. 만약 이를 궁구하는 것을 알지 못하면, 꿈속에서 일생을 보내는 것과 같다. 선종은 이를 궁구함을 알지 못한다'라고 하고, 또 '인의예지는 사랑의 이이다'라고 하는 등이 그 예이다. 그러나 그 책에는 이를 체계적으로 기술한 경우는 없고 단지 우발적으로 나타나 있음에 불과하다. 아마도 그는 이를 '기가 지닌 법칙' 정도의 의미로 풀고 기에 대립하는 독자의 원리로서 중시하는 것은 아니었다. 적어도 그의 철학이 기를 중심으로 하였던 점은 의심할 바 없고 과장해서 말하자면 기일원론의 철학이라고 할 수 있다.

* 천리(天理)를 설한 정자(程子)가 장횡거(張橫渠)의 "서명(西銘)"을 칭찬하였던 것은, 아마도 그의 '만물 일체인 인(仁)'이 횡거(橫渠)의 '민포물여(民胞物與)'와 통하는 것으로 보았기 때문일 것이다. 또 이기이원론(理氣二元論)의 주자(朱子)가 "서명(西銘)"을 높이 평가해 여기에 주해(註解)를 한 것은 횡거(橫渠)의 기(氣)의 철학 중에 '이일분수(理一分殊)'에 상당하는 사상이 있었기 때문이다. 소위 주자(朱子)는 횡거(橫渠)의 '기(氣)'를 '이(理)'로 읽고 대치한 것이다.

최근의 중국 학계에는 기(氣)의 철학을 제창한 장횡거(張橫渠)와 그 철학을 계승한 청조 초기의 왕반산(王般山, 夫之)을 유물론의 선구자로서 높이 평가하는 풍조가 보인다. 그것은 장횡거가 기(氣)가 물질적인 원리로서 모든 것의 근원이 된다고 보았기 때문이다. 확실히 기는 물질적인 분자와 같은 성질을 가지며, 이 기가 사물만이 아니라 동시에 인간의 정신도 구성한다고 하는 사상이 유물론적인 측면을 가진 것은 사실일 것이다. 그러나 그런 의미라면 단지 장횡거를 기다릴 것까지도 없고, 기일원론(氣一元論)은 고대의 중국 사상에 널리 보이는 것이므로 예부터 중국 민족은 유물론자였다고 하는 것이 된다. 사실은 좀더 복잡하다. 인간의 정신을 구성하는 '기(氣)'는 처음부터 물질적인 성격을 가진 동시에 정신적인 성격을 겸비하였다고 볼 수 있다. 본디 중국에는 물(物)과 심(心)을 확연하게 구별하는 물심(物心) 이원론이 전통이 아니다. 따라서 '기(氣)'도 물심 미분화(未分化)의 상태에 있다고 하는 것이 정확하다.

만약 기의 심적(心的)인 측면만을 중시한다면 기일원론(氣一元論)은 심적인 존재인 기가 물질적 세계를 구성한다는 논의가 되므로 극단적인 유심론의 철학이 될 수도 있다. 사실 그 같은 측면이 없는 것은 아니어서 기일원론을 설명한 장횡거의 철학이 매우 초자연적인 성격을 가지며 양명학의 심학적(心學的)인 성격에 친근성을 가지게 되는 것이다.

3. 남송(南宋)의 주자학

송학(宋學)의 대성자 — 주자

북송 중엽부터 주염계 · 장횡거 · 정명도 · 정이천의 소위 주장이정의 제자를 대표로 하는 신유학이 발생하여 이것을 후세에서 송학이라고 불렀다. 이 송학을 집대성하여, 이것을 장대한 규모를 가진 사상체계로서 완성시킨 것은 남송의 주자(朱子)였다. 소위 주자학의 내용을 개개의 요소로 분해해서 보면, 이미 주장이정이 그 선구를 이룬 것이 많고, 주자의 독창으로 이룬 것은 의외로 적은 것을 알 수 있다. 그런 의미에서 그의 영역은 송학을 조직화하고 체계화하는 것이었다고 할 수 있다.

그러나 주자가 독창적인 사상가였다는 것을 부정하는 것은 아니다. 그의 선구가 된 주장이정의 학문은 어느 것이나 단편적인 어록의 형태로 전해졌을 뿐이었으며, 이것을 조직해서 체계화한다는 것은 보통이 아닌 독창성을 필요로 하는 것이었다. 주자학은 형이상학 · 윤리학 · 정치학 · 역사학 · 경학 등의 모든 분야에 걸치고, 더욱 이러한 것들을 유기적으로 연속시키는 것을 성공적으로 수행하고 있다. 이것에 의해서 유학은 비로소 완전한 체계를 갖춘 학문이 되었고, 종래의 지식인을 지배하였던 불교를 대신하여 개인의 안심입명의 근거를 제공함과 동시에 천하국가의 지도원리를 확립하는 것이 가능하게 되었다. 그 역사적인 의미는 절대적인 것이었다고 해도 과언이 아니다.

주자(朱子, 1130~1200년)는 이름이 희(熹), 자는 원회(元晦), 호는 자양(紫陽) · 회암(晦庵) · 회옹(晦翁) · 고정(考亭) 등을 사용하였다. 본적지는 강서성의 동북부에 해당하는 무원현(婺源縣, 옛 이름은 신안)인데, 출생지는 아버지인 주송이 지방관으로서 부임하였던 복건성의 우계현(尤溪縣)이다. 아버지인 주송은 신유학인 송학에 깊은 관심을 갖고 있었는데, 바로 이 점이 아들인 주자의 학문 방향을 결정하게 되었다. 주자는 19세에 과거에 급제해서 진사가 되고, 각지의 지방관이 되었으며 마지막에는 영종황제의 시강(侍講)의 요직에 오르지만, 권신인 한차주(韓侂胄)의 그릇됨을 상주하였기 때문에, 겨우 40일 만에 시강의 직에서 쫓겨났다. 하야한 뒤에도 한 번의 박해로 그치지 않고, 광원 2년(1196년), 주자를 수령으로 하는 학문에 '위학(僞學)'의 판정이 내려지고, 위학 역당의 이름으로 죄를 받은 자가 59인에 이르렀다. 세상에서는 이것을 '경원위학(慶元僞學)의 금(禁)'이라고 부른다. 주자학 수난의 시기이다. 4년 후 광원 6년(1200년)에 주자는 71세로 세상을 떠났다. 후에 주자학은 국가의 정통학문으로서 공인을 받게 되지만, 그것은 생전의 주자가 꿈조차 꾸지 못하였던 일인 것이다.

그러나 주자가 미관말직으로 청빈한 생활을 보냈던 때부터 그 명성을 사모해서 그의 가르침을 구하려는 자가 많았고, 만년에 주자학은 당세의 유행이 되었다. 경원 연간에 위학의 금지가 내려지게 되자, 그 난에 연좌될 것을 두려워하여, 급히 스승을 바꾸고, 혹은 의복을 바꾸어 시중으로 떠돌아다니며, 스스로 도학의 무리가 아닌 것을 증명하고자 하는 자도 있었다고 한다. 그 후 수 년 후 주자의 명예회복이 실현되고, 주자학도 융성기를 맞이했다. 그러나 주자학이 과거시험의 표준해석으로 쓰이고 국가의 가르침으로 채용된 것은, 원나라 때의 인종(仁宗) 연간이며, 주자 사후 백여 년경이다.

그 후 명청 6백 년간 주자학은 국교로서의 지위를 점하게 되었을 뿐만 아니라, 한국이나 일본으로 건너가서 관학으로도 채용되었다. 한국에서는 중국의 당 말부터 송원에 이르는 시기 동안 계속된 고려시대에 이미 유교가 과거 과목으로 채용되었지만, 불교의 융성에 눌려서 부진의 상태였는데 중국의 명왕조와 비슷한 시기에 일어난 조선왕조는 주자학을 국교로서 정하여 불교에 탄압을 가하였기 때문에 유불의 세력은 완전히 역전하게 되었다. 주자학이 조선의 문화에 남긴 영향은 깊고 컸다. 일본의 에도막부도 주자학을 관학으로 채용하여, 그 결과 지식계급의 대부분이 불교를 벗어나 유학에 쏠리게 되었다.

이기(理氣)이원론

주자철학의 근본은 한마디로 말하면 이(理)이다. 이 때문에 주자학을 일명 이학이라고 부를 정도였다. 그러나 주자학은 현실의 세계를 모두 이의 일원론으로 환원하는 것이 아니고, 이에 대립하는 기의 존재를 인정하였다. 이런 의미에서 주자학은 이기이원론의 입장에 있다고 할 수 있다.

고대로 거슬러 올라가면 중국인은 기일원론 세계관의 입장에 있었다고 할 수 있다. 천지만물이 모두 한 기운 또는 음양이기에 의해서 구성된다고 하는 세계관의 기원은 오래되었고, 음양오행설도 그 발전으로서 나타난 사상이었다. 북송 장횡거의 기철학도 또 그 연장선 상에 놓을 수 있다. 주자는 이 장횡거의 철학에 깊은 공감을 가졌다. 그러나 주자의 철학에 결정적인 영향을 준 것은 장횡거의 기일원론이 아니고, 이정자 특히 아우인 정이천의 이기이원론이었다.

그러면 이라 하는 개념은 어떠한 경과를 거쳐 주자학의 중심이 된 것일까? 송학에서 처음으로 이의 개념을 도입한 정명도가 '천리(天理)의 두 글자는 나 스스로 체득해 왔다'고 했던 것처럼 송학 이전의 유학에서 이라 하는 말 내지 개념은, 거의 보이지 않는다. 천리의 두 자는 "장자"에서 비로소 보였고, 그 후에도 주로 도가류의 책에서 사용되었다. 아래로 내려와 당나라 때의 불교에 이르러, 화엄종이나 법상종 등에서, '사(事)'에 대한 '이'에 중요한 의미가 부여되어 사(事)와 이(理)의 관계가 왕성하게 논의되었다. 본디 송학은 노장 사상이나 불교의 영향을 깊게 받은 것이므로, 이정자의 이기설이 화엄종의 이(理) 사상에서 힌트를 얻었던 것은 부정하기 어려운 사실인 것 같다.

이기이원의 사상에 대해서는 이미 정이천편에서 서술한 바와 같이 주자의 생각도 이것을 벗어나는 것은 아니다. 천지만물은 모두 기라 불리는 미립자 상태의 물질에 의해서 구성되어 있다. 여기까지는 전통적인 중국인의 세계관이다. 그러나 정이천은 만물은 기만으로 구성된 것이라고 생각하지 않았다. 보통 만물은 기를 소재로 해서 구성되어 있지만, 그 기는 반드시 그 근저에 이를 갖추고 있다. 이는 기를 기답게 하는 근거이다. 기가 근본적인 현상이라고 하면 이는 그 현상의 배후에 있는 무형의 본체이다. 정이천의 이기이원의 생각은 그대로 주자에게 받아들여진다.

정이천의 이기이원론의 기초 위에, 주자는 독자적인 우주론 · 인간론 · 실천론을 구축해 간 것이다.

⁑ 유교의 경전 중에 '천리(天理)'의 말이 보이고 있는 곳은 "예기(禮記)"의 악기편(樂記篇)뿐이지만, 악기편이 노장 사상의 영향을 강하게 받고 있다고 하는 것은 현재의 통설이다. 육조시대에 들어와 노장계의 사상가인 왕필(王弼)이나 곽상(郭象) 등이 이(理)라 하는 말을 많이 사용한다. 당대의 천태종(天台宗)이나 화엄종(華嚴宗)에서는 '이(理)'와 '사(事)'를 대립하는 개념으로 포착해 사(事)는 차별(差別)의 상(相)을 가진 사상계의 사물, 이(理)는 무차별 평등의 진리를 의미하는 것이라

하고, 특히 화엄종(華嚴宗)에서는 사법계(事法界) · 이법계(理法界) · 이사무애법계(理事無礙法界) · 사사무애법계(事事無礙法界)의 소위 4법계의 세계관을 정립한다. 이정자나 주자의 이기(理氣)이원론이 이것을 그대로 받아들인 것은 아니라 해도 그 자극 하에 생긴 것은 충분히 가능하다고 생각된다.

우주생성론

주자의 우주생성론은 주염계의 사상을 계승하고 있다. 주염계는 만물의 근원인 태극에서 음양의 기를 낳고, 그 두 기가 만물을 구성한다고 설명하였다. 주자는 이 생각을 그대로 받아들이는데 거기에 중대한 수정을 가한다. 즉, 태극을 이라고 강조하는 것이다. 주자에 의하면, 태극은 이가 극치에 이름을 의미하는 것이고, 요컨대 이 그것을 가리킨다. 따라서 주염계가 '태극은 음양을 낳는다'라 했던 것은 이가 기를 낳는 것을 말한 것이다.

거기에서 문제가 되는 것은 우주생성의 과정에서 이기 어느 쪽이 시간적으로 선행하는가 하는 점이다. 전체로서 주자의 이기설에서 보면 '이가 있으면 기가 있다'고 하는 것처럼 이는 단독으로 존재할 수 없고 항상 기와 함께 있는 것이다. 역으로 '기가 있는 곳에 반드시 이가 있다'고 하는 것 같이 항상 동시동소에 있는 것이다. 그럼에도 불구하고 주염계가 태극설을 설명함에 '이가 기를 낳는다'라 하고, 또 다른 곳에서 '아직 천지가 없었을 때, 먼저 이 이(理)가 있었다'라 하여 이의 선행을 말하고 있는 것은 무슨 까닭인가? 주자의 생각으로 이는 기의 존재의 근거가 되는 것이고, 논리적 내지 존재론적으로 선행하는 것을 강조하였던 것인데, 적당한 말을 찾지 못하였기 때문에 어쩔 수 없이 시간적인 선행을 설명한 것이다. 주자 본래의 입장을 말하자면 이와 기는 각각 단독으로 존재하는 것이 아니고, 따라서 시간적인 선행은 없어야 할 것이다.

그런데 이의 극치인 태극에서 생긴 음양의 두 기는 만물을 구성하는데, 음양 두 기에는 이가 불가분하게 포함되어 있는 것이므로 만물은 모두 기와 이의 양자로 구성되어 있는 것이다. 말하자면 만물은 각각 이, 즉 태극을 가지고 있는 것이다.

그런데 또 문제가 되는 것은 이는 만물을 통해서 하나인 것인데, 이것이 만물이라고 불리는 것처럼 변화와 차별이 생기는 것일까 하는 점이다. 정이천은 이것을 '이일만수(理一萬殊)'라 하였다. 요컨대 이는 하나이지만 그로부터 만 가지 다른 것이 생긴다고 하는 것이다. 그러면 하나인 '이'를 갖춘 '물'이 왜 만 가지로 다른 것일까? 그것은 이와 불가분으로 결합되어 있는 기의 성질에 의한다. 만물은 이에서 동일하지만 기에 의해서 만 가지 변화를 가진 것이 된다. 즉, 기에는 음양정조(陰陽精粗)에 차별이 있어서, 바로 이것이 만물이 가진 여러 가지 개성이 되어 나타나는 것이다. 이와같이 해서 우주의 만물은 이기이원의 결합에서 생겨 육성되는 것이다.

* 구체적인 우주생성의 과정에 대해서 주자는 다음과 같은 의견을 진술하고 있다. 천지가 형성되기 이전에 무한한 공간의 폭 중에 음양의 기가 있고, 그것이 극히 빠른 속도로 회전했을 것이라고 생각된다. 회전의 중심부·부근의 기(氣)는 빠져나갈 장소가 없기 때문에 차제에 응집해서 고체가 되어 땅이 되었다. 그 외측의 가스상태의 기(氣)는 천(天)이 되고 일월성신(日月星辰)이 되었다. 그러므로 천이나 일월성신은 지구 밖을 회전하고 있는 것이고 땅은 움직이지 않는다. 요컨대 천동론(天動論)이었다.

또 다른 각도에서 말하기를, 아직 천지가 혼돈의 상태에 있었던 때에는 단지 화(火, 양기)와 수(水, 음기)만이 있었던 것이라고 생각된다. 이 둘 중에 수(水)의 기(氣)가 회전하면서 굳어져서 생긴 것이 땅이다. 그러므로 높은 산에 올라가서 산맥들을 보면 마치 파랑(波浪)과 같은 형태를 하고 있는 것은 물이 굳어져 생긴 것을 증명하고 있다.

다른 한편으로 화(火)가 모여서 생긴 것이 일월성신(日月星辰)이고 뇌전(雷電)이다.

또 주자(朱子)는 당시의 천문학의 상식에 따라서 일식(日食)은 태양이 달에 가리어서 일어나는 것이고 그 주기도 대체로 예측할 수 있기 때문에 일식이 일어난다고 해서 이것을 옛날 사람처럼 정치의 결함에 결부시키는 것은 역학(曆學)의 지식이 없기 때문이라고 한다. 그때 당시로는 극히 합리적이다.

그러면 우주의 주재자인 천(天)이라 하는 전통적인 사상에 대해서 주자(朱子)는 어떻게 생각을 하고 있을까? 주자는 말한다. "천(天)이 인간처럼 마음의 작용을 가지고 있다고 생각하는 것은 잘못이다. 따라서 천이 선(善)에 상을 주고 악(惡)에 화를 내리는 주재신이라고 생각할 수 없다"고 한다. 그러나 천이 완전히 무심(無心)의 존재인가 하면 그렇다고 단언할 수는 없는 면이 있다. "만약 천이 완전한 무심(無心)의 존재라고 하면, 천지(天地)는 완전히 질서가 없는 것이 되어 복숭아나무에 오얏꽃이 피고 소에서 말이 태어나게 될 것이다. 그렇게 되지 않는 것은 곧 천에 일종의 마음이 있기 때문이다"라 한다. 그러면 그 '천(天)의 심(心)'은 무엇일까? 이 천의 심은 정명도(程明道)의 말로 하면 '천지일체(天地一體)의 인(仁)'에 해당하고 주자의 말로 하면 '천리(天理)'에 해당하는 것이다. 이 같은 수정 내지 양보가 엿보이기 때문에 주자의 전체적 입장이 우주 주재신의 존재를 부정하는 입장에 있음을 분명히 나타내고 있다.

또 주자는 소위 영혼불멸을 믿지 않는다. 그의 사생관은 기의 철학을 역설한 장횡거(張橫渠)의 그것과 완전히 일치한다. 요컨대 무영혼설(無靈魂說)이다. 여기에서 문제가 된 것은 조상을 제사지내는 것은 무의미한 것이 아닐까 하는 점이다. 이 어려운 질문은 공자의 경우에도 잠재적으로 있었고 순자에 이르러서는 표면화되었다. 이것은 신이나 영혼을 믿지 않는 유가의 자기 모순이다. 순자가 그렇게 한 것처럼 주자도 이 문제에 타협과 양보를 시도하였다. 제사를 하는 생자(生者)와 사자(死者)는 근친의 관계에 있는 것이므로 양자가 가진 기(氣)도 공통되는 점이 많다. 따라서 산자의 지성(至誠)의 기(氣)가 사자(死者)의 기(氣)에 감응하는 것은 있을 수 있는 것이다. 따라서 조상의 제사는 무의미하다고는 할 수 없다.

명 말부터 청 초에 걸쳐서 중국을 찾아온 유럽의 선교사는 포교상의 필요에서 주자학을 연구하였으며 본국에 보고하기를 "유교는 무신론이다. 단지 이(理)의 존재를 역설할 뿐으로 신의 존재는 믿지 않는다"고 하였다. 이 보고를 받은 자 중에는 예컨대 볼테르처럼 "유교는 세계의 종교 중에서도 가장 진보적인 종교이다. 왜냐하면 신의 존재를 믿지 않고 이(理)를 신(神)으로 존경하기 때문이다"라고 절찬을 한 자도 있었다.

이기(理氣)에 의한 인간관 · 윤리설 — 격물궁리(格物窮理)

주자의 인간관 및 그로부터 생긴 윤리설은, 정이천의 방향에 충실히 따르고 있다고 할 수 있다. 정이천에 의하면, 만물 속에는 이(理)가 내재하는데, 특히 인간 내에 있는 이를 '성'이라 부른다. 그 성은 이의 다른 이름이다. 그러나 인간은 신체를 가진 존재이므로 그 성은 이와 함께 기의 요소도 포함하는 것이다. 거기에서 정이천은 현실 인간의 성을 이로서의 성, 즉 '본연의 성'과 기의 요소를 가진 '기질의 성'으로 구분하였다. 본연의 성은 순수한 천리이지만 기는 음양이나 정조청탁(精粗淸濁)을 가진 것이므로, 기질의 성도 자연적으로 차이를 낳지 않을 수 없다.

그것만이 아니고, 본연의 성은 정지의 상태에 있기 때문에 외물과 접촉할 수 없지만, 기질의 성은 움직여서 외물과 교섭을 가지는 것이므로 그로부터 불가피하게 정(情) 내지 인욕(人欲)이 생기게 된다. 이것을 그대로 방임하면 본연의 성과 기질의 성의 차이가 커지게 되고 인간은 그 본래의 형태를 잃어버리게 될 것이다.

거기에서 기질의 성을 어떻게 해서 본연의 성에 접근시킬 것인가 하는 실천적인 방법이 문제가 된다. 이 방법에는 주관적인 것과 객관적인 것의 두 가지 방향이 있다. 주관적인 방법은 내적 생활에 의한 것이다. 기질의 성은 외물에 접촉하는 것에 의해서 정이나 욕심을 낳는 것이므로 이것을 가능한 한 본연의 성, 즉 이의 정지 상태에 가깝게 할 필요가 있다. 이 때문에 주염계는 주정(主靜)을 역설하고 있는데, 정이천은 그것이 노장 사상이나 선학의, '허적(虛寂)'에 빠질 위험성이 있을까 두려워서, 보다 유교적인 '경(敬)'이란 말을 사용한다. 또 이것을 '주일무적(主一無敵)'이라고도 하였다. 모두 그대로 주자에 의해서 답습되고 있다.

또 하나의 객관적인 방법으로는 '격물치지' 또는 '격물궁리'라 불리는 것이 있다. 이것은 "대학"의 '치지격물(致知格物)'이라는 말에 근거를 두고 있다. 인간의 안에 있는 이 본연의 성은 그대로 완전한 것이고 천리 그대로여야 하지만, 현실의 인간의 성은 동시에 기질의 성을 포함하여 불완전한 상태에 놓인다. 이 불완전한 성을 완전한 것으로 하기 위해서는 단순히 내성적이고 주관적인 방법에 의한 것만으로는 불충분하다. 일단 나의 밖으로 빠져나와 밖에 있는 이를 궁구하는 것이야말로 오히려 내 안에 있는 이를 정확히 아는 데 도움이 되는 것이 아닐까? 왜냐하면 나의 이도 외물의 이도, 이인 것에는 변함이 없기 때문이다. 나의 이는 인간욕심의 사(私)에 빠져 있기 때문에 알기 어렵다. 물론 밖의 세계에 있는 일사일물(一事一物)의 이를 확실히 하는 쪽이 용이하고 확실하다. 외부 사물의 이를 아는 것은 곧 그대로 내 안에 있는 이를 아는 것에 도움이 될 것이다.

이와 같이 함으로써, 오로지 안에 틀어박히고자 하는 노장철학이나 선학의 주관주의 벽을 깨부수고 외부 인륜의 세계, 정치의 세계에의 통로를 여는 것이 가능하게 되었다. 그것은 또 본래의 유학의 정신으로 돌아가는 것이기도 하다.

이상은 모두 정이천의 사상이고 주자는 이것을 충실히 계승하여 단지 이것을 정밀상세하게 하는 데에 그쳤다. 다만, 주자가 정이천과 다른 가장 큰 차이는 정이천이 격물궁리(格物窮理)를 제창하면서도 그 실천적 모습을 거의 남기지 않은 것에 반해서, 주자는 이것을 최대의 규모로 실현한 점이다. 정이천은 문인이 기록한 어록을 제외하고서 저서로 전해지는 것은 "이천역전(伊川易傳)" 중 일부일 뿐이지만, 주자는 "사서오경"의 거의 전반에 걸쳐 주해를 하여, 유교 경전에 철학적인 체계를 부여하는 대사업을 수행하였다. 주자학이 신유학으로서 확립되어 왕조지배의 이데올로기로서의 지위를 점하게 된 것은 여기에 최대의 이유가 있다고 할 수 있다.

⁑ 주자학(朱子學)의 특색은 '지경(持敬)' 즉 경신(敬愼)의 태도를 지킨다는 주관적인 수양법을 중시함과 동시에, 외부의 세계를 궁구한다고 하는 '궁리(窮理)'를 중시하는 것에 있었다. 그러면 궁리를 실행하기 위해서는 어떠한 방법을 쓰면 좋을까? 주자(朱子)는 "학(學)을 하는 길은 궁리(窮理)보다 앞서는 것이 없다. 궁리(窮理)의 요(要)는 반드시 독서에 있다"라 한다. 이것이 주자를 경서나 사서(史書)의 연구로 향하게 한 이유였다.

주자는 유교의 경전인 오경 중 "시경(詩經)", "역경(易經)"과 삼례(三禮) 중 "의례(儀禮)"의 주해를 썼다. "서경(書經)"에 대해서 주자 자신은 탁견을 가졌으면서도 스스로는 주해를 쓰지 않고 제자인 채심(蔡沈)에게 명해서 "서경집전(書經集傳)"을 지었다.

그러나 주자가 경학에서 이룬 최대의 업적은 새로이 '사서(四書)'라 하는 명칭을 만들어 "대학(大學)", "중용(中庸)", "논어(論語)", "맹자(孟子)"를 여기에 위치시켰다는 점이다. "대학(大學)"과 "중용(中庸)"은 본래 "예기(禮記)"의 한 편이지만 주자는 이 두 편이 특히 철학적인 내용이 풍부하다고 하여 독립된 책으로 취급하였다. "논어(論語)"는 본디부터 유교가 존중했던 책이지만 종래의 오경 중에는 들어가지 않고 별격으로 취급받았다. "맹자(孟子)"는 종래 경서로 취급받지 못하고 제자백가의 한 부분으로만 이해되었는데 주자는 이것을 "논어(論語)"와 함께 사서 중에 편입하였다. 주자는 이 '사서(四書)'를 '오경(五經)'에 필적하는 가치를 가진 경서라고 하여 스스로 깊은 주해를 달았다. 실질적으로 주자학(朱子學)은 '오경(五經)'보다도 '사서(四書)'에 중심을 둔 학문이라고 할 수 있다. '사서오경(四書五經)'이라는 명칭이 생긴 것은 주자학에서 비롯된 것이다.

또 주자는 이 궁리(窮理)를 역사의 세계에 적용하였다. 역사가 거울이라는 사상은 중국에 예부터 있었던 것인데 특히 지식인의 정치적 관심이 높았던 송대(宋代)에는 사서(史書)의 저술이 성행하였다. 북송(北宋) 사마광(司馬光)의 "자치통감(資治通鑑)"은 그 대표적인 것이다. 주자가 사마광(司馬光)의 책이 대의명분을 밝히고자 한 점에서 불충분한 것이 있음을 통찰해 스스로 그 범례(凡例)를 만들어 문인들에게 집필시킨 것이 즉 "자치통감강목(資治通鑑綱目)" 오십구 권이다. 이 책은 역사의 모범교과서로서 조선이나 일본에도 커다란 영향을 끼쳤다.

주자학(朱子學)의 사명과 운명

육조 수당의 지식인은 개인으로서의 안심입명(安心立命)의 근거는 노장이나 불교에서 구하고 세간의 도덕이나 정치의 원리는 전통적인 유교에 의지한다고 하는 일종의 불연속의 상태에 놓여 있었다. 더욱이 그들은 정치에 대한 관심이 없었기 때문에 유교보다도 불교에 마음이 이끌리는 경향이 강하였다. 바로 이 점이 육조 수당의 유학이 부진한 근본적인 원인이었다. 이 불연속의 상태를 일거에 해소하여 개인에게서 안심입명의 종교적 요구와 인의충효라는 사회적 도덕을 동일 원리 위에 두는 데 성공한 것이 주자학이었다.

주자학은 이기이원론인데 이(理)에 압도적인 우세를 둔 것이었으므로 이지상주의였다고 할 수 있다. 주자학을 이학(理學)이라 부르는 것도 그 때문이다. 이는 천지우주의 본질인 천리임과 동시에 인간의 내면에 내재해서 성이 된다. 인간에 내재하는 이는 인의예지라는 형으로 발현해 국가나 사회를 향해서 넓혀간다. 천리는 개인 생명의 근원임과 동시에 그대로 사회적인 도덕이 되고 천하국가를 다스리는 원리가 된다. 거기에는 약간의 단절이나 불연속도 없다. 참으로 완전한 종합적인 철학체계였다.

그러나 이 주자학의 내에도 약점과 결함이 숨어 있었다. 그것은 주자가 생존하던 당시에는 그렇게 눈에 띄지 않았지만 시대적 상황이 변화됨에 따라 점점 커져갔고 현실적으로 나타나게 되었다.

첫 번째는 주자학이 너무나 완결성을 갖춘 철학이었기 때문에 더 이상의 발전이 불가능하게 되었다는 점이다. 사실 원 · 명 · 청의 7백 년을 통해서 주자학에는 본질적인 발전이 없었고 주자학의 신봉자는 모두 그 아류에 지나지 않는 참담한 상태가 되어버렸다. 도리어 독창적인 사상은 오로지 주자학의 비판자 중에서 생기는 것이 실상이었다.

두 번째로 주자학은 본질적으로 구질서의 보수(保守)체제 유지에의 지향성을 가진 점이다. 이것은 단지 주자학에 한정되지 않고 일반적으로 유학이 가진 체질이지만, 이(理)라는 강력한 원리를 갖춘 주자학에서는 그것이 한층 더 심하게 될 우려가 있었다. 유교의 보수주의는 예에 의해서 대표된다. 예는 사회적인 '관습'인 것이고, 그 중심적인 기능은 군신부자의 신분질서를 유지하는 것에 있다. 주자학에서 예는 그대로 이이고 체제의 유지는 이가 명령하는 것이었다. 바로 이 점이 주자학이 조선이나 일본에서 관학으로서 채용된 최대의 이유이다. 그것은 주자학에 영광을 가져다주었지만, 곧 시세의 변화와 함께 사라져버릴 운명을 약속하는 길도 되었다.

세 번째로 모든 지상주의가 그러한 것처럼, 주자학도 또 엄격주의의 경향을 가지는 것을 면할 수 없었다. 천리와 인간욕구와의 대립이 그 단적인 예이다. 인간욕구는 기이고, 어디까지나 이의 지배하에 두어야 한다. 주자학의 정신이 침투한 에도시대의 "의리와 인정"의 대립은 소위 천리와 인간욕구의 일본판인데, 일본에서는 인정이 여전히 의리에 저항할 만큼의 힘을 갖추고 있었다. 그러나 주자가 존경해 마지않는 정이천은 "굶어죽게 된 과부의 재혼이 허락되는가?" 하는 질문에 대해 "그것은 절조를 잃는 행위이므로 허락될 수 없다. 굶어죽는 일은 극히 사소하고, 절조를 잃는 일은 극히 크다"라고 답하고 있다. 이 때문에 명나라 이후에는 정부(貞婦)는 두 남편을 섬기지 않는다는 풍습이 일반화하였다고 한다. 주자학을 엄하게 비판한 청조의 대진(戴震)은 "사람이 법을 위반해서 죽는 경우에는 슬퍼하는 자가 있건만, 이(理)를 위반해서 죽는 경우에는 슬퍼하는 자가 한 사람도 없구나"라고 하였다. 이는 법보다도 냉혹무자비하다. 만약 인정의 자연을 존중하는 것이 근대정신의 표현이라고 한다면 근대의 시작과 함께 그 형태가 소멸될 수밖에 없는 것이 주자학의 운명이었다고 할 수 있다.

4. 주자학의 대립자 육상산(陸象山)

육상산의 심학(心學) — 선학(禪學)에의 접근

주자와 동시대로 일찍이 주자와 대립하는 유력한 사상가가 나타났다. 육상산이 바로 그 사람이다. 육상산(陸象山, 1139~1192년)의 이름은 구연(九淵) 자는 자정(子靜), 상산(象山)은 호이다. 강서성 금계현의 사람으로 그의 두 형도 학자로 유명하고 상산과 함께 삼육이라고 칭해졌다. 상산은 과거에 급제해서 각지의 지방관을 역임했는데 일찍이 귀향해서 강단을 설치해서 강학을 시작하였을 때는 모인 사람들이 천여 명에 달하였다고 한다. 학문상의 입장은 주자와 다르고, 일찍이 아호사(鵝湖寺)에서 주자와의 토론회를 개최한 적이 있는데 양자가 의견일치는 결국 보지 못하였다. 이것은 '아호(鵝湖)의 회(會)'로 세상에 유명하다. 그 학문은 강서성을 중심으로 일시 성했지만 주자학의 성황에는 미치지 못하고 주자학에 압도되어서 쇠퇴의 길을 걸었다. 육상산의 학문이 다시 각광을 받는 것은 3백 년 후의 왕양명(王陽明)에 의해서였다.

육상산과 주자의 대립을 낳은 근본 원인은 인간의 마음에 대한 견해 차이에 있었다. 주자는 현실의 마음을 불완전한 것으로 보았다. 보통 인간의 마음은 이를 가지고 있지만 신체적인 요소인 기의 제약을 받고 있다. 이 때문에 마음을 본연의 성(이)과 기질의 성(기)으로 양분하는데 혹은 성(이)과 정(기)으로 분별한다. 이것을 단적으로 말하면 인간의 마음을 천리와 인간욕구로 양분한 것이다. 그리하여 인간욕구를 없애고 천리를 보존하는 것에 의해 마음을 순수한 이의 상태로 돌이키는 것이 그 이상이었다.

그런데 육상산은 인간의 마음을 그대로 완전한 것이라고 하고 마음은 그대로 이라고 하였다. 소위 심즉리(心卽理)의 설이었다. "하늘이 나에게 부여해 준 것이 즉 이 마음이다. 사람은 모두 마음을 가지지만 그 마음은 모두 이를 갖추고 있다. 마음은 그대로 이이다." 따라서 상산은 마음을 이분하는 것을 허락하지 않았다. 만약 마음을 도심(道心, 이로서의 마음)과 인심(人心, 이기를 섞은 마음)으로 이분하게 되면 마음이 두 개인 것이 된다.

마음이 그대로 이라고 하면 그 이는 천리의 이에 통한다. 내 마음의 이를 아는 것은 그대로 천지의 이를 아는 것이다. 따라서 천지의 이를 알기 위해서 외부 세계의 지식을 구할 필요는 없고, 내 마음 안에 있는 이를 파악하는 것만으로 충분하다. 이 같은 입장에서 보면 주자학의 격물궁리(格物窮理) 즉 외계의 일사일물(一事一物)의 이를 궁구하는 것은 완전히 의미가 없는 것이 된다. 무의미할 뿐만 아니라 잡다한 사물의 세계에 미혹되어 가장 중요한 마음의 이를 구하는 것을 잃어버리게 된다.

이처럼 밖의 세계에 있는 이의 궁리를 부정하는 육상산은 유교의 경전에 대해서 어떠한 태도를 취하는가? 내 마음의 불완전함을 의식했던 주자는 독서에 의해서 외부 세계의 이를 널리 구해, 이것에 의해서 내 마음의 이를 완전한 것으로 하고자 하였다. 독서 중에서도 가장 중요한 것은 유교의 경전을 읽는 것이다. 이 때문에 주자는 사서오경의 세밀한 주석을 썼다. 이에 반해서 육상산은 경서의 주를 전혀 쓰지 않았다. 요컨대 경서는 내 마음의 주석에 지나지 않는 것이었다.

물론 육상산도 유가의 사람이었으므로, 선종처럼 불립문자(不立文字)를 제창하지는 않았고, 경서를 읽는 것을 완전히 부정하지 않았다. 다만, 그것이 성인의 책으로 된 것이어서 내 마음을 본으로 해서 이해하여 여기에 취사선택을 가해 그 진위를 판별하는 것을 잊지 않았다. 예컨대 "예기"의 악기편(樂記篇)에 천리와 인간욕구를 들고 있는 것에 대해서 "이 악기편의 말은 노자(老子)의 사상을 근본으로 한 것이다"고 하고 순수한 유가의 경전에는 없다고 하였다. 이것은 육상산의 탁견이며 오늘날에는 상식으로 되어 있는 것이다.

이처럼 마음은 그대로 이고 완전한 것이므로, 외부로부터 아무것도 부가할 필요가 없다. 학문은 내 마음을 배우는 것이고 그런 의미에서 심학(心學)이다. 명나라 때의 왕양명은 "상산전집(象山全集)"의 서문에 '성인의 학문은 심학이다'라고 서술하였는데, 육상산의 학문은 바로 심학이었다. 그것은 주자학이 이학(理學)인 것에 대응하는 것이다.

이처럼 마음을 입각점으로 하는 육상산의 순수 주관주의의 입장은 똑같이 심에 불성을 구한 '불심종(佛心宗)'의 선학에 더 한층 접근하고 있는 것이다. 주자는 '격물궁리'를 제창하는 것에 의해 외계에의 통로를 열고 송학에 객관주의의 요소를 가해 이것에 의해서 선학의 영향에서 탈출하는 것에 성공한다. 상산은 이 주자의 애쓴 노력을 무시하고 유학을 재차 선학으로 되돌린 것이었다. 송대의 유자들 사이에 얼마나 깊이 선학의 기풍이 침투하였던가를 말하는 것이라 할 수 있다.

다만 육상산의 학문이 선학과 본질적으로 다른 점은, 불교인 선종이 개인의 깨달음 내지 구제를 궁극의 목적으로 하는 것에 대해서 유학인 육상산의 학문은 일상도덕이나 천하국가의 정치를 지향하는 점에 있다. 이 때문에 육상산은 "유(儒)는 공(公)과 의(義)를 중시하여 세상을 다스리는 것을 목적으로 하지만, 불(佛)은 사(私)의 이(理)를 중시하여 출세하는 것을 찾는다"라고 하여 선학을 매우 배척하고 있다. 육상산이 '궁리'의 번잡함을 싫어하고, 확실하고 간명한 '심학'의 방향을 선택한 것도, 그것이 사회적 실천의 장에 나서는 것을 용이하게 한다고 보았기 때문일 것이다. 이 의미에서 육상산의 학도 역시 유학의 본질을 잃었던 것은 아니다.

5. 송대의 불교와 도교

선종(禪宗)과 사대부

수당의 불교는 제종파가 다투어 일어나 각각의 독자성을 주장하여 큰 세력들을 이루었으므로 불교의 황금시대를 나타내었다. 여기에 비해 송대 불교는 불교 세력의 쇠퇴를 막는 분위기가 강하였고 더욱이 제종 융합의 경향이 나타나기 시작하여 전체로서는 하향의 기운으로 향하였던 느낌이 든다.

그 사이에서 단지 선종만이 전성을 과시하여, 송대 불교의 왕좌를 점하게 되었다. 천태종(天台宗)이나 화엄종(華嚴宗)은 후세에까지 계속 그 이론이 전해졌지만 그 교세는 선종(禪宗)에 훨씬 미치지 못하였다. 따라서 송대의 지식인이 수용한 불교라 하는 것은 실질적으로는 모두 선학(禪學)이었다고 해도 좋다. 북송기에 대해서 보면 양억(楊億) · 소식(蘇軾) · 왕안석(王安石) · 사마광(司馬光) 등 저명인사의 대부분이 참선의 경험을 가지고 있다. 주자 자신도 청년시절에 선학에 몰두하였지만, 주자 이전의 송학자들도 거의 예외 없이 선학의 체험자였다. "주자어류(朱子語類)"에도 "사대부가 만년이 되어 불교의 설에 빠지는 자가 많은 것은 무슨 까닭인가?"라는 질문이 보인다. 주자학이 확립되기 시작한 때에조차 여전히 그런 풍조가 계속되었음을 알 수 있다.

그러면 왜 이처럼 송대의 사대부가 선학에 마음이 이끌렸던 것일까? 가장 중요한 원인은 육조 수당 7백 년에 걸쳐 불교가 깊이 사대부의 정신생활에 침투하였던 것에 있다. 송대의 사대부는 정치에 대한 관심이 강렬했다고는 하지만 인생의 근본문제에 대한 철학적 · 종교적인 관심을 가지지 않을 수 없었다. 이 점이 정치가이고 관리인 그들을 불교로 이끈 근본적인 원인일 것이다. 두 번째 원인은 당시의 불교라고 하면 선종이라고 해도 좋을 정도로 선종의 전성기에 들어갔던 것인데, 이 선종이 인도 불교와 노장의 혼혈아라고 해도 좋을 정도로 중국화된 불교이고, 중국인의 체질에 맞는 불교였다는 점이다. 송대의 사대부가 선종에 마음이 이끌리게 된 것은 충분한 이유가 있다고 할 수 있다.

이 같이 사대부의 수요에 답하여, 선승려의 측에서도 유불일치를 설명하는 자가 나타났다. 북송의 계숭(契嵩, 1007~1072년)이 그 대표적인 예인데 그는 "보교편(輔教篇)"을 지어서 유교와 불교가 모순되는 것이 아니고, 상호 보완의 관계에 있음을 설명하였다. 그러나 이 같은 방법에 의해서 유불의 조화를 설명하는 것은 불교를 유교로 유도하여 불교 본래의 특색을 상실시킬 위험을 초래할 가능성이 있었다. 이것과는 역으로 남송의 대혜종고(大慧宗杲, 1089~1163년)는 선의 독자성을 강조함과 동시에 그것이 사대부가 놓은 정치적 현실 중에서도 충분히 활용할 수 있는 것임을 역설하였다. 유불일치론으로서는 이것이 본격적일 것이다. 이 때문에 종고의 문하에는 많은 사대부 참선자가 모였는데, 젊은 날의 주자도 그 중의 한 사람이었다고 일컬어진다.

⁑ 선종을 포함한 중국의 불교는 송대를 기점으로 급속히 쇠운으로 향하게 되었다. 그 원인의 하나로 주자학의 성립이 들어진다. 그것은 정치학 · 윤리학임과 동시에 개인의 안신입명(安心立命)의 근거가 되는 철학이었다. 따라서 주자학은 유학임과 동시에 종교적인 요구에도 답하는 것이 된다. 또 다른 원인으로서 남송에 들어와 수도 임안(臨安, 杭州)에 오산십찰(五山十刹)의 제도가 설치되어 선종(禪宗)사원이 국가의 보호와 통제를 받게 된 사실이 들어진다. 이것은 선종의 번영을 가져옴과 동시에 거기에 어용 종교적인 성격을 갖게 하였다. 이들 관사(官寺)에는 국가의 평안을 기리는 진호국가(鎭護國家)의 의식이 행하여졌다. 이 같은 상황 하에서는 일찍이 당(唐)의 임제선(臨濟禪)이 보여준 야성의 형태가 소멸한 것도 또 어쩔 수 없는 것 같다.

그러나 이들 원인보다도 훨씬 유력한 사회적 원인이 있었다. 그것은 고등 문과시험인 과거 제도가 확립되어 관리, 사대부가 되는 문이 널리 서민에게 개방된 점에 있다. 육조 수당의 시대에는 관리 · 사대부의 신분이 귀족에 한하여 서민 출신자로서는 관리가 되기 어려웠다. 이 때문에 서민 수재의 대부분은 불교에 집중하였다. 바로 이 점이 육조 수당시대를 불교의 황금시대가 되게 한 사회적 원인이었다. 그런데 송대에 들어와 관리의 문이 널리 서민에게 개방되었으므로, 수재는 모두 관직으로 들어가 불문(佛門)에 인재가 모이지 않게 되는 경향이 생기게 되었다. 그 경향은 원(元) · 명(明) · 청(淸)으로 이어지면서 점점 심하게 되었다.

정토교 — 염불선(念佛禪)과 백련교(白蓮敎)

송대에 선종과 아울러 유력한 불교는 정토교였다. 단 당나라 중기 이후, 정토교를 전문으로 하는 유력한 중이 없고, 송대를 통해서 선종이나 천태종의 중이 겸수(兼修)하는 실정이었다. 이것은 중국의 정토교가 주로 무지한 민중에 의해서 지지되고, 지식인 · 사대부 층에서는 그렇게 유력시되지 않았던 사정에 의한 것 같다.

한편 오대의 선승인 영명사(永明寺)의 연수(延壽, 904~975년)가 제창한 선정쌍수(禪淨雙修)의 설은, 후세 중국 불교의 주류가 되는 염불선(念佛禪)의 기원을 연 것으로, 대단히 주목할 만한 가치가 있는 것이다. 연수는 법안종의 제2대조의 중요한 지위를 가진 선승인데, 종래의 선종 형태에 만족하지 않고 나아가 정토의 염불을 받아들일 필요가 있는 것을 강조하였다. 그는 "만선동귀집(萬善同歸集)"을 저술하여 선종이 오로지 좌선만을 해서 공견방종(空見放縱)에 빠질 폐단이 있다고 하여 모든 만 가지 선의 행을 닦고 이것에 의해서 서방정토를 기다려야 한다고 하였다. 이 때문에 연수는 좌선을 행함과 동시에 십만 번의 염불을 외울 것을 일과로 하였다고 한다. 그의 유명한 말인 "선(禪)이 있고 정토(淨土)가 있으면 또한 뿔을 단 호랑이와 같다"는, 좌선과 염불을 겸하면 금상첨화임을 언급한 것으로 후세 염불선 사상의 근본이 되었다.

송대에 들어와서 이 연수의 선정쌍수를 행하였던 선승도 많고, 또 일반 지식인 중에서도 이것을 섬기는 자가 많았다. 그러나 누구보다도 정토교를 진심으로 신봉한 자는 민중이었다. 연수는 "소질이 우수한 자는 선정을 쌍수해야 하지만, 소질이 낮은 자는 오로지 염불로써 정토왕생을 구함이 좋다"라 하였는데 그것은 이러한 현실에 근거한 것이었다고 생각된다.

민중을 중심으로 한 염불의 결사는 이미 당대의 강남 땅에 나타났는데 송대에 들어와서는 점점 성하게 되었고, 만 인에서 수만 인에 달하는 교도를 가진 자도 적지 않았다. 그 중에서도 북송 말에서 남송 초의 사람인 모자원(茅子元)은 옛날 여산(廬山) 혜원(慧遠)의 백련사(白蓮社)염불의 고사에 능숙하여, 강남을 중심으로 한 대규모의 결사를 만들어 세상에서 백련종 또는 백련교라 불리게 되었다. 모자원의 교설로는 특별히 다른 것은 없었던 것 같지만, 많은 서민을 포용하는 결사였기 때문에 주술적인 요소의 혼입을 피할 수는 없었던 듯하고, 사교로서 조정의 탄압을 받아 그 자신도 유죄를 받았다. 그러나 백련교는 이것에 의해서 쇠퇴하지 않고 여러 가지로 변용하면서도 원 · 명 · 청의 3대에 걸쳐서 그 존립을 계속하였다. 원 · 명시대에는 농민의 반란과 결합된 것도 많았고 사교로 금단되면서도 뿌리깊게 존속하여 특히 청조 중기에 대란을 일으킨 것으로 유명하다.

전진교(全眞敎) — **북방 금조**(金朝)**에서 생긴 신도교**(新道敎)

10세기 중엽에 성립한 북송의 왕조는 북방 만주족이 세운 요나라의 위협에 끊임없는 괴로움을 당하게 되는데, 12세기 초가 되어 요나라와 같은 만주족에 속하는 여진족, 즉 금나라가 유력하게 되어, 요를 멸하면서 여세를 몰아 중국의 내지에 침입하게 되는데, 1127년 결국 북송을 멸하고 황하유역을 중심으로 하는 화북일대의 땅을 지배하게 되었다. 이 때문에 중국은 북경을 수도로 하는 금나라와 임안을 수도로 하는 남송으로 양분되어 남북대립의 형세를 낳게 되었다.

새로이 동북방 부족인 금나라의 지배를 받게 되었던 북부지방에서 여러 가지 혼란이 생기는 것은 당연하였다. 남조 송나라에서 융성하게 된 주자학도 북조인 금나라의 영역에까지 미치지는 못하였고, 금나라는 불교를 보호하는 것에 의해서 인심의 통일을 기원하였지만, 그것도 여전히 불충분하였다. 이 틈을 타서 나타난 것이 전진교(全眞敎)로 대표되는 신도교(新道敎)였다.

전진교의 개조 왕중양(王重陽, 1113~1170년)은 처음에는 이름이 철(嚞)였다. 중양은 그의 호이다. 장안의 서쪽에 위치한 함양에서 태어났으며 무과에 급제해서 낮은 관리가 되었던 것에 만족하지 못하고, 하늘의 계시를 얻고 전진교를 설법하게 되었다. 그 교세가 북조일대에 널리 퍼지기까지는 일곱 인의 제자인 일곱 진인, 그 중에서도 마단

양(馬丹陽)과 구장춘(丘長春)의 힘에 의해서였다. 전진교의 주된 신봉자는 물론 서민이었지만, 얼마 안 되어 금나라 왕실에 접근하는 것에 성공하였을 뿐만 아니라 여기에 이어서 일어난 원 · 명의 보호를 얻었다. 이 때문에 전진교는 원 · 명 · 청을 통해 그 세력을 유지해 강남의 전통적 도교인 천사도(天師道)와 함께 천하를 둘로 나누게 되었다. 현재의 북경에 있는 백운관(白雲觀)은 그 총본산이다.

그 교의의 특색은 종래의 도교에서 중시하였던 불로장생을 위한 금단(金丹) · 부록(符籙) · 도인(導引) · 벽곡(辟穀) · 방중(房中) 등의 주술류를 설명하지 않고 통속적인 민중도덕의 고취에 중점을 두었다. 몰론 민중의 종교인 이상 구빈이나 치병을 중요한 목적으로 하였지만, 그것은 하늘에 기도하는 것이나 혹은 도덕을 지키는 것에 의해서 얻어지는 것이라 하였다. 여기에 혁신교도로서의 성격이 보인다.

동시에 이 전진교는 삼교일치의 색채를 농후히 하고 있는 것에 그 특징이 있다. 신도에게 "효경", "노자도덕경", "반야심경"을 독송하게 하였으며, 유 · 불 · 도는 한 가족이고 같은 근원임을 설명한 것에 그 특색이 잘 나타나 있다. 통속 도덕을 설명한 이상 유교에 접근하는 것은 당연하였지만, 민간에 뿌리를 내린 불교의 신앙에도 타협하는 것이 필요하였다. 특히 오대 · 북송 이래 불교의 주류가 되었던 것은 선종이었으므로, 전진교 도사의 생활에는 선종의 요소가 많이 채택되었다. 도사는 육식과 혼인을 않는 것은 물론 선승의 생활규칙인 청규의 말이 그대로 쓰이고 좌선이 도사의 중요한 수양법으로서 채용되었다.

도교가 불교의 영향을 받아 그 교의를 흉내내는 것은 육조 이래 계속되어왔는데 금왕조 때의 신도교에 이르러 그 극점에 도달하였다. 근세의 민간신앙에서는 완전하다 할 정도로 도교 · 불교의 융합이 행해지고 있는데, 그러한 경향은 이때부터 준비되었다고 보아도 좋을 것이다.

제9장
원(元)·명(明)의 사상

1. 왕양명(王陽明)
2. 양명학(陽明學)의 좌파(左派)
3. 이탁오(李卓吾) — 양명학의 자멸

제9장　원(元) · 명(明)의 사상

원대(元代)의 사상계

몽고초원의 유목민이었던 몽고인은 남하해서 중국의 북부로 들어가 결국 화북을 지배하였던 금나라를 멸하고 나아가서는 남송을 병합하는 것에 성공해서 천하의 통일을 실현하였다. 국호를 원이라 하고 수도를 북경에 두었다.

원나라는 후의 만주족의 청조와는 달리 쉽게 중국 문화에 동화되지 않고, 위력으로써 중국인을 제압하는 정책을 취하였다. 관리를 임명하는 경우에도 높은 지위는 몽고인에게 한정되었고 중국인은 하급관리의 신분을 감수하였다. 이 때문에 전통적인 고등문관 시험인 과거도 중단된 채로 중국인 사대부는 불우한 처지로 전락하였다. 원대의 사상계가 부진으로 끝난 것은 이와 같은 사정이 있었기 때문이었다.

이 같은 상황에서도 남송 이래의 주자학은 명목으로나마 사대부 사이에 행하여졌고, 원나라 중엽 인종(仁宗)의 연우(延祐) 원년(1314년)에 이르러 과거 제도가 부활됨과 동시에 주자의 주에 의한 "사서"와 "오경"이 출제의 원전으로 되었다.

이것은 주자학이 원나라의 관학으로서 채용되었던 것을 의미하는 것으로 주자학의 역사에 획기적인 사건이었다. 그렇다 하더라도 원대 백 년간에는 특별히 취급을 논할 만한 사상가는 결국 나타나지 않았다.

명대의 사상가 — 주자학의 로고스에서 양명학의 파토스에로

원나라를 쓰러뜨린 명왕조는 백 년 만에 중국인의 중국을 회복하였다. 특히 황하를 중심으로 하는 화북 땅에 대해서 보면 실로 250년 만에 동북오랑캐의 지배에서 해방된 것이 된다. 더욱이 명나라 3백 년간은 말기를 제외하고 북방민족의 위협을 받은 적이 적었기 때문에 그 태평함은 문화의 전성기를 뒷받침하기에 충분한 것이었다. 물론 문화적 성숙이 지나쳐 퇴폐에 빠진 점이 명조의 파멸과 재차 북방민족의 청조 지배를 초래한 원인이 되었다고 할 수 있다.

그러면 이 문화의 난숙은 사상의 세계에 어떠한 영향을 미쳤을까? 대충 말하자면 주지주의의 학문이 쇠퇴하고 정의를 주로 하는 학문이 환영받게 된 점을 들 수 있다. 로고스에서 파토스에로의 이행이었다. 구체적으로 말하면 격물궁리의 주자학에 대신해서, 지행합일의 양명학이 나타나고 더욱이 그 양명학이 해체해서 양명학 좌파와 자연주의를 낳아, 퇴폐와 파멸의 길을 걷게 되었다.

명나라는 원나라의 뒤를 이어서 주자학을 그대로 관학으로 하여 과거 시험에도 주자학을 채용하였다. 특히 삼대의 천자인 성조 영락제는 과거의 표준해석을 가르치는 "성리대전" "사서대전" "오경대전"을 지었다. 이것은 주자의 주해를 더욱 상세하게 해석한 것으로, 이것까지 읽으면 다른 책을 볼 필요가 없게 된다. 이 대전이 나오고 나서는 '자유연구의 여지가 없게 되거나, 주자학의 발전이 막히게 되었다'라고 하는 것이 종래 일반의 견해였다. 그런데 명 · 청사 연구의 전문가 중에 '그것은 시대를 알지 못하는 단편적인 주장이다'라고 하여, 그 시대의 학문적 경향이 유교의 경전을 연구하는 학문에서 벗어났던 것을 지적하는 의견이 있다.* 이 설에 따라 명대의 풍조를 개관해 보겠다.

명나라의 국도는 처음 남경에 설치되었다가 곧 북경으로 옮겨졌다.

* 三田村泰助氏 "明과 淸" 河出書房新社刊 '世界의 歷史' 제14권

그러나 명대 문화의 중심지는 수도 북경이 아니고 소주(蘇州)를 중심으로 하는 강남지방이었다. 이것은 원조지배를 싫어한 지식인이 수도 북경을 버리고서 강남에 거주하던 전통이 있었던 점과 당시 이미 강남이 산업의 선진지대로 되었던 것 등에 기인한다. 강남에는 산업에 의해 부를 획득한 부상이 많았고, 서민의 신분이면서도 문학이나 예술을 애호해 스스로 작가가 되었던 사람도 적지 않았다. 이들 부상은 사대부 지식인의 좋은 후원자도 되어 현란한 강남문화를 꽃피우게 하였다. 더욱이 태평무사가 계속되자 이윽고 강남의 풍조는 북방의 수도에까지 미쳐 천자조차 그 속에 빠져버리게 되었다.

이 같은 풍조는 아직 창업의 정신이 남아 있었던 명조의 초기에도 일찍이 나타나고 있다. 5대 선종(宣宗) 때 주자학의 서적 "대학연의"를 읽고서 수양해야 할 것을 상주한 신하가 있었는데 황제는 노해서 이를 엄벌에 처했다고 한다. 무미건조하고 융통성이 없는 도학에는 매력을 느끼지 못하고 인간미가 풍부한 정감을 사랑한 명대인의 성격이 이미 여기에도 보인다. 똑같은 시기에 최고학부의 장관인 국자감 제주였던 이자면(李自勉)의 상서에 "요즈음 "전등신화"라 일컬어지는 괴담의 책이 나타나, 시정의 경박한 무리들이 다투어 이것을 암송할 뿐만 아니라 유사까지 정학을 버리고 날마다 여기에 열중해서 담론의 소재로 하고 있다"고 서술하고 있다. 명대에는 "수호전" "삼국지연의" "서유기" "금병매" 등의 소설류가 차차 나타나는데, 이들 모두 이 같은 풍조 속에 생긴 것이다. 명대 중기 사람인 왕양명이 청년시대에, 이몽양(李夢陽)을 필두로 하는 칠인의 고문사학 문장에 열중하거나 신비색 짙은 도교나 불교에 빠졌다는 것은 왕양명 개인의 성격에 의한다기보다도 그것이 사회 일반의 풍조였기 때문으로 보인다. 파멸형의 양명학자 이탁오(李卓吾)가 세상에 나온 것은, 가정(嘉靖)에서 만력(萬曆)까지 명대 문화의 난숙기, 퇴폐기 때였고 "금병매"를 필두로 하는 음서가 속출한 시대였다. 이런 의미에서 말하면 그들이 가진 개성은 그대로 시대의 풍조를 대표하는 것이었다고 할 수 있다.

이리하여 시대의 풍조는 주지주의 · 이성주의의 주자학을 벗어나 정의를 동력으로 하는 양명학에로 향하는 기운이었다.

1. 왕양명(王陽明)

용장(龍場)의 일오(一悟) — 모든 이(理)는 내 심중에 있다

주자학의 '격물궁리'의 주지주의를 부정하고 간단명료한 '심학'을 제창한 것은 멀리 남송의 육상산에서 비롯하고 명대에 들어와서는 진백사(陳白沙, 이름은 獻章), 누일재(婁一齋, 이름은 諒) 등이 있고, 주자학에서 벗어나 육상산의 학문에 경도하였다. 이들이 양명학의 선구가 되었다.

왕양명(王陽明, 1472~1528년)은 이름이 수인(守仁), 양명은 그 호이다. 명나라 중기에 절강성 소흥부(紹興府)의 동쪽에 해당하는 여요현(余姚縣)에서 태어났다. 그 아버지 화(華)는 수석으로 진사과에 급제하여 남경이부상서의 높은 벼슬에 오른 사람이었다. 왕양명은 18세 때 누일재를 스승으로 해서 주자학을 배우지만 도교나 불교에 마음을 기울인 적도 있었다. 28세에 진사과에 급제하여 병부주사의 관직에 올랐다. 인종의 정덕 원년(1506년) 환관인 유근이 조정에서 전횡을 하자, 이를 탄핵해서 죄를 얻게 된 정의의 선비를 변호하는 상주를 하였기 때문에, 화를 입어서 멀리 귀주성(貴州省)의 용장역의 역장(驛場)으로 좌천되었다.

당시 이 땅은 중국 서남의 모퉁이에 해당하고, 오랑캐가 거주하는 문화의 불모지대였다. 생활의 고통은 물론 읽어야 할 책조차도 없었다. 만약 주자학에서 말하는 것처럼 격물궁리를 위해 독서가 인간 형성에 불가결의 조건이라고 한다면, 여기에서는 인간으로 될 길조차 닫혀져 있는 것이 될 것이다. 왕양명은 여러 가지 고민 끝에 하나의 깨달음을 얻었다. 그것은 현재 내가 가진 마음만으로 충분하다고 하는 것이다. 모든 이치는 내 마음 속에 갖추어져 있고, 마음 외에 이라 하는 것은 있을 수 없다. 내 마음의 이를 다하는 것이야말로 그대로 만물의 이치를 아는 것이다. 이 '심즉리'를 깨달은 것이 소위 '용장 일오'라고 불리는 것이고, 그 후 양명학 전개의 근본이 된 것이었다. 이때가 왕양명이 38세 되던 때였다. 환관인 유근이 실각하자 재차 조정으로 돌아와 중앙이나 지방의 관을 역임하여 행정과 군사에 걸친 유능한 능력을 발휘하였다. 이때는 각지에 농민의 봉기가 빈번히 일어나는데 양명은 이르는 곳마다 이를 진정시켰다. "산 중의 적을 깨부수기는 쉬워도, 마음 안의 적을 깨부수기는 어렵다"라 함은 왕양명의 말이지만 이것은 문자 그대로 실천 속에서 얻어진 것이다. 어릴 때부터 폐질환을 가진 왕양명이 동분서주 격동의 생활에 견뎌낼 수 있었던 것은 오로지 그 기력과 의지에 의한 것 같다. 후에 육군대신에 상당하는 남경병부상서의 영예로운 직위에 임명되지만, 곧 고향으로 돌아와 강학의 생활을 즐겼다. 그러나 광서성에 심각한 반란이 일어나 재차 조정에서 진정의 명을 받고 사명을 수행하였는데, 도중에 병이 악화되어 돌아오는 도중에 사망하였다.

일원론의 관철 — 기즉리 · 심즉리 · 무내외 · 지행합일

'용장 일오(龍場 一悟)'에 의해서 깨닫게 된 왕양명의 철학의 근본은 '심즉리'라 하는 것에 있다. 이것은 주자학의 '심'에 대한 견해와는 어떠한 점에서 다른 것일까?

주자는 인간의 마음이 이와 기의 양분된 것에 의해 이뤄진 것이라 하였다. 이는 순정으로 선인 것이지만, 기는 정조청탁의 성질을 가진 것이므로 이의 본래 상태를 잃을 가능성을 갖는다. 이 때문에 주자는 마음을 이분해서 본연의 성(이)과 기질의 성(기 · 정 · 욕)으로 구분하였다. 그리고 기질의 성을 본연의 성에 가깝게 하기 위한 공부로서, 주관적으로 경을 주로 하고 객관적으로는 외물의 이를 궁구하는 것에 의해 내외 양면에서 마음의 불완전함을 보충하고자 한 것이었다.

그런데 왕양명은 이 같은 주자의 이원적인 사고법을 완전히 거부한다. 첫째로, 이는 기에 구비된 조리(條理)이고, 기의 밖에 따로 이가 있지는 않다. 따라서 이와 기는 일체이고, 한 사물의 양면에 지나지 않는 것이다. 좀더 명백히 말하자면 이즉기이다.

두 번째로 이와 기가 동일한 것이라고 하면 주자처럼 마음을 이와 기로 양분하여 본연의 성과 기질의 성으로 나누는 것은 잘못이다. 마음은 어디까지나 하나인 것이고, 현실의 인간의 마음은 그대로이다.

세 번째로 주자처럼 마음의 이치 · 외물의 구별을 세워 이를 내외로 양분하는 것도 잘못이다. 이는 하나인 것이고 안과 밖을 구별할 수 없다. 내 마음의 이는 그대로 외부 사물의 이치이기도 하다. 마음 밖의 이를 구할 필요는 없고, 모두 내 마음의 이에 의해서 다한다. 따라서 "대학"의 격물치지는 주자가 말하는 것처럼 외계의 사물의 이를 검토하는 것에 의해서 지를 완성한다고 하는 것이 아니고, 사물의 형태를 바로잡고 부정한 것을 바르게 하는 것에 의해서 마음의 앎의 기능을 충분히 발휘한다고 하는 의미이다. 주자처럼 마음 밖의 이치를 구해서 독서할 필요는 없다. 내 마음의 이마저 분명하게 되면 육상산이 말하는 것처럼 “육경이 모두 내 마음의 주석이다”라는 것으로 된다.

네 번째로 주자학에서는 우선 이를 알고, 그 후에 비로소 이것을 실행에 옮긴다고 하는 순서를 지켜야 하는 것으로 되어 있다. 소위 선지후행의 설이다. 여기에 대해서 왕양명은 지와 행을 양분하는 것에 반대한다. 단순히 들은 지식은 참된 지식이 아니다. 앎은 행위로 되는 것에 의해서 비로소 참된 지식으로 된다. 이것이 소위 '지행합일(知行合一)'의 설이다.

이처럼 왕양명의 철학은 일원에 의해서 관철되고 있다. 그 일원의 근본이 되는 것은 마음이었으므로, 그것은 남송 육상산의 계보로 연결되는 '심학'이라고 할 수 있다. 이 때문에 왕양명의 학문과 육상산의 학문을 합쳐서 '육왕학'이라 불릴 정도였다.

그러면 마음의 일원론에 의해서 얻어지는 것은 무엇인가? 간단명료하게 말하는 것이고, 실천에 결합하기 쉬워야 하는 것이다. 주자학이 마음과 사물의 이원론이었기 때문에 실천으로 옮기기 전에 객관적인 사물의 이를 확인할 필요가 있었다. 주자학이 주지주의라 하면 양명학은 행동주의이고 감정과 의지를 주로 하는 것이었다.

주자는 50년의 관직을 가졌다고 해도 실무를 수반한 관직에 있었던 것은 10년도 되지 않는다. 이것과는 반대로 양명은 행정과 군사의 격무 사이에 생애를 마쳤다. 주자가 보다 학구적이고 양명이 간단명료한 행동의 학을 부르짖은 것은 무엇보다 개인적인 환경의 차이에 의한 것이라고도 할 수 있다. 그러나 왕양명의 반주지주의가 무엇보다도 정(情)과 의(意)를 중시하는 입장은 명대 사회의 풍조에 기초한 것임은 이미 전술한 대로이다.

정좌(靜坐)에서 사상마련(事上磨鍊)으로 — 선종에서의 이탈

이와같이 양명학은 마음이 명하는 대로 실천에 옮기면 좋다고 하는 입장이었다. 그러나 왕양명도 역시 현실 인간의 마음을 그대로 절대선으로 인정할 수 없었다. 악한 일을 행하는 인간이 많다고 하는 현실은 왕양명이라고 할지라도 무시할 수 없었다. 왜 이여야 할 마음에 부조리가 생겼는가? 양명은 그것이 '사욕(私欲)'에 의한 것이라 하였다. 본래의 인간의 마음은 '이'이고 선이지만, 거기에 사욕이 생기는 것에 의해서 본심이 어두워지고, 비뚤어져서 악으로 되는 것이다. 그러면 그 사욕은 어디에서 생긴 것일까? 왕양명은 침묵하고 말하지 않는다. 말하지 않는 것이 아니고 말할 수 없는 것이다. 만약 사욕의 발생원을 철저하게 추구하면 주자처럼 마음을 본연의 성과 기질의 성으로 이분하는 것이 필요하게 되어 왕양명이 가장 싫어하는 이원론을 불러일으킬 우려가 있기 때문이었다.

출처는 불명확하지만 어쨌든 왕양명은 사욕의 존재를 인정한다. 사욕이 존재하는 이상 이것을 제거하는 공부가 필요하다. 처음 왕양명은 문인들에게 '정좌(靜坐)'를 시켰다. 정좌는 북송 이래 송나라 유학자들의 대부분이 실행한 것인데 물론 이것은 좌선에서 본보기를 취한 것이었다. 따라서 정좌를 행하는 문인들 중에는 정(靜)을 즐겨 행동에서 멀어지는 경향이 나타났다. 거기에 왕양명은 새로이 '사상마련(事上磨鍊)'을 역설하였다. 사상마련은 사실상에서 마음을 연마하는 것이다. 현실의 생활상에 나타나는 여러 가지 곤란에 직면할 때, 이것을 극복하는 과정에서 마음을 연마한다고 하는 것이다.

본디 심학이 불심종(佛心宗)인 선종에 가까운 것임은 전에도 서술한 대로이지만 수양법으로서 정좌를 사용하면 점점 선종에 접근하는 것을 면할 수 없다. 왕양명은 정좌를 버리고 사상마련을 역설하였다. 이것은 양명학이 선종에서 벗어나고자 하는 노력의 표현 가운데 하나이다. '우리 유학은 마음을 닦는 경우에도 사물에서 벗어나지 않는다. 이것과 반대로 불교는 허무와 적막에 빠져 세간과 교섭하지 않는다. 바로 이 점이 불교가 천하를 다스릴 수 없는 이유이다'라는 양명의 말은 그 간의 사정을 잘 말하고 있다.

치양지(致良知) — 자연주의에의 지향

양명은 후기가 되어서 '양지(良知)' '치양지(致良知)'를 강조하게 되었다. 양지양능이라 하는 것은 "맹자"에 보이는 말이고 그것은 인간이 태어나자마자 자연히 갖추고 있는 도덕심을 가리킨다. 왕양명은 이 "맹자"의 말을 그대로 사용하여 인간성의 자연에 뿌리를 둔 양지를 길러서 이것을 완전히 발휘하는 것, 즉 '양지에 이른다'는 것을 도덕심의 중심에 두고자 한 것이다.

주목해야 할 점은 이 양지를 역설하면서부터 왕양명은 자유로이 대범해지게 되었다. 양명 스스로가 "내가 44세 45세가 되기까지는 조금 근후(謹厚)에 힘씀을 싫어하였다. 그러나 양지의 존재를 알게 되고서부터 자신이 올바르다고 생각하는 것을 마음대로 행하여 조금도 숨기는 것이 없었다. 소위 미친 자의 심경에 도달하는 것이 가능하게 되었다"라고 서술하고 있다. 어느 더운 여름 날, 문인들이 스승 앞에서 부채를 사용하는 것을 조심스러워하고 있는 것을 본 왕양명은 '부채를 사용해도 좋다'고 명하였다. 문인이 사양하자 양명은 "성인의 도라 하는 것은 그같이 고루하게 사람을 속박하는 것이 아니다. 그러한 도학자 풍의 태도는 쓸데없는 것이다. 논어에도 공자가 제자들에게 가르치려고 할 때, 증점(曾点)은 태연하게 거문고를 울렸다. 바로 미친 자의 태도이다. 만약 정이천 등이 이것을 보았으면 매우 노하였을 것이다. 그런데 공자는 증점에게 노하기는커녕 도리어 증점에게 칭찬을 하였다. 얼마나 커다란 기상이었는가? 성인의 교육은 사람을 속박해서 일정한 평균형으로 만들려는 것이 아니고 미친 자에게도 미친 자 나름대로의 장점을 인정해서 이것을 성취시키고자 한 것이다"라고 가르치고 있다.

그러면 왜 양지설이 왕양명의 기상을 크게 한 것일까? 그것은 양지가 인간의 자연에 갖추어져 있는 것이고 다른 특별한 수단을 가하지 않아도 이미 완성하고 있는 것, '현성(現成)'인 것이기 때문이었다. 거기에는 수양이나 공부의 필요는 전혀 없게 된다. 다만 경우에 따라서 사욕이 이 양지를 은폐할 가능성이 남아 있으므로 '양지에 이른다' 요컨대 양지를 바르게 육성하는 공부가 필요하다. 그러나 양지는 자연히 발현하는 것이므로 이것을 기르는 것도 역시 자연의 도에 의해야 한다. 송대의 도학자들에게서 보이는 것 같은 인위적이고 엄격한 수양법은 도리어 양지를 질식시키게 할 것이다. 왕양명의 말 속에 양지와 함께 자연이라 하는 말이 많이 쓰이는 것은 후반기 왕양명의 철학이 점차로 자연주의에로 경사하여 간 것을 말하는 것이다. 그리고 이 왕양명의 자연주의는, 곧 양명좌파에 의해서 계승되고 철저화되었다.

이 자연주의에의 경사와 아울러 인간적인 감정이, 양지의 작용으로서 긍정되고 있는 사실을 들지 않으면 안 된다. '희노애욕 등의 칠정은 인심이 당연히 갖추고 있는 것이다. 칠정이 그 자연의 발로대로 따른다면 이것은 모두 양지의 작용이므로 양지를 선, 칠정을 악이라 하는 것은 잘못이다. 다만 칠정이 일정한 것에 집착하면, 그것은 욕심이 되고 양지를 은폐하는 것으로 된다'라 한다. 또 문인이 '부친의 사망 등 대사를 만나서, 곡을 하는 것은, 마음의 본체인 즐거움을 손상하는 것은 아닙니까?'라고 질문하였을 때, 왕양명은 '그때에는 대성통곡을 한 번 한 뒤 또 본래의 즐거움의 경지로 돌아가면 된다. 한 번도 곡을 하지 않으면 본래의 즐거움의 경지로 돌아가는 것도 불가능하다'라고 답하고 있다. 왕양명의 인간 감정에 대한 태도가 주지주의인 송의 도학자들과 다른 것은 분명하다. 그것은 또 정(情)과 의지(意志)를 기조로 하는 명대의 풍조의 표현이라고도 할 수 있다.

만가성인(滿街聖人) — 양명학의 민중화

또 이 양지설은 북송 정명도의 '만물일체의 인'으로 결합되는 것에 의해서 종래 그 인격을 무시하였던 민중의 인격을 존중하여 양명학이라는 유학을 민중들 사이에 포교하는 전대미문의 유행의 기틀을 짠 것이었다.

정명도의 만물일체의 인은, 인이 널리 만물을 포함하는 것을 강조한 것이었으므로 물론 민중과 고락을 함께하는 것과 연결된 것이다. 민의 고통은 그대로 나의 고통이고 만민을 구제하는 것이 하늘의 사명이 된다. 그런 의미에서 민중 존중의 사상이지만 그러나 그것으로 그친다면 맹자 이래의 전통적인 유가사상이고 특별히 혁명적인 의미를 가지는 것은 아니다.

바로 이것이 양지설과 결합하면 완전히 다른 의미를 가지게 된다. 양지는 만인이 태어나면서 선천적으로 갖추고 있는 것이고, 어떠한 학문도 없는 인간이라 할지라도 예외는 아니다. '양지양능을 가진 점에서는 범인과 성인이 모두 완전히 같다. 다만 성인은 양지에 이른데 대해서 범인은 그렇지 못하다는 차이가 있을 뿐이다.' '범인과 똑같은 것을 동덕(同德)이라 하고, 범용한 인간들과 다른 것을 이단이라고 한다' 등의 말은, 모두 이 근거에서 나오고 있다. 종래의 유가는 민중의 고통만을 대상으로 하였을 뿐 이것을 동일수준에 놓고자 하지는 않았다. 그런데 왕양명으로서는 치양지(致良知)를 완성한 성인을 별격으로 해서, 양지를 가진 점에서는 사대부와 서민의 차별은 없다고 주장했던 것이다.

어느 날 문인 왕심재가 외출하고서 돌아왔다. 왕양명이 '외출하고서 무엇을 보았는가?'라고 묻자, 심재는 '거리에 가득 찬 사람이 모두 성인인 것을 보고 왔습니다'라고 답하였다. 그러자 왕양명은 '상대방도 그대가 성인인 것을 보았을 것이다'라 하였다. 이 만가성인(滿街聖人)의 설은 양명학 좌파사람들에 의해서 문자 그대로 실천되었다. 본디 왕심재는 상인이었으며, 염전의 노동자에서 출세한 인물이었다.

물론 왕양명 문인의 대부분은 사대부의 신분을 가진 자였지만 왕양명의 직계 제자들에 의해 다시 전파될 때에는 상인 · 농부 · 직인이 적지 않게 포함되었고, 더욱 그 중에는 각지의 농촌에 양명학의 포교를 위해 순회하는 자가 나타났다. 이처럼 유학으로서 전혀 뜻밖의 현상은 양명학의 독자성에서 생긴 것이라고 말할 것도 없다. 그러나 이것을 가능케 한 것은 명나라 시대의 강남지방의 경제적 번영이고, 서민계급 생활수준의 향상이었다.

양명학이 가진 장단점은 좌파, 특히 이탁오(李卓吾)를 보면 자연히 명백하게 될 것이다.

2. 양명학의 좌파

양명학의 좌파와 우파

왕양명 사후 그의 제자는 온건파와 급진파로 이분되는 경향이 점차 강해졌다. 만약 온건파를 우파, 급진파를 좌파라 부른다면 양명학의 특징은 매우 극단적으로 좌파에서 잘 나타난다. 우파는 세간의 비판을 심하게 받음에 따라서 점점 보수 온건의 경향을 강화해 그 중에서 주자학에 타협하는 자조차 있었다. 여기에서는 좌파의 대표적인 것만을 취급해 보겠다.

왕룡계 — 현성양지(現成良知) 선종에의 접근

왕룡계(王龍溪, 1498~1583년)의 이름은 기(畿), 자는 여중(汝中), 용계는 그 호이다. 출생지는 절강성 음현(陰縣)으로 왕양명의 향리에 가깝다. 진사과에 낙제한 뒤, 양명의 문하로 배워, 으뜸가는 수제자가 되었다. 왕양명의 사후, 재차 진사과를 보아 급제하여 관직에 오르지만 위학의 비난을 받고서 관직을 사퇴하였다. 그 후 40년간은 강남의 각지에서 강학(講學)하여* 사대부를 비롯해 농 · 공 · 상을 업으로 하는 자를 많이 모았다.** 그가 죽은 것은 86세로 생애의 태반은 가정 · 만력의 명대 문화의 난숙기 퇴폐기에 해당한다.

왕룡계는 스승의 양지설을 따라 이것을 철저화시키는 것에 주력하였다. 만약 양지가 인간이 태어나면서 자연히 갖추어져 있는 것이라면, 모든 사람들은 현재 이미 완성된 형태로 이것을 갖추고 있어야 한

* '講學'은 예부터 있는 말인데 양명학에서는 사제가 모여서 행하는 연구회 토론회를 의미한다. 그러나 많은 민중이 모이게 되고부터는 설교의 집회에 가까운 형식으로 되었다.

** 왕룡계의 어록에 의하면 처음 강학에 모였던 자는 주로 과거를 위해 힘쓰고 있는 사대부의 자제였지만, '사람은 모두 성인을 배울 수 있다'라고 듣고부터는 농공상의 사람이 수백 인 모여 들었다고 한다.

다. 말하자면 '현성양지(現成良知)'* 여야 한다. 현재 이미 완성해 있다고 하면 여기에 손을 가할 필요는 전혀 없을 것이다. 안에 양지가 있는 것을 자각하면 그 인간은 곧 성인의 경지에 도달하는 것이 가능하다. 어떠한 수양도 공부도 필요 없다. 단지 한 가지 필요한 것은 내 마음 속에 양지가 있는 것을 믿는 마음, 신심이다. 여기에 이르러 그의 주장은 양지교라고도 불러야 할 종교적 색채를 띠고 있음을 알 수 있다. 후에 유종주(劉宗周)가 비평한 것처럼, 왕룡계의 양지는 선종의 '불성(佛性)' 그대로라고도 할 수 있다.

사실 그는 선종에 상당한 관심과 동감을 가졌다. 그는 똑같은 양명학이면서도 수양 공부의 필요를 인정하는 것을 북종선의 점오설에 비유하고, 스스로의 입장을 남종선을 개척한 육대조 혜능의 돈오설에 비유하고 있다. 왕룡계는 "삼교당기(三教堂記)"의 한 글월을 남기고 있고 그 중에 '세상의 유자들은 노장이나 불교를 이단으로 배척하는 자가 많은데 이것은 잘못이다. 양지는 만물을 포용하는 것이고, 유불도의 삼교를 통하는 것이다. 오로지 자타의 다름과 같음을 세우는 자야말로 유자의 이단이다'라고 서술하고 있다. 스승 왕양명의 철학에 잠재하였던 선종적 경향이 여기에 선명히 그 형태를 나타낸 것이다.

이 왕룡계의 양지설에서 보이는 간명함, 어떠한 수양공부도 필요하지 않고 양지인 채로 행동하면 좋다고 하는 간이함이, 대중을 얻은 이유였다. 그는 태주의 사람은 아니었지만 그의 사상은 태주학파(泰州學派)에 커다란 영향을 미쳤다.

태주학파 — 양명학의 대중 동원

양명학 좌파의 중심이 된 것은 태주학파(泰州學派)이다. 태주는 강소성 양주(揚州)의 동쪽에 있고, 염업을 중심으로 하는 경제가 번영한

* '현성양지(現成良知)'라는 말은, 선종(禪宗)의 '현성공안(現成公案)'을 힌트로 해서 만들어진 것 같다.

땅이었다.

왕심재(王心齋, 1483~1540년)의 이름은 간(艮), 심재는 그 호로, 태주에서 태어나 이 학파의 시조가 되었다. 염전의 노동자에서 입신해서 상인으로 되고 왕양명의 문하에 들어갔다. 아마도 중국에서 상인학자의 제1호일 것이다. 스승 왕양명에게 '만가성인'을 설한 것도 그였다. 그도 왕룡계와 마찬가지로 현성양지(現成良知)의 입장을 취한 자이고 '양지는 자연의 이치이고, 인력을 가해서 조정할 필요가 없는 것이다'라고 주장하였다. 다만 그는 독서나 경험에 의한 학문의 필요를 긍정하여 '양지를 근본으로 하고, 전언왕행(前言往行)을 많이 알아서 덕을 기른다'는 것을 역설하였던 것에서 양명학으로서는 온건파의 경향을 가졌다고 할 수 있다. 그러나 그 출신 관계도 있어서, 그는 실천을 중시하는 경향이 강하고, 나아가서 대중들 사이에 도를 전도하였다. 그의 문전에는 '도(道)는 노유귀천(老幼貴賤)에 관계없이 배우고자 하면 전한다'라고 쓰여 있었다고 한다. 이것이 그가 태주학파의 시조로 되었던 이유였다. 이 때문에 그 아래에 모인 농공상인의 사람들은 천여 인에 이르렀다. 특히 벼 수확을 마친 농한기에는 농촌의 사람들을 모아서 학문을 담론하여 하나의 촌을 끝마치면 다음 촌으로 이동하였는데, 촌민들은 대열을 이루어 전방에서 노래를 부르면 뒤에서 따라 불러 그 가락소리가 크게 울려 퍼졌다고 한다. 불교의 법회라면 몰라도 유교로서는 미증유의 대중동원이 실현되었다.

그러나 이 같은 대중동원이 바로 위정자들이 양명학에 대한 경계심을 불러일으키게 된 원인이 되었다. 중국 농민반란의 대부분은 종교적인 색채를 띠고 있고, 백련교의 난은 그 전형적인 예이다. 양명학의 유행이 마치 백련교와 같은 사교위학의 횡행으로 본 것도 이상한 것은 아니다.

태주학파의 지식인 — 자연주의에의 경사

같은 태주학파의 계보에 속하는 사대부 중에는 특색이 있는 사상가가 속출하였다.

왕심재의 학문을 전한 자로 서파석(徐波石)이 있고, 서파석의 문하에서 안산농(안산농, 이름은 鈞)이 나왔다. 이 사람의 사상의 근본은 '인간의 성은 밝은 진주와 같은 것이고 조금도 이그러지지 않은 완전한 것이다. 따라서 이 성 그대로 행하려면 오로지 자연에 맡기면 된다. 바로 이것이 도이다. 선유가 제창한 도리나 격식은 도의 장애가 될 뿐이다'라고 하는 것이었다. 그는 경서도 잘 읽지 못하였다고 하므로 어쩌면 서민이었는지도 모른다.

이 안산농에게서 배운 사람으로, 하심은(何心隱)과 나근계(羅近溪)가 있고, 전자는 생원의 경력을 가지며 후자는 진사에서 참정의 관직에 이르렀다. 하심은(1517~1579년)은 스승 안산농이 그러했던 것처럼 북송의 장횡거가 제창한 '민포물여'의 설에 공감하고 사람의 곤경을 보면 살신해서 이를 구해야 한다고 의기를 높였다. 그는 상하 군신의 도와 붕우의 도와는 동등한 가치를 가졌다고 주장하여, 실제로 이를 행동으로 옮겼다. 이 때문에 '그의 학문은 공자를 배워도 그의 행위는 협(俠)에 유사하다'라고 일컬어진 것처럼, 협객의 정신으로 충만하였다.

그러나 이와는 달리, 그 학설에는 자연적 욕망의 긍정을 주장하고 있다. 그는 북송의 주염계가 '무욕'을 설한 것에 반대해 '인(仁)을 욕구하는 것도 또한 욕구가 아닌가?' '재화를 욕심내고 색을 욕심내는 것을 제외하고 무엇을 욕심내고자 하는가?' '일족의 화합을 욕심내지 않고 무엇을 욕심내고자 하는가'라고 하여 욕망이 인간생활에 불가결한 것임을 강조하고 있다. 이처럼 욕망은 필요한 것이지만, 다만 그 욕망은 개인적인 것이어서는 안 되고, 공적인 것이어야 한다. 여기에 욕망긍정의 설과 협객의 정신이 모순되지 않고 결합하는 근거이다.

나근계(羅近溪, 1515~1588년)는 이름이 여방(汝芳), 강서성 낭성현 사람이다. 스승 안산농이 투옥되었을 때는 그 구출에 노력하였다. 그는 스승 왕심재의 '양지는 자연의 법칙이다'라는 주장에 따르고, 더욱 이것을 '갓난아기의 마음'에 결부시킨다. 갓난아기의 마음에는 자연히 친애의 정이 갖춰져 있는데 이 친애의 정은 바로 인이고, 이 인을 양육하면 자연히 의예지신(義禮知信)의 도덕으로 되어서 완성되는 것이다. 그 '갓난아기의 마음'은 이탁오의 '동심(童心)'설을 준비한 것이라고 보이는데 거기에 일관해서 흐르고 있는 것은 자연주의의 기조였다.

이 양명학 좌파의 자연주의를 궁극에까지 철저화시킨 것이 바로 이탁오였다.

3. 이탁오(李卓吾) — 양명학의 자멸

이탁오의 생애

이탁오(李卓吾, 1527~1602년)는 이름이 지(贄), 탁오는 그의 호이다. 이탁오의 생애가 가정(嘉靖) · 만력(萬曆)의 명왕조 문화의 난숙기에서 퇴폐기에 해당하고 있는 것이 주목된다. 출생지는 개항장으로서 무역이 번영하였던 천주부(泉州府)였다. 조상은 무역상으로 부유하였지만, 탁오의 아버지는 가숙(家塾)을 연 독서인으로 이슬람교도였다고 한다.

탁오는 26세 때 향시에 합격하여 30세경부터 미관말직을 역임하는데 54세 때 운남성 요안부(姚安府)의 지부(知府)를 끝으로 해서 관직생활을 끝냈다. 그 후 잠시 호북성의 마성현(麻城縣)에 해당하는 지불원(芝佛院)이라는 절에 십수 년간 거주해 거사의 생활을 보냈다. 이 사이에 "분서(焚書)"를 저술하는데 이것이 당시의 정치권력을 배경으로 하는 도학가의 박해를 초래하여, 지불원을 나와 각지를 전전하면서 도망의 생활을 계속하게 되었다. 최후에 북경 가까이의 통주에 기거하였을 때 체포되어서 북경의 옥에 들어가 만력 3년 옥중에서 자살하였다. 이때가 76세였다.

그가 양명학에 접한 것은 46세 때로 친구로부터 왕룡계의 말을 듣고 왕양명의 책을 본 것이 처음이었다고 한다. 그 후 왕심재의 아들 동애를 스승으로 삼아서 배웠다. 그는 왕룡계나 하심은에게 깊게 심복하였으므로 그 학문이 왕양명 좌파 특히 태주학파와 밀접한 관계에 있었던 것은 의심할 바 없다.

동심(童心)의 설 — 자연주의에의 철저

왕양명의 양지설이 자연주의에의 경향을 가진 것은 전술하였다. 양지는 인간이 태어나자마자 자연히 갖추어지는 도덕심이다. 왕양명의 경우, 양지는 양육해서 완성시킬 것, 즉 '치양지(致良知)'를 필요로 한다. 그런데 좌파의 왕룡계는 '현성양지(現成良知)' 요컨대 양지는 현재 이미 완성된 형태로 사람들의 마음에 갖추어져 있음을 주장하였다. 따라서 양지에는 수양이나 공부 등의 인위를 가할 필요는 없고, 그대로 자연에 맡기면 된다는 것이다. 양명학 좌파에 자연주의의 흐름이 일관해서 존재하는 것은 이 때문이다.

이 좌파의 자연주의를 철저화한 것이 이탁오의 입장이었다. 그에게는 '동심(童心)'의 설이 있는데, 그 근본적인 입장을 잘 말해주고 있다. "동심이라 함은 진심(眞心)이다. 그것은 일체의 빌어 쓰는 물건을 가지지 않는 순진한 것이고 최초 일념의 본심이다. 이 진심을 갖추는 것이 진인이다. 인간의 처음 마음은 모두 동심이지만 이 동심은 사라지기 쉬운 것이다. 이목에서 견문의 지식이 들어가 더욱 독서를 통해서 도리를 알면 이들 외부로부터의 빌어 쓴 물건이 동심을 잃게 한다." "육경이나 논어 · 맹자의 책 등은 반드시 성인의 말을 그대로 충실히 전한 것에 한정되어 있지는 않다. 예컨대 그렇다 할지라도 일시의 교화의 필요에서 나온 것이고, 곧 만세의 지론이라고는 할 수 없다. 그렇다면 이러한 경서는 도학자의 구실로 되는 것에 지나지 않고 진인으로 될 수 없는 사람들에게 도피 장소를 제공하는 것에 지나지 않는다. 그것이 동심의 말이 아닌 것은 명백하다."

더욱 나아가 문학에 대해서 그는 말한다. "만약 그것이 동심의 발로라면 어떠한 시대의 문장이라고 해도 각각 높은 가치를 가져야 한다. 따라서 시는 반드시 시경이나 문선에 한정할 필요는 없고, 문장은 반드시 선진(先秦)시대의 것에 한정할 필요는 없다. 육조의 문장, 더 내려와서 전기소설, 원본(院本, 脚本), 잡극(芝居), 서상기, 수호전 등 어느 것이나 우수한 문학이고, 시대의 선후로 그 우열을 판정할 수는 없다." 이 중 "서상기"나 "수호전"은 명대에 나타난 소설이고 지식인이 남모르게 애독한 것인데, 이탁오는 이것을 공공연히 경서의 "시경"에 견주었던 것이다. 관능소설인 "금병매"는 그의 사후에 나타난 것인데 만약 그가 알았다면 틀림없이 이것을 높이 평가하였을 것이다.

이 같은 자연주의의 입장에서, 그는 좌파의 하심은과 마찬가지로 인간의 욕망 사욕을 긍정한다. "사사로운 욕구는 인간의 마음에 뿌리를 둔 것이다. 만약 사욕이 없으면 인간의 마음도 없을 것이다. 밭을 가는 것은 수확에의 사욕이 있기 때문이고, 학문을 하는 것은 입신출세를 바라기 때문이고, 관리가 관직에 힘쓰는 것은 봉록의 사욕이 있기 때문이다. 이것은 자연의 이치이고 가공의 설은 아니다. 삿됨이 없음의 도덕론과 같은 것은 그림의 떡에 지나지 않는다."("藏書" 德業儒臣後論)

노장적 자연주의 —퇴폐와 자멸에의 길

자연주의의 철저함은 유학을 훨씬 벗어나서 전통적인 노장의 자연주의로 복귀하였다는 감을 들게 한다. 본디 '동심'의 존중은 노자에서 나타나는 것이고, 요순 등의 성인의 가르침을 부자연한 것으로 강하게 부정하는 것은 노장 사상에 일관해서 보이는 것이다. '진심진인(眞心眞人)'의 강조는 장자, 특히 그 좌파라고 할만한 "장자" 외편 · 잡편의 주장이었다. 인간 욕구의 긍정에 이르러서는 "장자" 도척편이나 "열자" 양주편에 나타나 있고, 자연주의가 최후에 행해진 것을 나타내고 있다.

여기에 덧붙여 이탁오는 강한 자기 주장, 자아의식이 있는데, 이것은 또 "장자" 외편 · 잡편의 사상이었다. '자적(自適)'의 사상이다. 이탁오는 "선비는 자기를 위해 자적에 힘쓴다. 자적하지 않고서 타인의 적(適)에 적(適)하면 백이 · 숙제라 해도 마찬가지로 음벽(淫僻)하게 된다"라고 하는 것이, 모두 "장자"에서 언급되어 있는 바다. 모든 권위를 부정해, 안에 있는 마음의 만족을 구하고자 하는 것은 장자의 사상이고 , 그리고 그대로 이탁오의 입장이기도 하였다.

물론 이탁오를 이 같은 노장적 자연주의로 이끈 것이 노장 사상의 영향이라고 할 수는 없고, 명대에 넘쳤던 향락주의적인 풍조와 퇴폐의 현실이었다. 명말의 사회, 그것이 이탁오라는 일개의 사상가를 빌려서 자기를 표현했다고 해야 할 것이다. 퇴폐는 그 극점에서 파멸로 끝나지 않을 수 없다. 그런 의미에서 이탁오의 자살은 그대로 명대 사회의 자멸을 상징하는 것이라고도 할 수 있다. 그리고 그것은 또 양명학의 종언을 의미한다.

청이 명을 멸하였을 때, 명의 유신으로서 절조를 지켰던 사람들 중에 고염무나 황종희라는 인물이 있다. 그러나 이 두 사람은 명의 문화를 찬미하지도 않았을 뿐만 아니라, 망국을 당연히 여기는 많은 이유를 들고 있다. 특히 양명학 좌파에 대한 비판은 엄하였다. 황종희는 양명학의 흐름을 저술한 사람이고 스스로 "명유학안(明儒學案)"을 쓰지만 이탁오를 묵살하여 그 전중에도 넣지 않았다. 명왕조의 망국을 체험한 사람들이 얼마나 명 말의 퇴폐를 증오하였는가를 알 수 있는 사례이다.

* 이탁오는 주저인 "장서(藏書)" "분서(焚書)" 외에 많은 저작이 있다. "장서"는 전국(戰國)에서 원(元)의 멸망에 이르기까지 8백 인의 전(傳)과 평론으로 이뤄진 것이고 그의 사안(史眼)을 살필 수 있다. 그 중에서도 진(秦)의 시황제를 '천고(千古)의 일제(一帝)'로서 격찬한 것은 세상의 유가들에게 비난의 표적이 되었다. "분서"는 그의 시문이나 서신을 모은 것으로 그의 사상을 알기에는 가장 중요한 책이다. 이들 저작은 명 말에 다시 한번 금서가 되고 소각되지만, 조금 단속을 풀자 곧 세간에 애독되었다고 한다. 이 때문에 청조(淸朝)의 건륭(乾隆) 연간에 다시 한번 금서로 하였다. 최근 중국에서 주요한 저작의 간행물에서 용이하게 입수하는 것이 가능하다.

이탁오는 불교에도 깊은 관심을 가졌다. 그가 십여 년에 걸쳐 마성(麻城)의 지불원(芝佛院)에 우거(寓居)하였을 때, 결국 삭발해서 승려로 되지만, 이것은 그에 대한 세간의 비난에 반발해서 한 행위이고 반드시 그가 불교에 귀의한 것을 의미하는 것은 아니다. 그러나 그가 불교에 경사하였던 것은 그의 신분에서도 쉽게 살필 수 있다. 당시의 불교는 모두 염불선(念佛禪)인데 그의 정토교(淨土敎)에 대한 태도는 '자성(自性)의 아미타불(阿彌陀佛)' 을 염원하는 것이고 '기신(己身)의 정토(淨土)'를 찾는다고 하는 것이므로 일층 선종(禪宗)에 기울어진 것임을 알 수 있다. 본디 선종(禪宗)은 노장적 색채가 강한 불교이고 양명학(陽明學)도 그 영향을 짙게 받고 있는 것이므로 이탁오가 선종에 기울었다 해도 이상한 것은 아니다.

또한 이탁오가 당국의 박해를 받은 이유를 언급하는 것으로서 예과급사(禮科給事) 중의 장문달(張問達)이 아뢴 탄핵문이 있다. 그 개요는 '이탁오는 사대부이면서도 삭발해서 승려가 되고, "장서" "분서" 등을 출판하여 해내(海內)로 유행시켜 인심을 어지럽히고 있다. 공자를 무시하고 시황제(始皇帝)를 천고의 일제(一帝)라고 하며 광기(狂氣)

무도한 주장을 하고 있다. 이것은 일찍 금서로 해야 한다. 그 행동에 대해서 보아도 마성(麻城)에 있을 때에는 불량한 선비와 사원에서 놀고 기녀와 대낮에 함께 목욕하는 일조차 있다. 사인(士人)의 처녀를 불러들여 사찰에서 설교를 하는데, 때로는 이불이나 베개를 휴대하고서 숙박하는 자가 있고, 모두 미친 사람의 상태를 보이고 있다. 또 "관음문(觀音問)"이라는 책을 지었는데 그 관음(觀音)은 모두 사인(士人)의 처녀(妻女)이다. 그 광태와 방종을 즐기는 독자들은 점차로 유혹에 빠져 강도질을 하고 남의 아내를 강탈하면서도 부끄러워하지 않는다. 혹은 이탁오를 흉내내어 손에 염주를 들고 염불로써 부처에 예배하여 불교에 빠지는 사대부가 속출하고 있다'라고 하였다.

최후로 양명학의 일반적인 성격에 대해서 한마디 해두고 싶다. 양명학은 마음(心)의 절대성을 믿고 객관적인 사물의 이(理)를 구하지 않고 갑자기 행동으로 옮긴다고 하는 경향이 강하다. 소위 엔진의 마력(馬力)만이 강하고 핸들이나 운전자의 눈을 결여한 차와 같은 것이다. 어느 방향으로 달려가면, 운전사 자신도 알지 못하는 경우가 많다.

제10장
청조의 사상

1. 청 초의 사상계
2. 청조 중기의 사상계
3. 청조 말기의 사상계

제10장 청조의 사상

1. 청 초의 사상계

청조의 문화정책

명왕조는 그 말기에 일어난 농민반란군의 총수 이자성에 의해서 멸망하는데, 이자성은 남하하였던 만주족의 청군에 의해서 괴멸되고, 1662년 청의 성조는 북경을 도읍으로 정하여 연호를 강희로 고쳤다. 이후부터 약 250년간, 중국은 만주족인 청조의 지배를 받게 되었다.

청은 몽고족의 원과는 달리, 힘써 중국 문화에 동화하여 중국의 사대부를 회유하는 정책을 취하였다. 물론 모든 것을 자유로이 방임하였던 것은 아니고, 중국인을 만주풍의 변발로 고치고 청조에 해로운 문자나 문장이 있는 책을 파괴하며, 그 저자를 벌하는 '문자의 옥'이 발생하기도 하지만, 그러나 이 같은 탄압정책보다도 회유정책에 중점을 두었다. 무엇보다도 명나라의 유신으로 이적의 지배를 싫어한 사대부를 심복시키기 위해, 중국의 전통적인 문화를 진흥하기 위해 대사업을 행하였다.

청조 초대의 천자인 강희제는 매우 드문 호학가로서 서양의 선교사에게서 천문학이나 수학을 배우기도 하지만, 중국의 고전에 대해서도 강한 관심을 가졌다. 우선 최초로 착수한 것은 "명사(明史)"의 편집으로 많은 명나라 유신을 모아서 이 사업에 착수하였다. 이 책은 60년의 세월을 거쳐서 완성하는데, 명나라 유신의 회유에 커다란 효과가 있었다. "강희자전(康熙字典)", "패문운부(佩文韻府)" 등의 서적도 이 시기의 산물이었다.

3대의 건륭제도 강희제에 뒤지지 않는 호학 천자였다. 유명한 "사고전서(四庫全書)" 7,100여 권, "고금도서집성(古今圖書集成)" 1만 권이 이 시기에 편집되었다. 이 같은 조정의 문화사업의 추진은 과거 제도의 정비와 아울러, 중국인의 청조에 대한 반감을 차제에 소멸시킴과 동시에 학술에 대한 관심을 높이는 데 공헌을 하였다. 청조의 학문을 대표하는 고증학이 건륭에서 가경에 걸쳐 전성기에 달하여 세상에서 건가의 학이라고 일컬었던 것도 이 같은 배경이 있었기 때문이었다.

청 초 건륭 연간의 고증학의 탄생

청 초의 학자는 전대인 명의 여세로 대부분은 주자학 또는 양명학의 전통을 이어받았다. 청조 고증학의 시조가 되는 고염무는 주자학의 계통에 속하고, 황종희는 명 말의 양명학자로서 알려진 유종주(劉宗周)의 문인이었다. 그럼에도 불구하고 두 사람 모두 명 말의 주자학이나 양명학에 대해서 비난 공격을 가하고 있다. 명대에는 주자학의 말류는 그 본래의 생기를 잃고 주자가 제창한 격물궁리를 실행하지 못하고 단지 이기심성을 공리공론하는 폐단에 빠졌다. 양명학도 똑같은 폐단에 빠졌을 뿐만 아니라, 말기의 양명학 좌파에서 보이는 것처럼 퇴폐와 파멸의 길을 걸었다. 양명학을 비난하는 자 중에는 "명나라는 난적에 의해서 멸망한 것이 아니고, 양명학에 의해서 멸망하였다"고 극론하는 자조차 있었다. 이 같은 반성이 두 사람을 송 · 명의 공리공론에서 벗어나 실학에의 길을 선택하게 하였다.

고염무(顧炎武, 1613~1682년), 자는 영인(寧人), 호는 정림(亭林), 강소성의 소주 동쪽에 해당하는 곤산(崑山) 사람이다. 청나라 군사가 침공하였을 때에 저항을 시도하지만 이루지 못하자, 결국 재야에 묻혀서 생활하였다. 그는 송 · 명의 학문을 하는 자가 오로지 심성을 공담해서 경서를 읽지 않았으며, 그 결과 경서에 나타난 치국평천하의 길을 알지 못하고, 사실을 벗어나 공리를 찾는 폐단이 있는 것을 통렬히 공격하였다. 따라서 그가 이상으로 하는 학문은 "한서"에서 나타나는 '실사구시' 즉 사실에 따라서 올바름을 구한다고 하는 것, 말하자면 실증주의에 선 '실학'이었다.

고염무는 천하를 주유해서 독서와 견문의 체험을 통해서 "일지록"을 서술하였다. 이것은 수필체의 책인데 엄밀한 연구의 정수를 보여준 것으로 경학은 물론 지리 · 역사 · 제도 · 풍속 등의 넓은 범위에 걸친 고증과 비판으로 채워져 있다. 그 의미에서 이 책은 후의 청조의 고증학의 축도를 보인 것이라고 할 수 있다. 또 그 저서에 "음악오서(音樂五書)"는 음문을, "금석문자기"는 비문이나 청동기에서 보이는 문자를 연구한 것으로, 어느 것이나 경서 연구의 기본이 되는 소학 · 언어학의 선구를 이룬 것이다. 또 "천하군국이병서(天下郡國利病書)"는 청조 지리학의 선구가 되었다.

황종희(黃宗羲, 1610~1695년)는 자가 태충(太冲), 이주(梨州) 또는 남뢰(南雷)라고 불렸다. 왕양명의 출생지인 절강성 여요현(余姚縣)의 사람이다. 동림당 사람으로 양명학자인 유종주(劉宗周)에게서 배웠다. 청나라 군사가 침입하자, 노왕을 따라 항전하여 일본에 원군을 요구하기 위해 나가사키에 도래하였다고도 한다. 명나라가 멸망한 후에도 절개를 지켜서 평생 관직에 오르지 않았다. "무릇 학문을 닦는 데는 반드시 우선 경학을 익혀야 한다. 경학은 세상을 경하는 학문인데, 그러기 위해서는 사학을 닦을 필요가 있다. 역사를 밝히는 것이야말로 현실에 동떨어진 유자라는 비난을 면할 수 있을 것이다"라 하고 사학의 중요성을 강조하였다. 그의 저서 "명유학안"은 명대 사상이라고도 부를 만한 것으로, 현재에도 그 사료적 가치가 높다. 그의 문하에는 만사동(萬斯同) · 전조망(全祖望) · 장학성(章學誠) 등의 사학자가 배출되었다. 청조 고증학의 사학에 관한 방면에는 황종희가 시조라 해도 과언이 아니다. 정치경제사상을 서술한 것으로서는 "명이대방록(明夷待訪錄)"이 있고 맹자풍의 민본주의를 철저화시키고 있는 것이 보인다.

고·황의 양가에 비견할 만한 자로 왕선산(王船山, 이름은 夫之)이 있다. 호남성 형양현(衡陽縣)의 사람으로 기개가 높아, 청조의 세상이 되자 은거하여 만년에는 형양현의 석선산(石船山)에 거주하여 사십 년간을 오로지 학문 저술 속에 보냈다. 변두리에서 은거한 데다, 집이 빈한해서 원고를 출판할 수 없었으므로 그 이름을 아는 자도 없었다. 이 때문에 청조 고증학에 미친 영향은 고·황의 양가에 훨씬 미치지 못하였다. 그러나 그가 죽은 후 약 170년 후에 동향의 사람, 증국전(曾國荃)에 의해서 출판된 후, 증국번을 필두로 하는 호남지방의 사람들에게 알려지게 되었다. 특히 이적을 배격하는 민족주의가 청 말기 혁명가의 공감을 불러일으키고 또 그의 기의 철학이 유물론이라고 해서 최근의 중국에서 높게 평가 받고 있다.

고·황·왕 소위 청조의 삼대가로부터 훨씬 뒤에 염약거(閻若璩, 1636~1704년)가 나왔다 그의 본적은 북방의 태원이지만 오대조 때부터 남방의 회남으로 옮겼다. 사상적으로는 주자학에 속한다. 학문의 해박함은 청의 세 대가에 미치지 못하지만, 그 대신 전문적이고 정밀한 고증학의 특징을 발휘하였다. 그 대표작은 "상서고문소증(尙書古文疏證)"으로 고금상서가 후인의 위작인 것을 정밀하게 고증하였다. 이 책이 청조의 고증학에 준 영향은 크고, 종래에 무조건적으로 신봉하였던 경전에 원전비판을 가해, 진위선후를 결정하여 문자의 잘못을 바로 잡으려고 하는 의식이 일반적으로 자리잡게 되었다.

이 염약거보다 훨씬 후에 호위(胡渭, 1633~1714년)가 나왔다. 그는 절강성 덕청현(德淸縣) 사람으로, 남인이었다. 그의 주저는 "우공추추(禹貢錐推)"와 "역도명변(易圖明弁)"이다. 전자는 "서경" 우공편의 지리를 고증한 것이고 후자는 북송의 주염계가 태극설의 근거로 삼은 "태극도"가 실은 도사인 진박(陳搏)으로부터 전해진 것이고, 본래는 도교 사상에 기초한 것임을 밝혔다. 이 설은 이미 황종희의 아우 황종염이 제창한 것인데, 호위(胡渭)는 이것을 더욱 자세하게 고증하였다. 이 설은 송학, 주자학의 기초의 하나를 동요시키는 것으로 커다란 파문을 불러일으켰다.

⁑ 황종희(黃宗羲)의 "명이대방록(明夷待訪錄)"은 사회사상으로서 주목할 만한 것이다. 이것에 의하면 군주(君主)라 하는 것은 천(天)이 인민(人民)에 봉사하게 하기 위해 선택한 인간이므로, 군주(君主)가 어디까지나 인민을 위해서 정치를 행하면 인민이 군주를 존경하는 것은 당연하다. 그러나 무도한 군주라면 당연히 추방 토벌해야 하고, 세상의 소유(小儒)가 백이(伯夷) · 숙제(叔齊)의 예를 인용해서 폭군이라 해도 군주인 이상 존경해야 한다는 것은 완전히 잘못이다. 이것이 그의 군주론의 대요이다. 그 이상을 실현하는 방법으로서 학교 제도의 정비, 정전제의 보급 등을 든다. 정치는 대학의 총장의 의견을 참고해서 행해야 하고 총장에게 재상과 똑같은 권한을 맡겨야 한다. 요컨대 학교에 의회와 같은 기능을 가지게 해야 한다는 주장이다. 더욱 토지의 균분을 꾀하기 위해 고대의 정전제를 부활시켜야 한다고 하여 그 구체화를 위한 방법을 서술하고 있다. 이 "명이대방록(明夷待訪錄)"의 사상은 한눈에 알 수 있는 것처럼 맹자(孟子)의 정치론을 보다 철저하게 구체화해서 서술한 것이다. 청조 말기가 되어 이 책의 애독자가 많아지고 공화정체론을 불러일으키는 자극이 되었던 것도 이 때문이다.

왕선산(王船山)은 북송의 장횡거(張橫渠)의 "정몽(正蒙)"의 사상에 공명해서 기일원론(氣一元論)을 제창하였다. 송학(宋學) · 주자학(朱子學)에는 형(形)을 가진 기(氣) 이외에 형(形)이 없는 이(理)가 있는 것을 인정해, 이(理)는 기(氣)의 존재의 근거가 되는 것이라고 하고 이(理)와 기(氣)를 대립하는 이원(二元)이라고 하였다. 왕선산은 여기에 반대해서 '이(理)는 기(氣) 중에 있는 것'이라고 해, 이(理)의 독자성을 인정하지 않고, 이것을 기(氣)에 종속시키는 입장을 취하였다. 요컨대 기일원론(氣一元論)이다. 또 이 기일원론(氣一元論)을 "역경(易經)" 계사전(繫辭傳)의 '형이상(形而上)인 것, 이것을 도(道)라 한다. 형이하(形而下)인 것, 이것을 기(器)라 한다'의 해석에 그대로 적용하였다. '도(道)'는 무형인 것, 즉 이(理)이고 '기(器)'는 구체적인 사물인 것, 즉 기(氣)이다. 당연히 도(道, 곧 理)는 기(器, 곧 氣)에 종속되는 것이고 구체적인 사물을 벗어나 추상적인 도(道)가 있을 수 없다. 여기에 구체적인 사물이 우선하고 정신적인 것은 여기에 종속한다고 하는 사상이 성립한다. 최근의 중국의 사상계에서 왕선산(王船山)을 유물론자로 높이 평가하는 것은 이 때문이다. 그러나 장횡거(張橫渠)의 항에서 서술한 것처럼 기(氣)를 순연(純然)한 물질이라고 보는 것은 중대한 의문이 있다. 만약 기일원론(氣一元論)을 유물론(唯物論)이라고 한다면 북송(北宋)의 이정자(二程子) 이전의 중국인은 예외없이 기일원론(氣一元論)의 세계관을 가졌던 것이고, 이(理)라 하는 이질의 것을 가진 것은 이정자(二程子)에서 비롯되었기 때문이다. 따라서 왕선산(王船山)의 기일원론(氣一元論)이 수행한 역사적인 역할은 송학(宋學)의 이기이원론(理氣二元論)을 부정해서 이것을 옛날로 회복한 것에 있다고 할 수 있다.

2. 청조 중기의 사상계

고증학의 전성이 가져온 사상의 빈곤

청조의 학문을 대표하는 실증주의의 고증학은 건륭 연간의 중엽 이후 가경(嘉慶) 연간에 걸쳐서 전성기에 들어가, 세상에서 '건가의 학'이라고 부르게 되었다. 고증학은 경학 · 사학 · 지리학 · 천문역학 등의 분야에 광범위하게 걸쳐 있는데 그 중에서도 경서의 연구가 중심이었다.

이 고증학의 전성이 초래한 결과의 하나로 사상의 빈곤을 들 수 있다. 본디 고증학은 문헌이나 사물의 전문적이고 정밀한 연구이고, 청조 고증학의 성과가 후세의 중국연구에 끼친 영향은 절대적인 것이다. 그러나 그 반면에 고증학은 사상이 없는 학문인 것을 면할 수 없었다.

명말 청초의 학자인 고염무나 황종희 등은 고증학의 시조가 되었다고 해도 여전히 주자학이나 양명학의 여운을 남기고 있고, 또 명의 멸망을 체험하고서부터 그 학문은 경세제민의 뜻으로 지탱되었다. 그런데 건륭시대 중기부터 가경의 시대에 접어들면서, 점차 청조의 회유책이 성공하여 사대부도 청조 지배로 관철되었고 정치에 대한 관심을 잃어버렸다. 그 결과, 학문이 현실에서 벗어나 학문을 위해 학문을 한다는 의식이 강해지게 되었다. 건륭·가경 연간에 유일한 예외인 대진(戴震)의 "맹자자의소증(孟子字義疏證)"을 제외하고, 철학적인 내용을 가진 사상이 나타나지 않았던 것은 이 때문이었다.

가경시대의 고증학자 — 대진의 "맹자자의소증"

건륭·가경의 시대에 고증학이 가장 번창한 곳은 경제의 선진지대인 강남지방이었다. 그 강남지방 중에서도, 소주(蘇州)를 중심으로 하는 강소성과 그 서쪽에 해당하는 안휘성에 학풍상 뛰어난 특색을 가진 학파가 생겨 각각 오파·환파라고 불렸다.

오파(吳派)의 중심이 되었던 것은 북조 이래 삼대의 고증학의 명가를 과시한 혜동(惠棟, 1679~1758년)이고, 그 영향을 받은 자로 강성(江聲)·왕명성(王鳴盛)·전대흔(錢大昕, 1722~1797년) 등이 있다. 왕·전 양씨는 경학 외에 사학에도 우수한 업적을 남겼다.

환파(晥派, 안휘성)의 시조가 된 자는 강영(江永)인데, 그에게는 여전히 주자학의 명성이 남아 있고, 이 파의 사실상의 중심은 그 문인 대진(戴震, 1723~1779년)으로 자는 동원(東原)이었다. 그는 뛰어난 고증학자임과 동시에 청조 중기에 드문 사상가였다. “맹자자의소증(孟子字義疏證)”과 “원선(原善)”의 저술이 있으며, 그의 문하에는 "설문해자주"를 저술한 단옥재(段玉裁, 1735~1815년), 왕렴손(王念孫) · 왕인지(王引之) 부자 등의 훈고음운학, 소위 소학(小學)의 대가들이 나타났다.

이들과는 별도로 강소성의 의징현(儀徵縣) 사람인 완원(阮元, 1764~1849년)이 나오는데, 그는 고증학자 중에서도 가장 고관에 이른 사람이고 각지의 총독을 거쳐 체인각대학사(體仁閣大學士)에 이르렀다. 스스로 널리 고증학을 연구함과 동시에 그 지위와 부를 빌려서 많은 학자를 모아 좋은 후원자가 되었다. "십삼경주소교감기(十三經注疏校勘記)"나 "황청경해(皇淸經解)" 등의 편저는 그 문하 학자들의 공동작업에 의해 이루어졌다. 또 그 자신의 저술로는 "성명고훈(性命古訓)" 등 송학을 비판한 주장이 있는데, 대진의 "맹자자의소증"의 영향을 생각하게 하는 점이 있다.

기타 이 건가의 시기에 경학이나 사학의 연구분야에 불후의 업적을 남긴 학자가 많아, 고증학의 황금시대라고 부르기에 적합하다.

⁑ 대진(戴震)의 "맹자자의소증(孟子字義疏證)"은 사상이 결핍된 이 시대에서 이채로운 철학서이다. 이 책은 "맹자(孟子)"에 보이는 이(理) · 천도(天道) · 성(性) 등의 원의(原義)를 밝혀 송유(宋儒)의 오해를 바로잡고자 한 것이고, 송학(宋學)에 대결하고자 하는 입장을 분명하게 한 것이다.

송유(宋儒)는 기(氣) 외에 이(理)라는 것이 존재한다고 해서 이(理)와 기(氣)를 분단하여 이기(理氣)이원론의 입장을 취하였다. 여기에 대해서 대진(戴震)은 기(氣)의 외부에 이(理)가 존재하는 것이 아니고, 이(理)는 기(氣) 중에 자연히 갖추어지는 조리(條理)인 것이고 기(氣)

의 속성에 지나지 않는다. 따라서 이(理)를 기(氣)에서 독립시키는 것은 잘못이다. 더욱이 이(理)를 주인으로 위치시켜 기(氣, 사물)를 지배한다고 하는 송유(宋儒)의 생각은 본말을 전도시킨 것에 불과하다고 한다.

또 송유(宋儒)는 '도(道)'를 이(理)라고 하지만 옛 사람이 도(道)라고 한 것은 모두 인륜일용(人倫日用)의 비근한 행함에 따른 것이고 이(理)와 같은 고원(高遠)한 것이 아니다. 가장 중대한 문제는 송유(宋儒)가 이(理)에 의해서 인간의 욕망이나 감정을 억압하고자 한 것이다. 송유는 천리(天理)와 인욕(人欲)을 대립시켜 "천리를 보존하고 인욕을 없앤다"라고 한다. 이 정도로 옛사람의 생각에 반하는 것은 없다. "예기(禮記)"에도 "음식남녀(飮食男女) 사람의 대욕(大欲)은 여기에 있다"라고 하여 인간의 본질적인 욕망을 긍정하고 있다. 물론 지나친 인욕은 폐해를 초래하지만, 그 경우에도 맹자(孟子)는 '욕망을 적게 하라'고 하여 욕(欲)을 없애라고 한 적은 없다. 욕망의 적당한 상태를 이(理)라고 부르는 것이다. 그런데 송유(宋儒)는 사람들이 춥고 굶주림에 울고 빈사의 상태에서 구원을 찾고자 하는 것을 보아도 저것은 인욕에 지나지 않는다고 냉랭하게 하여 욕정을 끊는 경지야말로 천리(天理)의 본연의 자태라고 한다. 이 때문에 법을 범하고서 죽은 인간에게는 여전히 동정하는 자가 있지만 이(理)를 범한 인간에 대해서는 어느 누구도 슬퍼해주는 자가 없을 정도였다. 더욱 그 이유라고 하는 것도 실은 개인의 편견인 것이 많다. 이 같은 이(理)의 횡행은 단지 인간을 괴롭힐 뿐만 아니라 결국에는 천하국가를 해롭게 하는 것이라고 한다.

이 대진(戴震)의 학설은 주자학이 가진 엄격주의, 비정하다고 해야 할 이성주의를 정면으로 부정한 것이다. 이 같은 논의는 고증학의 전문가에게는 거의 볼 수 없다고 해도 과언이 아니다. 더욱 대진(戴震)은 이 책에 커다란 자신을 가지고 제자인 단옥재(段玉裁)에게 보낸 서신에서도 '내 저술에서 가장 위대한 것은 "맹자자의소증(孟子字義疏

證)"이다. 이것은 인심을 바르게 하는 책이다'라고 서술하고 있다. 그러나 당시에 이 책을 칭찬한 자는 초순(焦循)이나 완원(阮元) 등 두세 사람의 학자를 제외하고는 거의 보이지 않아 냉정하게 묵살되어 버렸다. 따라서 후세에의 영향은 거의 없다. 그 원인은 당시의 고증학자들 중에 주자학을 암묵 중에 시인하는 자가 많았던 것과 이 같은 철학적인 논의를 하는 시대는 아니라는 공기가 있었던 점에 있다.

이 대진(戴震)보다도 수백 년 전에 나타난 이등인제(伊藤仁齊, 1627~1705)는 원록(元祿)을 중심으로 한 시기에 "어맹자의(語孟字義)" 등 일련의 책을 저술하는데 그 사상은 똑같다고 해도 좋을 정도로 대진(戴震)의 학설에 가깝고 더욱 그 논지는 대진(戴震)보다도 일층 명쾌하다. 더욱 중요한 것은 대진(戴震)의 설이 거의 사회의 반향을 일으키지 못했던 것에 대해서 인제학(仁齊學)은 그 영향 하에 있던 조래학(徂徠學)과 함께 일세를 풍미하는 유행이 되었던 것이다.

3. 청조 말기의 사상계

공양학(公羊學)의 흥기

청조의 멸망까지 백 년을 남긴 정도의 시대인 도광(道光) 연간에 들어와 아편전쟁이 일어나서 서양제국의 침략이 시작되고 국내에서는 태평천국의 난이 일어나 점차 천하가 시끄러워졌다. 이것은 학문의 세계에도 자연히 영향을 끼쳤다.

건가(乾嘉)의 고증학자는 오로지 경학 · 사학의 연구자로서 서재에 갇혀 그 학문도 현실생활과 완전히 무관한 것이 되었다. 도광 연간에 들어와 이 같은 학문에 대한 비판이 생기게 되었다. 그 중의 하나가 공양학파(公羊學派)의 흥기였다.

공양학은 오경 중에 "춘추"의 삼전(三傳), 즉 좌씨전 · 공양전 · 곡량전 중의 공양전을 연구하는 학문이다. 본디 공자가 저술하였다고 하는 "춘추"의 경문은 춘추시대의 연대기인데 그 기술은 단편적으로 간략한 것이었으므로, 공자의 저술의 의도가 무엇이었는가 분명하지 않았다. 이것을 해명하기 위해 쓰여진 주석서가 춘추삼전이었다. 삼전 중에 "좌씨전"은 "춘추"를 주로 한 역사로 해석해야 하지만 "공양전"은 정치이론을 서술한 것으로 해석된다. 이 견해에 의하면 일견 간단해 보이는 "춘추"의 일언일귀 속에 공자의 만세에 통하는 정치이론이 감추어져 있는 것이다. 이 같은 입장에서 "춘추"의 '미언대의(微言大義)', 즉 언어의 표면에 나타나 있지 않은 언어 밖의 위대한 의미를 보고자 한 것이 공양학이었다. 거기에는 해석자에 의한 자유로운 의논을 낳을 여지가 있었다.

"공양전"의 경문, 거기에는 그렇게 기괴한 설은 보이지 않지만 후한의 하휴(何休, 129~182년)가 쓴 주해에는 매우 독특한 설이 나타난다. 그것에 의하면 공자는 춘추시대를 3기로 나누어, 제1기는 쇠란시대, 제2기는 승평시대, 제3기는 태평시대로 하였다. 요컨대 역사는 시대와 함께 진보한다고 하는 것이다. 그리고 제2기까지는 중국과 오랑캐를 차별하지만, 제3기의 태평시대에 들어가면, 그 차별은 없어지고 인류는 서로 화합해서 한집안처럼 된다고 주장한다.

이 같은 기괴한 내용을 가진 공양학은 명백히 후한 이래 전승이 끊어져버렸던 것인데, 청조의 말기에 이르러서 또 부활하게 되었다. 엄밀한 사실을 존중하는 고증학의 입장에서 본다면 자유로운 공상을 즐기는 공양학은 이단의 설일 것이다. 이 공양학파가 고증학파를 압도하였다는 것은 바로 고증학의 명맥이 다한 것임을 가리키는 것이다.

청 말의 공양학파(公羊學派)

청 말의 공양학은 우선 강소성 무진현(武進縣)에서 시작하였다. 이 땅의 사람인 장존호(莊存號, 1716~1788년)는 건륭 연간의 사람인데 "

공양전"의 경문을 근본으로 한 온건한 공양학을 닦았다. 그는 그 학문을 아들 장술조(莊述祖)에게 전하고, 장술조는 그 외손자 유봉록(劉逢祿, 1776~1829년)에게 전하였다. 유봉록은 경문보다는 부회의 설이 많은 하휴(何休)의 주해에 중점을 두었기 때문에 여기에 공양학은 본래의 면모를 발휘하게 되었다.

이 유봉록에게 배운 자로 위원(魏源)과 공자진(龔自珍)이 있다. 위원(魏源, 1794~1856년)은 "예기" 예운편에 '소강(小康)'의 때에는 천자제후의 신분을 세습해 군신의 차별을 중시하지만, '대동(大同)'의 때에는 군주는 모든 덕을 갖춘 자 중에서 뽑히고, 재산은 개인이 소유하지 않는다라고 설하고 있는 것에 주목하여 이 대동의 때야말로 공자가 이상으로 하는 것이었다고 해서 이것을 "공양전"의 태평의 때에 해당하는 것이라 주장하였다. 후의 강유위의 "대동서"의 사상은 이것을 원형으로 한 것이고 공화정체를 이상으로 하는 사상의 모태가 되었다. 위원은 또 "성무기(聖武記)", "해국도지(海國圖志)"의 저서가 있는데 국방을 위해서 군비나 전술을 구체적으로 서술하였다. 이러한 것은 아편전쟁이나 태평천국의 자극에 의해서 저술된 것이었다.

공자진(龔自珍, 1792~1841년)은 정암(定庵)이라 부르며 절강성 항주 사람이었다. 역시 유봉록에게서 공양학을 배웠다. 그는 "평균편(平均篇)", "농종일(農宗日)" 등의 저술에 의해서 사회경제적 평등을 제창하고 특히 농촌의 토지균분책에 대해서 구체적인 제안을 하고 있다. 또 그는 서북지방의 지리에 밝아 지리학자로서도 알려졌다. 그러나 그는 걸출한 문장가로서, 그 문장에 나타난 강렬한 경세의 뜻은 후의 혁명가들을 감동시키기에 충분한 것이었다.

최후로 공양학파에서 나온 혁명사상가의 대표로서 강유위(康有爲, 1858~1927년)에 대해서 언급해 보자. 그는 광동성 사람으로 양명학에서 공양학으로 전환하여 혁명사상가가 되었다. 다만 그는, 이상은 이상, 현실은 현실이라는 생각으로 당면한 공화제의 실현을 재촉하기보다는 청조를 중심으로 하는 입헌군주제를 펴는 것이 현실적이라고 판단하였다. 이 때문에 그는 수차 광서제에게 상주하여, 법제를 변경하여 국력을 강화하는 '변법자강'책을 권고하였다. 각 나라의 침입에 괴로워했던 광서제는 결국 여기에 마음을 움직여 1898년 그를 중심으로 하는 무술의 신정을 단행하였다. 그러나 실권을 가진 서태후의 지지를 얻은 반대파 때문에 이 신정은 겨우 100일 간으로 붕괴되고 강유위는 해외로 망명하게 되었다.

그의 저서로 "신학위경고(新學僞經考)", "공자개제고(孔子改制考)" 등이 있는데 이것은 모두 공양전의 사상을 근본으로 하고 공자가 종교적 권위를 가졌던 제도개혁자였음을 강조한 것이었다. 그러나 강유위의 이상을 철저한 상태로 나타낸 것으로는 역시 "대동서"를 들 수 있다. 이것은 이상이라 하기보다는 공상에 가까운 것인데 현실주의자라고 일컬어지는 중국인에게도 이 같은 면이 있음을 가리키는 것으로 흥미롭다.

⁑ 대동서(大同書) : "예기(禮記)" 예운편(禮運篇)에 '소강(小康)'의 세(世)에는 군주의 신분을 세습하여 나라와 나라를 구별하지만, '대동(大同)'의 세(世)가 되면 군주는 덕을 갖춘 자 중에서 뽑히고 재산을 개인이 소유하지 않는다고 설명하고 있다. 앞서 든 유봉록(劉逢祿)은 이 대동(大同)의 세(世)가 "공양전(公羊傳)"의 '태평(太平)'의 세(世)에 해당하는 것이라고 한다. 이것을 골격으로 하면서 독특한 사상을 전개한 것이 강유위(康有爲)의 "대동서(大同書)"이다.

이것에 의하면 세계는 현재의 상태에서 대략 10단계를 거쳐 이상의 상태에 도달한다. ① 현재의 세(世)는 여러 가지 구별이나 차별이 있기 때문에 한 마디로 말하면 고통의 세계이다. ② 나라의 경계가 철폐되고 세계는 하나의 정부로 지배된다. ③ 천민이나 노예가 없게 되고 계급제가 소멸한다. ④ 이주나 잡혼 혹은 자연도태 등에 의해서 인종의 차별이 없게 된다. ⑤ 계약결혼 등의 제도가 행하여지는 것에 의해

남녀의 차별이 소멸한다. ⑥ 가족제도가 없어지고 교육이나 양로 등의 사업은 모두 공영의 시설로 충당한다. ⑦ 산업은 개인경영이 없어지고 모두 정부의 공영(公營)이 된다. ⑧ 대동(大同)의 세계정부에 의한 제 정책이 실현된다. ⑨ 인류의 평등이 실현된 뒤에는 불교의 중생평등에 기초하여 짐승 초목에 사랑을 미쳐 일체의 살생이 금지된다. ⑩ 모든 것의 차별에 의한 고통이 없어지게 된 뒤 극락세계를 실현한다. 여기에는 불생불멸을 역설한 불학(佛學)이 유행하게 되고 대동(大同)의 세계도 초월하게 된다. 그리하여 인류는 지구를 벗어나 우주를 떠돈다고 하는 '천유(天遊)'의 단계로 들어간다.

강유위로서는 이 극락세계에의 도달은 당위임과 동시에 자연필연의 진화에 의해서 실현되는 것이었다. 이 10단계의 각각에 대해서는 자세한 설명을 가하고 있고 그 중에는 현재 보아도 수긍되는 것이 포함되어 있다. 다만 제9, 제10단계는 너무나 기발한 인상을 주는데 이것은 공양학자임과 동시에 불교의 신봉자였던 강유위의 진가가 발휘된 것이라고 할 수 있다.

⁑ 청조(靑朝)의 거사(居士) 불교 : 청조의 불교계는 완전히 생기를 잃는데 그 대신에 재속(在俗)의 지식인, 즉 거사(居士) 간에 불교의 신봉자가 나타났다. 이 청조의 거사(居士) 불교의 융성은 명 말에 그 뿌리를 가진 것이라고 보인다. 명 말에는 운첩주굉(雲捷袾宏, 蓮池大師)을 비롯한 4대사가 나타나 정토교(淨土敎)를 중심으로 하는 제종융합의 불교가 성행하게 되고 많은 거사(居士) 불교도를 낳았다. 양명학 좌파(左派)의 이탁오도 그 중 한 사람으로 열거해도 된다. 명말 청초의 대유(大儒) 왕선산(王船山)이 법상(法相)을 중심으로 하는 불법을 신봉한 것은 그 여운을 전한 것이다.

아래로 내려와 건륭 연간에 들어와 팽소승(彭紹升, 1740~1796년)이 있다. 그는 진사(進士)에 급제하지만 관직에 오르지 않고 처음에는 양명학을 닦고 후에 운첩(雲捷)을 필두로 하는 4대사의 책을 읽은 뒤부터는 불학의 연구에 전념하게 되었다. "일승결의론(一乘決疑論)"을 지어서 송원(宋元) 유자의 불교공격의 무지를 논해 유불(儒佛)의 일치를 제창하였다. 대진(戴震)의 "맹자자의소증(孟子字義疏證)"을 반론한 것으로 대진(戴震)의 '답팽진사서(答彭進士書)'의 글이 있다. 청조의 거사(居士) 불교의 시조는 아마도 이 사람일 것이다.

그 후 공양학파를 중심으로 해서 많은 거사(居士)가 속출하였다. 공자진은 천태학(天台學)을 중심으로 하여 화엄(華嚴)이나 선학(禪學)에 통하고 있다. 위원(魏源)은 "정토삼부경(淨土三部經)"과 "화엄경(華嚴經)" 보현원행품(普賢願行品)을 합쳐 편낸 "정토서경(淨土西經)"의 서문에 스스로 보살계 제자 위승관(菩薩戒弟子魏承貫)이라고 썼다. 그 신앙이 정토교(淨土敎)와 화엄경(華嚴經)을 합친 것임을 말하는 것 같다. 강유위(康有爲)도 아마 이 계열에 속하는 자로 정토교의 신앙과 화엄의 교리가 중심이었다고 보인다. 순수한 공양학자는 아니지만 학자문인으로 유명한 유월(兪樾, 1821~1906년)도 역시 불교에 마음을 쏟았다.

청 말에 불교서적의 출판에 생애를 바친 사람으로서 양문회(楊文會, 1837~1911년)가 있다. 그는 증국번(曾國藩)의 객(客)이 된 뒤 유럽으로 건너가 서양의 지식 특히 과학적 지식을 몸에 익혔는데, 큰 병을 얻은 것이 동기가 되어 불학 연구에 뜻을 기울이게 되었다. 태평천국(太平天國)의 난에 많은 불교서적이 상실된 것을 한탄하여 남경에 금릉각경처(金陵刻經處)를 설치하여 2천여 권에 이르는 경전을 출판하였다. 그 신앙은 정토(淨土), 의리(義理)는 화엄(華嚴)에 의하였다고 한다.

이처럼 청조 중기 이후의 학자 특히 공양학파(公羊學派) 중에 불교에 마음을 쏟은 자가 많았던 것은 무슨 까닭인가? 주자학(朱子學)이나 양명학(陽明學)의 정신이 쇠퇴했던 당시에 개인의 안심입명(安心立命)을 지탱하는 원리가 유학밖에 없다는 점을 생각하면, 그 공백을 메우는 것으로서 불교가 선택된 것은 아닐까? 그 불교 신앙의 내용에 대해서 보아도 정토(淨土)의 신앙을 가진 자가 많은 것이 하나의 특징이 되고 있지만, 동시에 화엄(華嚴)이나 법상(法相)의 이론에 관심을 가진 점에 지식인으로서의 성격이 나타나 있다.

역자 후기

중국사를 그 구조의 내적 발전으로서 파악하기 위해서는 무엇보다도 하부구조에 대한 이해가 선행되어야 할 것이다. 하부구조인 사회경제사에 대한 이해 없이 사상사의 영역을 탐닉할 때, 중국사의 이해는 과거의 현실상황과 유리된 채, 일종의 귀족적 취미나 공리공론으로 전락될 우려가 있다.

현실에 바탕을 둔 역사의식, 중국사의 내적 구조적 파악이라는 각도에서 최근의 동양사학계는 초기 학자들의 문화사관을 극복하는 방향으로 나아가고 있다고 보인다.

그러나 상부구조가 표면적으로 나타나는 현상이라고 가정하더라도 상부구조에 대한 이해는 역사의 내적 구조의 이해를 돕는 커다란 역할을 할 것임에 틀림없다. 따라서 중국 사상의 전공학도가 아니라고 할지라도 중국사 전시대(全時代)를 포괄하는 기초적인 사상의 흐름을 파악하는 일은 꼭 필요한 작업이 아닐 수 없다.

본서는 저자가 서문에서 밝히고 있는 것처럼 현실인식을 바탕으로 유교 사상에 대한 냉담한 취급과 중국 고유의 사상으로서 노장 사상을, 그리고 노장 사상의 인식하에 섭취한 중국적 불교(禪과 淨土) 사상을 높이 평가하고, 여기에 역점을 두어 설명하고 있다. 아울러 노장 사상이 불교 사상에, 불교 사상이 주자학 · 양명학에 끼친 영향이 각각 자세히 설명되어 있다. 그러면서도 유교 사상의 본질이 빠짐없이 설명되어 있다.

중국 사상사를 공부하려는 학생들에게 적절한 입문서나 개설서가 만족스럽지 못한 우리의 현실에서, 본서는 중국사 전시대를 포괄하는 사상사로서 사상사의 기초적 이해에 도움이 될 것이라고 생각한다. 덧붙여서 "老子"와 "莊子"의 본문 인용에 김경탁 역주를 참고했음을 밝힌다.

번역을 완성하면서 책이 출판될 수 있도록 배려를 해준 온누리출판사 선배 · 친우 · 후배에게 사의를 표한다.

색 인

운첩주굉(雲捷袾宏, 蓮池大師), 314

측천무후(則天武后), 217, 225

혜원(慧遠), 203, 220, 272